독서 모임
"대답은 있다"
이야기

그리스도인들은 그 책의 사람들, 바로 성경의 사람들입니다. 성경에만 권위를 두고, 성경대로 살며, 성경에 자신을 계시하신 삼위 하나님만을 예배하고 사랑합니다. 이에 **그책의 사람들**은 하나님께만 영광 돌리고, 하나님의 나라와 교회의 번영과 행복을 위해 성경에 충실한 도서들만을 독자들에게 전하겠습니다.

독서 모임
"대답은 있다"
이야기

한재술 지음

글을 열며

저는 2005년 2월부터 시작하여 현재 7년차가 되는 "대답은 있다"라는 독서 모임을 해 오고 있습니다. 중간 중간 기회가 될 때마다 우리 모임의 이야기를 정리해 왔는데, 때로는 블로그에, 때로는 여러 게시판에 올린 이 글들을 통해 적지 않은 사람들에게 격려와 감사의 마음을 받았습니다.

이런 나눔을 통해 많은 사람이 도전을 받고, 모임을 시작하거나, 또 이미 시작한 독서 모임에서 더 많은 유익을 얻는 계기가 되는 것을 보고, 저 또한 많은 용기와 감동을 받았습니다. 그래서 도움을 요청한 사람들에게는 부족하나마 최선의 도움을 주려고 했습니다. (그리고 부끄럽지만) 최근에는 몇몇 교회 부서와 공동체의 초청을 받아 독서 모임에 대한 강의도 하면서 많은 사람이 성경을 알고 싶어하고, 자신의 믿음과 성경에서 말하는 그리스도인의 삶을 진지하게 고민하는 모습을 보면서 감사해하기도 했습니다.

저 개인뿐만 아니라 함께 책을 읽고 기도하며 진리를 공부하는 일이 우리 모두의 신앙과 삶에 매우 풍성한 선물들을 가져다주었기에 "대답은 있다" 모임 지체들은 가만히 있을 수가 없었습니다. 그래서 기회가 되는 대로 주변의 사람들에게 독서 모임이 주는 풍요로운 신앙의 열매들을 소개하며, 그들이 그 열매를 따 먹도록 도와주기도 했습니다. 그리고 적지 않은 사람이 직접 또는 간접적으로 이 모임을 통해 독서 모임의 유익들을 누려 왔습니다.

특별히 인터넷 온라인상에서 독서와 독서 모임에 관심 있는 많은 사람을 만났습니다. 그리고 많은 사람이 독서 모임을 하고 싶은데 어떻게 해야 할지 몰라서, 또는 용기가 없어서 시작을 하지 못했거나, 이미 시작했지만 여러 어려움에 부딪혀 모임이 잘 진행되지 않아 어려움을 겪고 있음을 알게 되었습니다. 물론, 아직 독서 모임의 중요성과 유익을 잘 모르는 사람들이 훨씬 많습니다. 이 모든 분에게 이 책이 격려와 도전을 드릴 수 있다면 참으로 좋겠습니다.

이 책의 특징은 생생하고, 실제적인 내용들이 들어 있다는 것입니다. 이것은 책상 위에서 제가 막연하게 생각하여 쓴 글이 아니라 저와 "대답은 있다" 모임의 체험이며, 열매기 때문입니다.

1부는 독서 모임의 중요성과 유익을 보여 드리기 위해 이전부터 "대답은 있다" 모임이 어떻게 시작하고 변화해 왔는지를 기록한 내용들을 정리한 것입니다. 모임을 시작한 2005년 2월부터 모임이 절정에 있었다고 말할 수 있는 2007년을 중심으로 이야기가 전개됩니다. 어떤 목표로, 어떤 책들을 읽어 왔으며, 그 책들이 준 영향은 어떤 것들이 있는지, 지체들이 독서 모임을 통해 어떻게 변화되었는지가 흥미진진하고도 감동적으로 담겨 있습니다.

실제로 많은 사람이 다른 부분보다 1부의 이야기들이 도전과 격려를 많이 주었다고 말해 주었습니다. 여러분께도 정말 조금이나마 의미 있는 도움이 되기를 간절히 바랍니다.

2부는 "독서 모임 이렇게 하자"라는 제목 아래 독서 모임의 예시와 제안을 담고 있습니다.

먼저 신앙 서적의 중요성과 유익, 독서 모임의 필요성과 유익을 잠깐 언급하는 것으로 시작합니다. 하나님께 영광 돌리며 살기 위해 창조되고 구속받은 신자는 하나님께 영광 돌리는 삶에 가장 필요한 성경적인 사고를 하기 위해 무엇보다 신앙 서적을 읽어야 합니다. 성숙한 그리스도인일수록 자신의 지식과 경험을 기초로 하는 자신의 생각과 방법이 아니라 더욱 겸손하게 하나님의 뜻대로, 하나님의 방법대로 자신의 생각과 삶을 하나님께 드릴 것이기 때문입니다. 다음으로는 그와 같은 신앙 서적 읽기를 공동체로 읽을 때의 유익을 짧게 이야기합니다.

다음으로는 본격적으로 독서 모임을 어떻게 할 것인가에 앞서 "대답은 있다" 독서 모임을 예로 들었습니다. 우리 모임이 어떻게 시작했는지, 무엇을 목표로 하고, 어떤 방법으로 모임을 했는지 등을 간략하게 정리했는데, 독서 모임마다 목표와 방향성이 다르기 때문에 그것을 염두에 두고 이야기했습니다.

독서 모임과 토론 방법에 대한 부분은 지루하지 않게, 최대한 쉽고 간략하게 정리하려고 했습니다. 일반적인 토론 원칙, 논법, 논증 기술 등은 따로 정리하지 않았습니다. 시중에 있는 일반 서적을 통해서나 학교 등에서 충분히 배울 수 있기 때문입니다.

다만, 주로 상대를 설득하거나 사회적 합의를 이끌어 내는 일반 토론과는 달리 이 책에서 말하는 토론의 목적은 하나님을 알고, 복음을 부끄러워하지 않으며, 진리를 사랑하고, 그리스도인으로서 거룩하게 살아가는 것을 목적으로 삼는 만큼 이것을 염두에 두고 가장 기본적인 사항들을 정리했습니다.

3부는 제가 지금까지 책을 읽어 오면서 터득하고, 배운 몇 가지 유익한 독서팁들을 정리했습니다.

책을 읽기 전, 읽으면서, 또 다 읽고 난 후의 유익한 독서팁들을 항목별로 정리했습니다. 그 다음으로는 좀 더 적극적인 독서 생활을 위한 독서팁도 담았습니다.

특별히 7장은 신자가 하나님의 진리를 더 체계적으로 공부하는 데 필요한 독서법(공부법)을 담았습니다. 이것은 기독교 진리에 관심이 많아 개인적으로 공부를 더 깊이 하고 싶어하는 사람뿐 아니라, 각 소그룹 리더로서 구성원들에게 기독교 진리를 잘 가르쳐야 할 의무가 있는 사람들에게 필요한 내용입니다.

많은 사람이 책을 대충 읽기 때문에, 한 번 보고 나서 다 소화했다고 생각하기 때문에 자신의 것으로 삼지 못합니다. 차례에서 보시는 것처럼 여기서는 수험생들이 자신이 시험을 치르고자 하는 과목들을 완전히 마스터하기 위해 공부하는 것처럼 신자도 그렇게 공부해야 함을 역설하고, 그 방법론을 소개하고 있습니다. 많은 열정을 품고 성경 공부 또는 진리 공부를 정말 열심히 하고자 하는 사람들에게는 큰 도움이 될 것입니다.

각 부의 내용이 긴밀히 연결된 것은 아니므로 독자들은 자신이 원하는 곳부터 읽으셔도 좋습니다. 1부의 '이야기'부터 순서대로 읽으셔도 좋으며, 필요에 따라, 2부나 3부를 먼저 읽으셔도 좋습니다.

모쪼록 이 책을 통해 진리를 알기 원하는 여러분의 열정이 더욱 불타오르고, 진리에 대한 공부가 얼마나 즐겁고 복된 일인지를 잘 알게 되기를 바랍니다.

"독서 모임이란 이런 것이다."

"독서 모임은 이런 유익이 있고 그래서 중요하다."

"그래! 우리도 할 수 있다! 해 보자!"

이런 외침이 한국 교회 여기저기에서 들려오기를 간절히 기대합니다.

2011년 10월 31일

한 재 술

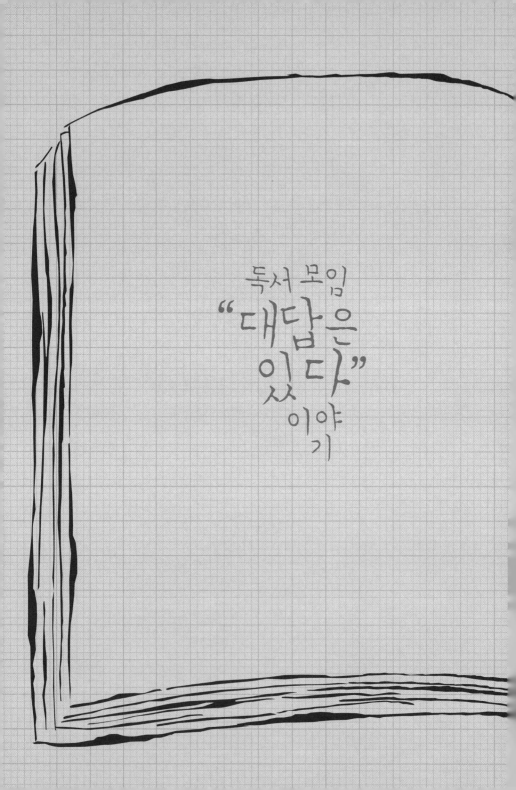

독서 모임
"대답은
있다"
이야기

1부

독서 모임
"대답은 있다" 이야기

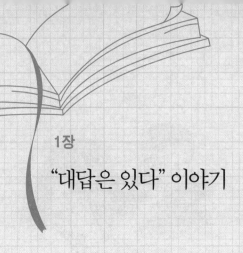

1장

"대답은 있다" 이야기

다원주의적이고 상대적인 이 시대에 성경의 진리만이 유일하다고 주장하는 것은 세상 사람들에게 무척 괘씸하고 교만한 것으로 보입니다. 저들은 우리에게 왜 너희만 옳다고 하느냐며 묻습니다. 또 유일한 정답이라는 것, 절대적이라는 것이 있느냐고도 묻습니다. 그러나 그런 그들의 '생각'과는 달리 우리에게 주어진 하나님의 말씀만이 유일한 진리라는 것은 '사실'입니다. 성경의 진리만이 절대적이라는 것은 사람들의 생각과 느낌과 경험을 근거로 하지 않습니다. 하나님의 존재를 근거로 합니다. 그분의 속성과 성품을 근거로 합니다. 성경은 성경 자신을 근거로 합니다. 그리고 그것은 엄연한 사실 그 자체입니다. 이런 우리의 주장이 오만하고 독선적이라고 말하는 사람들에게 우리는 이렇게 말할 수밖에 없습니다. '여러분의 생각'에는 이 세상이 복수 정답을 가진 문제로 보일지 모르겠지만, '실제' 이 세상은 정답이 하나인 문제라고 말입니다.

　이것이 우리의 입장입니다. 그러나 이런 우리의 주장도 조만간 마냥 울리기만 하는 꽹과리에 지나지 않을지도 모른다는 생각이 듭니다. 왜냐하면 기독교 안에서도 이제는 성경을 근거로, 말씀을 근거로 예수 그리스도라는 답을 추구하기보다 자신들의 생각과 느낌과 경험을 진리의 근거로 삼고 있기 때문입니다. 실제 많은 사람이 자신의 체험을 바탕으로 성경을 해석하며, 교리를 만듭니다. 그러나 만약 체험이 우리 신앙의 중심적인 기준이 된다면 아마 이 세상에는 최소한 사람 수만큼의 무수한 교리가 생겨날 것이고, 다수의 합의에 따른 신학이 교회를 지배하게 될지도 모릅니다!

　제가 이 글에서 소개하고자 하는 독서 모임 "대답은 있다!"는 바로 이런 안타까운 현실과 지체들 각 개인의 진리를 향한 열정에서 시작되었습니다. 세상에 대해 "여기, 유일하고도 절대적인 참 대답이 있다!"라고 선포하기 위해, 또 진리를 추구한다고 말은 하지만 실상은 자신들의 생각과 경험 그 이상도 그 이하도 아닌 것들을 가지고 살아가는 우리 자신에 대해 "여기, 우리의 생각과 느낌과 경험이 아닌 예수 그리스도가 계시다! 여기, 성경에 자신을 계시하셔서 자신을 알리시고, 우리에게 자신을 보이시는 삼위일체 하나님이 계시다!"라고 선포하기 위해 말입니다.

　이 독서 모임은 정확히 말해 '독서 토론 모임'입니다. 여기서 '토론'이 의미하는 것은 우리 각자의 주장과 우리 사이의 의견 교환을 의미하는 것이 아니라, 하나님 앞에서 우리가 그분의 말씀에, 그분의 지혜와 지식에 사로잡히는 것을 의미합니다. 그래서 "대답은 있다!" 모임의 목적은 제1이 하나님의 말씀으로, 하나님의 지식으로 우리 자신이 채워지는 것이고, 제2는 그런 하나님의 거룩한 지식으로 우리가 서로에게 도전하며 복음을 선포하고, 또 세상에 대해 그렇게 하는 것입니다.

이제 본격적으로 이 모임을 여러분께 이야기하려 합니다. 제 인생을 바꾼 모임, 저뿐만 아니라 모임에 참여하는 많은 지체의 신앙과 삶 자체를 바꾼 모임 "대답은 있다!"를 여러분께 이야기하려 합니다. 이 글을 읽으시는 여러분께서 우리 이야기를 통해 하나님이 어떻게 일하셨는지, 우리가 하나님을 어떻게 만났고, 만나고 있는지를 보고, 동일한, 또 그 이상의 소원을 가지고 하나님을 구하고 찾게 되시기를 바랍니다.

2005년 2월, 5명이 모여서 모임을 시작하다: 프랜시스 쉐퍼와 함께

우리는 처음 2년 동안 프랜시스 쉐퍼Francis A. Schaeffer의 책들을 몇 권 보았습니다. 『이성에서의 도피』, 『거기 계시며 말씀하시는 하나님』, 『창세기의 시공간성』, 『궁극적 모순은 없다』, 『그리스도인의 표지』 등의 책을 보면서 우리는 주로 지적인 깨달음을 얻었습니다. 지금 생각해 보면 쉐퍼를 통해 얻게 된 많은 지적인 깨달음들이 없었다면, 우리는 이후에 결코 마음의 깨달음을 얻지 못했을 것입니다. 어떤 의미에서 지적인 깨달음은 그것 자체만으로는 우리에게 아무 유익도 주지 못하지만, 하나님께서 자신에 대한 지식과 진리에 대한 확신 등을 우리에게 부어 주시고 가르쳐 주실 때, 지적인 깨달음이 반드시 밑거름이 된다는 의미에서 지적인 깨달음은 매우 중요합니다.

성경을 많이 본다고 해서 그가 신적인 지식까지 분명하게 믿음으로 알고 있는 것은 아닙니다. 바리새인들은 성경을 잘 아는 사람들이었지만 그들은 하나님의 아들을 예배하고 사랑하는 신적 지식을 갖지는 못했습니다. 그러나 성경에 대한 일반적인 지식, 이성적인 지식은 그 자체로도 분명 매우 중요합니다. 하나님께서는 말씀을 통해 자신을 계시하시고, 우리를 새롭게 하시며, 우리를 거룩하게 하시기 때문입니다. 하나님의 말씀은 우리의 생명과 영원한 삶 등에서 모든 원리와 규칙들을 담고 있는 진리기 때문입니다. 따라서 하나님께서 두 사람에게 동시에 자신에 대한 신적 지식을 가르쳐 주실 때 성경을 더 많이 아는 사람이 더 잘 이해하고, 더 분명하게 봄으로, 더 깊이, 더 온전히 하나님을 예배할 수 있을 것이고, 하나님을 더 사랑할 수 있을 것입니다. 우리는 이런 교훈을 나중에 보게 된 에드워즈의 작은 책 두 권을 통해 더욱 확실히 배웠습니다(『신적이며 영적인 빛』, 『신학 공부의 필요성과 중요성』).

프랜시스 쉐퍼와의 만남은 우리에게 큰 선물이었음이 분명합니다. 쉐퍼는 하나님 앞에서 우리가 마음의 밭을 일굴 수 있도록 진리에 대한 확신과 기쁨 등을 아낌없이 보여 주었기 때문입니다.

구체적으로 우리는 쉐퍼의 책을 통해 하나님께서 무한하시며 인격이시라는 것을 배웠습니다. 우리는 하나님의 무한하심과 우리의 유한함을 이전의 그 어느 때보다 분명하게 이해하려 했습니다. (당연히) 많은 한계가 있었지만, 우리는 쉐퍼가 가르쳐 주고자 하는 이 분명하고도 절대적인 차이를 최대한 잘 받아들일 수 있도록, 말 그대로 온전히 믿을 수 있도록 힘쓰고 기도했습니다. 왜냐하면 우리는 복음을 공부하면 공부할수록 신앙의 가장 근본적인 기초 중 하나가 바로 하나님과 우리 자신의 존재를 분명히 인식하는 것임을 깨달았기 때문입니다. 그리고 그중에서도 하나님의 무한하심과 우리의 유한함의 문제는 다른 모든 것의 기초기 때문입니다.

또 그에 못지않게 하나님께서 인격이시라는 것도 우리에게는 매우 중요한 주제였습니다. 하나님께서 사유하시고, 행하시고, 다스리시고, 반응하신다는 성경의 구체적인 예들을 하나하나 살펴보면서 우리는 하나님께서 우리를 인격적인 존재로 창조하셔서 우리 또한 살아 계시고 무한하시고 완전하신 하나님께 '마음을 다해' 예배하고, 그분의 일하심에 '참여하고', 그분의 은혜와 사랑에 '반응하도록' 만드셨음에 크게 기뻐하고 감탄했습니다(이전에는 큰 감흥이 없는 내용이었지만 이 모임에서 우리는 정말 그렇게 기뻐했습니다).

우리는 또 성경은 모든 진리를 이야기하지는 않지만 성경이 말하는 진리는 모두 참이라는 것을 배웠습니다. 이것은 우리에게 무척 중요했습니다. 성경은 우리가 알고 싶어하는 모든 것을 다 이야기해 주지 않습니다. 이것을 우리는 욥에 대한 이야기를 나누며 확인했습니다.

욥은 자신의 고난이 더해질수록 하나님께 더욱더 많은 질문을 던집니다. 그는 이 기간에 사람의 존재, 인생의 의미, 창조 세계와 피조물, 선과 악 등에 대해 수많은 생각을 하고 그의 친구들과 열띤 토론도 벌입니다. 그리고 그것에 대해 자주 하나님께 질문을 합니다. 그러나 우리는 욥기 마지막에서 하나님이 욥의 질문에 대답해 주지 않으심을 봅니다. 욥이 그토록 궁금해하고, 욥이 친구들과 그토록 치열하게 토론했던 내용들에 대해 하나님은 대답해 주지 않으십니다. 하나님은 오히려 동문서답과 같은 이야기들을 하십니다. 즉, 욥의 질문과는 상관없이 자기 자신을 알리십니다. 자신의 존재와 크기, 사역 등을 말씀하십니다. 자신의 무한하심과 거룩, 자신의 선하심 등을 보이십니다. 그런데 이때 욥의 반응이 어땠습니까? 욥은 엎드려 떨었습니다. 자신의 죄와 유한함을 깨닫고 엎드려 떨었습니다. 자기가 알고 싶어했던 것들에 대해서는 대답을 듣지 못했지만, 욥은 정말 알아야 할 것들을 알게 된 것입니다.

이것은 우리에게 큰 기쁨이 되었습니다. 우리의 죄와 유한함으로 모든 것을 다 알 수는 없지만, 하나님에 대해서든, 창조된 세상에 대해서든, 우리 자신에 대해서든 우리는 이것들에 대해 우리가 알고 싶어하는 모든 것을 다 알 수는 없지만, 그것도 우리의 힘이나 생각으로는 그것들을 결코 알 수 없지만, 우리가 정말 알아야 할 것들은 하나님께서 자신의 말씀을 통해 직접 보이심으로, 자신의 성령을 통해 증거하게 하심으로 알 수 있다는 것을 깨달았습니다. 진리의 모든 면을 다 알 수는 없지만, 참되게는 알 수 있다는 가르침은 우리에게 정말 기쁨이 되었습니다. 우리가 유한하다는 것이 결코 문제가 되지 않는다는 것과 이렇게 약하고 불완전한 우리를 위해 하나님께서 말씀을 통해 자신을 참되게 알 수 있도록 하신다는 사실은 우리의 찬양과 감사의 제목이 되었습니다.

또 우리는 인간의 가치에 대해서도 배웠습니다. 인간의 가치는 오직 하나님과 연합되어 있을 때만 의미를 갖는다는 것을 배웠습니다. 또 우리는 성경과 과학 간의 관계에 대해서도 배웠습니다. 둘은 서로 적대적인 것이 아님을, 오히려 정직해질수록, 우리가 더 많은 것들을 알게 될수록 과학은 성경을 더욱 확증하며 돕는 것임을 보았습니다. 또 우리는 참된 그리스도인은 그가 고백하는 말과 행위의 일치로 진리를 드러내며 확증한다는 것을 배웠습니다.

쉐퍼를 통해 '성경적 사고'의 중요성과 기초를 배우다

그러나 무엇보다도 우리가 쉐퍼를 통해 배웠던 가장 큰 유익은 '성경적인 사고와 그 중요성'이었습니다. 쉐퍼는 그의 책에서 끊임없이 하나님 중심주의와 인본주의를 대조합니다. 쉐퍼는 성경과 역사를 인용하면서 진리는 뛰어난 몇몇 사람의 합의나 대중의 성향에 기인하지 않고 하나님의 말씀에 있다고 주장했습니다. 쉐퍼는 오늘날 많은 사람이 복음과 진리를 이야기하지만 그것들에는 성경적인 내용이 없는 경우가 많다고 슬퍼했습니다.

쉐퍼는 사람들이 진리를 타협하고 무참히 짓밟고 있다며 참담해했습니다. 그리고 오늘날 기독교가 이렇게 생명을 잃어버린 이유는 사람들이 하나님의 지식과 방법이 아닌 인간의 생각과 방법에 따라 진리를 추구하려고 하기 때문이라고 이야기하면서, 그는 성경에서 이 둘의 차이가 얼마나 엄청난 차이를 만들어 냈는지를 우리에게 보여 주었습니다.

또 사람들이 "성경! 복음! 진리! 예수!"라고 말은 하지만, 그것들이 실제 의미하는 바가 전혀 성경적이지 않을 수 있음을 보여 주었습니다. 그러면서 우리가 어떤 말을 하느냐가 아니라, 우리가 하는 말과 행동이 실제로 가리키는 것이 성경적이냐에 대한 분별이 무엇보다 중요하다고 말했습니다.

이와 관련하여 쉐퍼는 항상 인간이 타락한 존재라는 것을 이야기했습니다. 또 하나님은 절대자시며, 무한하시고 거룩하신 분이심을 이야기했습니다. 이 두 가지 대전제 아래서만 쉐퍼는 생각하고 행동했습니다. 쉐퍼는 그것이 성경의 기본 전제라고 믿었습니다. 따라서 쉐퍼는 인간을 긍정적으로 보지 않았습니다. 쉐퍼는 성경이 인간은 악을 사랑하고, 진리를 타협하며, 그른 것을 옳다 하고, 마땅히 해야 할 것을 하지 않는 존재로 본다고 믿었습니다. 그래서 인간을 그냥 그렇게 살도록 내버려 두면 그것은 곧 멸망이라고 믿었습니다.

따라서 쉐퍼는 성경이 말하는 것과 같이 인간에게 거듭남 외에는 해결책이 없다고 우리에게 강하게 주장했습니다. 그리고 끊임없이 하나님에게 달려가도록 도전했습니다. 아담과 하와, 가인과 아벨, 노아, 여호수아, 이스라엘 백성에 대한 이야기들을 하면서 쉐퍼는 인간이 얼마나 타락해 있으며, 또 얼마나 타락하기 쉬운 존재인지를 우리에게 보여 주었으며, 동시에 복음 외에는 인간에게 아무 소망이 없다고 이야기했습니다. 무엇보다 복음 자체를 다른 무엇과도 섞지 않고 순수하게 선포해야 한다고 그는 계속해서 우리에게 강조했습니다.

이런 쉐퍼의 가르침들은 우리의 생각과 삶을 천천히 그러나 분명하게 변화시켰습니다. 우리는 복음만이 이 세상에 대한 유일한 해답이 됨과 "성경적인가?"라는 질문이 오늘날 매우 필요함을 보았습니다. 그리고 그를 위해 무엇보다도 하나님의 말씀을 잘 알아야 함을 깨달았습니다. 하나님의 말씀을 사랑하고, 높이며, 하나님의 말씀을 통해, 하나님께서 보이신 방법들을 통해 하나님의 진리들을 선포하고 추구하는 것이 우리 존재의 목적임을 보았습니다. 이렇게 쉐퍼를 통해 배운 교훈들은 이후 조나단 에드워즈Jonathan Edwards와 로이드존스David Martyn Lloyd-Jones의 책을 읽으면서 우리 "대답" 모임이 더욱 아름답게 변화하게 된 밑거름으로 작용했습니다.

조나단 에드워즈와 함께

원래는 쉐퍼의 책을 계속해서 보는 것이 우리의 목표였습니다. 하지만 다음으로 볼 책(『여호수아서와 성경 역사의 흐름』)이 당시 품절이었기에, 그 책을 구입하기까지 우리는 쉐퍼의 책을 읽으면서 조금씩 관심을 가지기 시작했던 조나단 에드워즈의 책을 보기로 했습니다. 이렇게 2007년 5월, 우리는 먼저 에드워즈의 명설교 시리즈인 『신적이며 영적인 빛』과 『신학 공부의 필요성과 중요성』을 만났습니다. 이때 우리 대부분은 에드워즈와의 만남이 우리의 신앙을 그토록 변화시킬 줄 미처 몰랐습니다.

에드워즈와의 만남은 우리에게 처음부터 충격적인 일이었습니다. 먼저 『신학 공부의 필요성과 중요성』이라는 소책자를 읽으면서 우리가 하나님을 아는, 성경을 사랑하는 일에 그동안 너무 게을렀다는 것을 알게 되었습니다.

에드워즈가 이 책에서 말하는 신학이란 단어는 어떤 특정한 사람들의 전유물이 아닙니다. 우리는 누군가와 사랑하고 교제할 때 '그를 안다'고 말합니다. 이것이 바로 이 책에서 말하는 신학의 의미입니다. 즉 신학은 바로 하나님을 아는 것 자체를 의미합니다. 따라서 신학을 공부한다는 것은 세상에서 가장 중요하고, 유익하며, 영광스러운 일입니다.

에드워즈는 신자의 전공이 신학 공부여야 한다고 주장합니다.

하나님을 아는 것 즉, 하나님의 거룩하심, 하나님의 아름다우심, 하나님의 위대하심 등을 아는 것에 부지런해야 한다고 말합니다. 하나님을 사랑한다고 말하면서 하나님을 모른다는 것은 여호와의 이름을 망령되이 일컫는 것과 다름없지 않겠습니까? 하나님을 사랑한다고 하면서 하나님이 좋아하시는 것이 무엇인지, 하나님께서 경멸하시는 것이 무엇인지, 하나님께서 타락한 인간과 세상을 구원하실 때 어떤 일이 일어나며, 또 어떻게 일하시는지를 모른다면, 또 그것을 바르게 알지 못함으로 바르게 찬양하고 예배하지 않는다면 그것은 얼마나 하나님을 모욕하는 일입니까?

따라서 에드워즈는 참된 신자는 하나님을 아는 일에 게으르지 않으며 오히려 그것을 위해 자신의 시간과 애정을 쏟는다고 이야기합니다.

이 책을 통해 우리가 참으로 하나님을 아는 것에 게을렀음을 보았고, 하나님을 사랑한다고, 하나님을 믿는다고 하면서 정작 그분 자신에 대해 아는 것에는 큰 관심이 없고 우리 자신의 유익에만 집중하는 우리 자신과 우리 시대의 교회에 대해 안타까워하고 회개했습니다. 그리고 하나님을 아는 지식에 더욱 자라 가고 싶다고 소망했으며, 실제 이때부터 우리 각자는 성경과 신앙 서적을 부지런히 읽고 공부하는 것에 더욱 열심을 냈습니다. 전에는 이것이 많은 의지가 필요한 어떤 의무적인 일이었다면 이후로 이것은 우리에게 기쁨과 즐거움 그 자체가 되었습니다.

다음으로 『신적이며 영적인 빛』이란 책을 통해 우리는 더 많은 변화를 경험하게 되었습니다. 우리는 이 책을 통해 우리가 하나님을 알 수 있는 길은 오직 하나, 예수 그리스도밖에 없으며 하나님께서 자신을 알 수 있도록 믿음의 빛을 비추어 주셔야만 한다는 것을 알게 되었습니다. 우리의 생각과 방법에 따른 우리의 힘과 노력으로는 아무것도 할 수 없다는 것을 이전 어느 때보다도 분명하게 깨달았습니다. 오직 예수 그리스도의 중보를 통해 삼위일체 하나님을 알 수 있고, 그분의 은혜와 사랑을, 그분의 영광을 알 수 있다는 것을 알게 되었습니다. 또 하나님의 것과 하나님의 것처럼 보이는 것들을 분별해야 함을 알게 되었고, 그것을 분별해야 하는 것이 왜 그토록 중요한지에 대해서도 깨닫게 되었습니다. 우리의 잘못되고 성실하지 않은 분별은 우리 스스로는 하나님께 속해 있다고 생각하게 할 수 있지만, 실제로는 우리를 지옥에 데려갈 수 있기 때문입니다.

이때부터 우리는 그동안 너무나 당연하게 생각해 왔던 것들을 다시 생각하게 되었습니다. 이전의 모든 것을 전부 부정했다는 의미가 아닙니다. 그동안 거의 무비판적으로 긍정해 왔던 것들을 성경의 틀에 거르려고 노력하기 시작했다는 의미입니다. 그동안은 우리가 '성경적'이라는 단어를 사용하면서도 우리가 생각할 때 불편한 영역들에 대해서는 침묵하거나 그런 논의 자체를 거부했었다면, 이때부터 우리는 치외법권의 영역 없이 오직 성경만을 기준으로 삼을 것을 다짐했습니다. 또 이전에는 우리가 보고 듣고 경험하는 것들이 우리에게 어느 정도의 유익을 주기만 하면 좋은 것, 성경적이라고 생각하며 거리낌 없이 선한 것이라고 생각해 왔다면, 이때부터는 아무리 작은 것이라도 성경의 원리에 반드시 비추어 보기로 했습니다.

2007년 5-6월: 『놀라운 부흥과 회심 이야기』를 읽다

다음으로 우리는 3주 동안 『놀라운 부흥과 회심 이야기』를 함께 읽고 나누었습니다. 눈물을 흘려야만 더 감동적인 것이고 더 진실한 것은 아니겠지만, 이 책을 읽는 동안 우리는 그 어느 때보다도 죄와 심판에 대해 두려워하며 울었고, 또 하나님의 구속 사역이 얼마나 아름답고 영광스러운지를 기뻐하면서 울기도 했습니다. 이 책은 에드워즈가 목회하던 노샘프턴 교회에서 일어난 부흥과 회심 이야기를 담고 있는데, 하나님께서 한 개인과 한 교회와 한 지역을 하나님 자신에게로 부르실 때, 그의 성령을 부어 주셔서 그들을 새롭게 하실 때, 무슨 일이 어떻게 일어나는지, 그 일의 결과는 어떠한지를 이야기합니다.

책에서 말하는 부흥과 회심에 대한 증거를 보면서 우리는 하나님께서 한 영혼을 구원하실 때 먼저 그의 영혼이 얼마나 무능하고, 얼마나 사악한지를 분명하게 깨닫게 하신다는 것을 알게 되었습니다. 그래야 그가 비로소 하나님을 진정으로 찾을 것이기 때문입니다(물론 이 '찾음'도 하나님이 주시는 선물입니다). 그리고 우리는 과연 우리 자신의 사악함과 무능함을 얼마나 절실히 깨닫고 있는가를 살펴보았습니다.

하나님께서 한 영혼을 구원하실 때 사람이 자기가 할 수 있는 모든 것을 다 해 보고 나서, 자신이 의지할 수 있는 모든 것을 다 의지해 보고 나서 정말 자신은 할 수 있는 것이 아무것도 없다고, 자신은 전적으로 타락했기 때문에 스스로 하나님을 결코 찾을 수 없고, 만날 수 없다고 고백하게 하신 이후에 그의 영혼에 예수 그리스도를 보이시고, 오직 예수님만을 붙들도록 하신다는 것을 보면서 우리는 각자 자신을 살폈습니다. 혹 우리가 믿고 있는 어떤 의가 우리 안에 교묘하게 존재하고 있는 것은 아닌지 말입니다. 우리가 '믿음'이라고 말하는 그것이 실제로는 하나님께서 자신의 뜻대로 우리에게 주신 선물이 아니라, 우리 안에서 만들어 낸 '교묘한 소원과 비참한 확신'은 아닌지 말입니다.

또 우리는 사람이 참으로 하나님을 만날 때 그의 삶의 목적과 성향이 얼마나, 어떻게 바뀌는지를 살펴보면서 오늘날 신앙의 가벼움과 우리 자신의 가벼움을 보고 한탄해하며 울었습니다. 우리는 하나님께서 다만 비참한 우리를 긍휼히 여겨 주시기를 바랐습니다.

우리는 특히 3부를 볼 때 탄성을 많이 질렀으며, 참 믿음에 대해 많은 이야기를 주고받았습니다. 젊은 나이에 요절한 아비가일 허친슨과 꼬마 여자 아이 페베 바틀릿의 이야기를 읽으며 우리가 그동안 회심에 대해, 믿음에 대해, 그리스도를 주라고 고백하는 것에 대해 얼마나 가볍고 무지했는지를 돌아보았습니다.

하나님께서는 우리의 구세주와 아버지만이 아니라 우리의 왕, 우리의 주인도 되시는데 오늘날 우리는 그분을 우리의 구세주와 아버지로는 고백하지만 우리의 왕으로, 우리의 주인으로는 고백하지 않는 것 같다는 이야기를 했습니다. 분명히 '주님'이라고 말은 많이 하면서도 말입니다. 한편으론, '우리의 구세주'라고 고백을 하는 것에도 우리는 하나님께서 우리의 영혼은 구원하시지만 우리의 삶, 상황, 환경을 구원하시지는 못하는 것처럼 사는 것 같다는 이야기도 했습니다.

그러면서 우리는 살아도 죽어도 주를 위한다는 말씀, 먹든지 마시든지 무엇을 하든지 하나님의 영광을 위하여라는 말씀에 대해 모두 가슴 깊이 통곡하며 그 의미를 되새겨 보았습니다.

배경선 자매를 통해 영적 각성이 일어나다

특별히 이때 하나님께서는 한 명의 자매를 통해 잠들어 있고 죽어 있는 우리를 깨우셨습니다. 경선 자매는 『놀라운 부흥과 회심 이야기』를 읽고 나누는 3주 동안의 모임 내내 거의 울었습니다.

경선 자매는 자신이 하나님만으로 만족한다고 말하면서도 실제로는 인본주의 냄새가 짙게 배어 있는 기독교 상담에 많이 의지했음을 고백하면서 하나님께 너무 부끄럽고 죄송하다고 말하며 회개했습니다. 하나님 안에서 자신이 치유되고자, 또 바른 인격을 갖고자 하는 선한 목적으로 사용했던 수단과 방법들이 실제로는 하나님의 뜻에 어긋나고, 하나님의 방법을 모독하며, 하나님만을 의지하는 것이 아니라 자기 자신의 의를 구하는 것, 존재하지도 않는 자기의 의를 의지한 것이었음을 보게 되었다고 고백했습니다. 그러면서 바른 진리를, 바른 복음을 자신에게 알려 주지 않은 어떤 제3자를 원망하지 않고 자기 자신을 하나님 앞에서 고발하기만 했습니다.

경선 자매는 그것이 자신의 죄라고 여겼으며, 자신의 어리석음이라고 고백했습니다. 그러면서 계속해서 회개했습니다. 그리고 그런 회개는 시간이 갈수록 더 깊어지고, 더 자주 반복되었습니다.

어느 날은 하나님께서 자신을 멸망시키셔도 하나님께 아무 할 말이 없다고 고백했고, 곧이어 오히려 자신과 같은 죄인을 거룩하신 하나님께서 멸망시키시는 것이 그분께 영광이 된다고까지 말했습니다. 단지 자신 안에 있는 몇 가지 문제만을 하나님 앞에서 점검하는 것 같지 않았습니다. 자매는 자매 자체를 하나님 앞에서 고발하고, 삶 전부를 하나님 앞에서 점검했습니다.

경선 자매는 자신이 하나님을 얼마나 가볍게 여겼는지에 대해서도 나누었습니다. 또 자신이 하나님을 얼마나 잘 알지 못했는지에 대해서도 나누었습니다. 그리고 자신이 하나님을 그토록 몰랐으면서도 하나님을 너무나 잘 아는 것처럼 살아 왔다며, 자신이 어떻게 그렇게 뻔뻔했었는지를 한탄하며 회개했습니다. 또 복음의 능력과 가치를 성경적으로 인정하고 믿음으로 취하지 못한 것에 대해서도 회개했습니다.

또한 그녀는 다른 사람들의 이야기를 들을 때 더 민감한 듯 보였습니다. 즉 다른 사람들의 이야기를 들을 때마다 혹 자신이 미처 발견하지 못한 자신 안의 부패와 타락이 있지는 않을까 두려워했으며, 하나님의 빛이 자신에게 비추어져서 자신의 모든 악한 것과 더러운 부분이 다 드러나기를, 그리스도의 구속 사역으로 모든 죄의 성향과 역사가 완전히 끝장나기를 간절히 소망했습니다.

그녀는 진실로 하나님의 빛이 조금만 비추어져도 자신의 존재가 얼마나 사악하고 비참한지 드러나게 될 것을 상상하면서 두려워했지만, 그만큼 하나님을 더욱 사모했습니다. 자신이 하나님 앞에서 영원히 멸망할 수밖에 없는 죄인이라는 사실을 시간이 지날수록 더 깊이, 더 분명히 인식했으며, 동시에 하나님만이 자신의 유일하신, 전능하신 구원자이심을 인정하고 그분의 얼굴과 영광을 구했습니다.

한편 그녀는 전에는 그렇게까지 잘 알지 못했던 성경의 충족성, 예수 그리스도의 완전성과 탁월성 등을 더 잘 알게 되었습니다. "성경만으로 충분한가?"라는 질문에 전에는 "그렇다."고 대답하면서도 실제 생활에서는 인간적인 방법과 수단 중 일부를 멀리하지 않았던 것 같다고 말한 자매는 이때부터 진실로 성경만으로 충분하다고 고백하면서, 성경의 방법과 수단만이 성경만으로 충분하다고 말할 수 있게 한다는 것을 분명하게 깨닫고 모든 것을 성경에 비추어 점검했습니다.

자신의 실체를 볼수록 하나님 또한 더 온전히 알게 되었습니다. 자신이 한낱 피조물이며, 죄인이고, 가진 것도 주장할 것도 아무것도 없다는 것을 깨달을수록 자매는 하나님께서 얼마나 위대하시며, 얼마나 아름다우시며, 얼마나 영광스러우신가를 보다 많이, 깊이 깨달았습니다. 또 자신이 틀렸다는 것을 말하는 것을 결코 부끄러워하거나 주저하지 않았습니다. 오히려 진정으로 부끄러워해야 하는 것은 자신이 틀렸다고 인정하지 않고 바로잡지 않으면서 스스로를 합리화하는 것이라고 생각했습니다.

하나님은 모든 지체가 서로를 도전하고 서로 자극하도록 역사하셨습니다. 그러나 특별히 경선 자매의 고백과 깨어짐을 통해 더욱 그리하셨습니다. 물론, 하나님께서 경선 자매만을 특별히 더 만져 주셨다거나 특별히 더 사랑하셨다는 것은 아닙니다. 하지만 자매를 특별히 더 사용하여 주셨습니다.

지금도 가끔 생각해 봅니다. '나는 그렇게 할 수 있을까?' 하고 말입니다. 모임에서 가장 솔직하고, 용감했던 경선 자매. 그녀는 사람들에게 자신의 죄나 실수를 이야기함에 부끄러워하지 않았습니다. 정말 하나님만 바라보았습니다. 그래서 가장 많이 하나님을 사랑하는지도 모르겠습니다(눅 7:42-43). 결국 경선 자매는 모든 사람을 얻었습니다.

어떤 사람들은 다른 사람 앞에서 자신의 죄와 실수를 감추기 위해 거짓말을 하고 자신을 포장합니다. 사람들이 그런 자신을 알게 되면 실망하고 화를 내며 떠나 버릴 것이라는 두려움 때문에 말입니다. 그러나 이런 경우 하나님 앞에서도 정직하게 자신을 보지 못하는 경우가 많고, 그래서 결국 하나님과도 교제하지 못하고, 사람도 잃어버리게 됩니다. 그러나 경선 자매는 성경과 교회사가 보여 주듯 참된 회심과 복음적 겸손은 오히려 하나님께 인정받고, 진실된 그리스도인들로부터 참되고 아름다운 믿음으로 승인받는다는 것을 아주 잘 보여 주었습니다.

그녀는 하나님을 사랑함에도 가장 경건해 보였고, 가장 진실해 보였습니다. 그것은 그녀가 자기 자신을 낮출수록 더욱 그랬습니다. 그녀가 하나님 앞에서 복음적 겸손을 지니게 될수록 하나님은 더욱 높아지셨고, 다른 지체들도 바로 그런 하나님을 알고 싶어했고, 경선 자매와 같은 겸손을 소유하고 싶어했습니다. 저는 당시 제가 모임의 다른 지체들보다 조금 더 가지고 있는 지식들보다 그녀의 경건을 소유하고 싶다고 기도했습니다.

지금까지의 이야기는 결코 경선 자매만의 이야기가 아닙니다. 이것은 우리 모두의 이야기입니다.

전체가 변화하기 시작하다

성경을 더욱 사랑하다

우리는 새로워지기 시작했습니다.

지체들은 이전부터 잘 알고 있었던 말씀을 나눌 때 마치 그것을 이제 처음 배운 것처럼, 그 말씀을 이제 처음 들은 것처럼 말하곤 했습니다. 말씀에 대한 확신이나 말씀을 마음으로 믿는 정도가 이전과는 확연히 다른 것처럼 보였습니다. 지체들은 하나님을 아는 지식에 분명하고도 깊은 경험을 해 나갔습니다. 전에는 눈에 잘 들어오지 않던 말씀들과 그 의미들도 이런 구절이 성경에 있었던가 싶을 정도로 지체들은 무엇보다 성경을 새롭게 보았으며, 무엇보다 성경을 사랑하고, 성경을 높였습니다. 어떻게 보면 이전에 알고 있던 진리들을 더욱 확신하고 더욱 가치 있게 여긴 면도 있었고, 또 어떻게 보면 이전에는 단지 지식적으로 알고 있는 것에 불과했던 말씀이 지체들 안에 새롭게 비추어졌습니다. 지체들은 성경을 볼 때 "아, 너무 달다~."라고 이야기할 때가 점점 더 많아졌습니다.

지체들은 그렇게 깨닫고 믿게 된 진리를 서로 나눌 때 전보다 더욱 크게 반응했습니다. 거의 매번 한 사람의 고백이 전체의 고백이 되었습니다. 다른 사람의 고백과 증거로 자신을 살피고 자신의 영혼을 채찍질했으며, 다른 사람의 진리에 대한 확신과 감동을 동일하게 고백하고 사랑했습니다. 지체들은 그렇게 점점 하나가 되어 갔습니다. 진리로 하나가 되어 갔습니다.

죄를 더 많이 깨닫게 되다

죄를 죄로 알지 못하고, 죄를 죄라고 말하지 않으며, 거의 모든 문제를 인간의 연약함으로 치부해 버리고 자기 합리화하기에 급급한 현대 교회의 가르침과는 달리 하나님께서는 자신의 말씀 안에 있는 죄에 대한 영원한 진리를 우리에게 가르쳐 주셨습니다. 죄가 얼마나 실제적이고, 얼마나 큰 힘을 가지고 있는지, 죄가 얼마나 사람을 비참하게 하고 무기력하게 하는지, 얼마나 교묘한지 등을 가르쳐 주셨습니다. 하나님과 우리 사이가 먼 것은 우리의 연약함 때문이 아니라, 우리의 심리적인, 환경적인 문제 때문이 아니라 바로 우리의 죄 때문임을 분명하고 생생하게 알려 주셨습니다. "오직 너희 죄악이 너희와 너희 하나님 사이를 갈라놓았고 너희 죄가 그의 얼굴을 가리어서 너희에게서 듣지 않으시게 함이니"(사 59:2). 그리고 그것의 유일한 해결은 예수 그리스도 외에는 없음을 생생하게 깨닫게 해 주셨습니다.

로이드존스가 말한 것처럼 지체들은 우리가 어떤 잘못된 행동을 하는 것이 문제라기보다 우리 자신 자체가 진정한 문제라는 것을 알게 되었고, 따라서 하나님 앞에서 회개할 때 구체적인 죄의 행위를 아뢰는 것은 물론이고, 자신의 존재 자체를 정직하게 시인하고 자신의 부패와 오염을 할 수 있는 한 모두 고발했습니다.

구원을 진지하게 고민하다

지체들은 '구원'을 어느 때보다도 깊이 고민하기 시작했습니다. 지체들은 무엇보다 자신의 무능력과 비참함, 사악함을 조금씩이지만 분명하게 직시하게 되면서 하나님의 거룩을 더 뚜렷이 보게 되었습니다. 어떤 면에서는 하나님의 거룩을 보면서 자신의 무능력과 비참함, 사악함을 보게 되었는지도 모릅니다. 어쨌든 지체들은 하나님의 위대하심과 순결하심, 아름다우심과 거룩 등을 계속해서 묵상하고 공부했으며, 그럴수록 하나님을 더욱 두려워하고 하나님 앞에 더욱 겸손하게 엎드리며 기도하고 울부짖었습니다. 그리고 그런 두려움 등이 커져 갈수록 하나님께서는 자신을 우리에게 더 많이 나타내 주시는 것 같았습니다.

하나님을 마음으로 알다

때로 지체들은 "하나님은 살아 계시다."라고 말하는 것 자체로 하나님을 예배하고 있는 자신을 보게 되었습니다. 지체들은 그만큼 하나님께서 살아 계심을 아주 생생하게 알게 되었습니다. 그리고 바로 그 사실 때문에 무척 행복해하고 즐거워했습니다. 하나님에 대한 다른 교리도 마찬가지였습니다.

지체들은 하나님께서 천지를 창조하셨다는 사실 자체로 크게 기뻐했습니다. 그분께서 모든 것을 창조하시고, 다스리신다는 사실로 말미암아 지체들은 매우 놀라기도 하였습니다. 지체들은 정말 그 사실에 놀랐습니다! 그것은 이제 단순한 이론이나 지식이 아니었습니다. 그것은 지체들 안에서 믿음이 되었습니다. 지체들은 하나님께서 살아 계시고, 역사하시며, 모든 것을 통치하시고, 홀로 높임을 받기에 합당하시며, 유일한 구원자시며, 전능하시고, 자비로우시며, 거룩하시고, 사랑이 많으시며, 은혜를 값없이 주시는 분이라는 진리 앞에서 매번 엎드려 경배했습니다.

지체들은 다른 무엇보다 성경과 하나님에 대해 이야기하는 것을 가장 기뻐하고 즐거워했습니다. 모일 때만이 아니라 따로 만나고 연락할 때도 지체들의 주된 관심, 거의 유일한 관심은 구원과 하나님의 성품, 그분의 영광, 성경의 충족성, 복음의 가치 등이었습니다. 지체들은 이전에 자신이 믿고 있다고 생각했던 진리에 대해 새롭게 반응했습니다. 지체들은 전과 같이 '믿는다'는 말은 똑같이 사용했지만 더 신중해 보였고, 더 많은 두려움을 갖고 있는 것 같았습니다. 또 믿음의 대상과 내용에 대해서도 전보다 더 많은, 더 깊은 확신과 두려움, 기쁨과 소망을 가지고 말했습니다.

지체들은 하나님께서 우리와 같은 죄인을 멸망시키시는 것이 너무나 정당하며, 그것이 하나님께 영광이 된다고 고백했습니다. 그러면서도 죄인을 그대로 내버려 두어 멸망토록 하시는 것보다 죄인을 살리셔서 새롭게 창조하시는 것이, 항상 하나님을 대적하고 하나님을 거부하며 하나님의 것들을 멸시하는 죄인을 예수 그리스도의 이름으로 새롭게 하셔서 하나님을 사랑하고 하나님을 예배하며 하나님을 기뻐하고 하나님을 자랑하며 하나님을 찬양하도록 하시는 것이 하나님께 더 큰 영광이라고 생각하며 그분의 은혜와 자비를 구했습니다.

성경이 말하는 복음을 이해하고 시인하다

특히 우리는 '복음은 구걸하는 것이 아니라 선포하는 것'임을 알게 되었습니다. 예수님은 건강한 자가 아니라 병든 자를 위해 오셨다고 말씀하셨습니다. 복음은 병든 자, 무력하고 무능한 자, 구제불능인 자, 스스로는 아무엇도 할 수 없는 죄인에게 주어집니다. 따라서 "당신은 아픈 사람이다", "당신은 스스로는 아무것도 할 수 없다", "당신이 예수님을 만나지 않는다면 당신이 지금 현재 누리거나 꿈꾸고 있는 모든 행복과 명예 등은 쓰레기에 불과하다."고 말하는 것이 맞습니다. 그것은 잔인한 것이 아닙니다. 오히려 이것이야말로 인간을 성경적으로 배려하는 유일한 태도입니다. 아픈 사람에게 아프니까 의사가 필요하다고, 당신은 죽어 가고 있으니 치료해야 한다고 말하는 것이야말로 성경이 인간을 대하는 원초적 입장입니다. 치명상을 입어 정신을 거의 잃고 죽어 가고 있는 환자에게 당신은 큰 문제가 없다고, 다만 조금만 더 개선하면 된다고, 생각을 조금만 고치면 되는 거라고 말하는 것이야말로 잔인한 것이 아니겠습니까?

성경을 정직하게 살펴보면 성경 전체가 복음을 항상 선포해 왔다는 것을 알 수 있습니다. 누구보다 하나님 자신이 그러하십니다. 태초에 하나님이 천지를 창조하셨다는 성경의 처음 구절은 우리에게 선포된 것입니다. 이것은 우리의 동의를 요구하지 않습니다. 과학의 검증도 요구하지 않습니다. 참으로 우리의 이해와 납득을 기다리지 않습니다. 선지자들 또한 항상 하나님의 말씀을, 복음을 세상에 선포했습니다. 그들은 듣는 사람들이 어떤 환경에 처해 있는지, 복음에 대해 어떤 거부감을 갖고 있는지를 전혀 고려하지 않았습니다. 이것은 예수님도 마찬가지셨고, 사도들 또한 그랬습니다.

그런데 많은 현대 교회는 이 일에 성경적이지 않은 것 같습니다. 현대의 수많은 교회들이 사람들을 배려한다는 이유로 복음의 모든 부분을 온전히 선포하지 않습니다. 그들은 "당신은 죄인이다."라고 말하면 상대방이 싫어하고 모욕감을 느끼며 거절하기 때문에 일단은 사람들을 교회로 데려오게 한 후 그들의 마음을 조금씩 풀어 주는 것이 현대의 전도 방법이라고 생각합니다. 그러나 하나님의 진리는 인간이 죄인이라는 사실부터 시작합니다. 복음은 항상 인간이 죄인이라는 것을 기본으로 하고 주어졌습니다. 예수님께서 사역을 처음 시작하실 때 하셨던 말씀이 바로 "회개하라!"였습니다. 세례 요한도 마찬가지였습니다. 구약의 선지자들도 마찬가지였습니다. 신약의 사도들도 마찬가지였습니다.

처음부터 죄에 대해 분명하게 얘기하면, 인간의 비참하고 가증스러운 죄악된 본성에 대해 성경에서 말하는 모든 진리 그대로 얘기하면, 아직 복음에 열려 있지 않은 사람들이 거부감을 갖고 교회에 오지 않을 것이기 때문에, 먼저 그들의 마음을 풀어 주는 것이 중요하다고 말하는 것이 바른 것입니까? 그것이 과연 성경적인 것입니까?

사도들은 어느 마을로 들어가든지 인간이 죄인이라는 것과 예수님이 유일한 구세주신 것과 때문에 그를 믿어 회개하여 구원을 얻어야 함을 선포했습니다. 사도들은 사람들의 지식과 감정의 상태에 따라 복음의 어떤 부분은 조금 축소하여, 또 복음의 어떤 부분은 뒤로 미루어서 전하지 않았습니다. 사도들은 복음을 전할 때 복음의 모든 부분을 전했습니다. 사도들은 복음이 다루고 있는 모든 부분을 가감 없이 담대하게 외쳤습니다.

예수님께서는 복음을 구걸하라고 명령하신 적이 결코 없습니다. 예수님은 사도들에게 어느 지방으로 가든지 복음을 선포하라고 하셨고, 만약 그중에 누군가가 그들의 말을 귀담아 듣거나 받아들이면 그곳에서 유하며 복음을 계속해서 증거하라고 하셨지만, 그렇지 않다면 발에 먼지를 떨어 버리고 다른 지방으로 이동하라고 하셨습니다.

예수님은 사람들에게 자기를 믿어 달라고 구걸하신 적도 결코 없습니다. 예수님은 일단 사람들의 마음을 최대한 풀어 주신 후 천천히, 그들이 받아들일 수 있는 만큼씩 천천히 자신을 받아들이도록 하지 않으셨습니다. '좁은 길'은 처음에는 넓으나 차츰차츰 단계별로 좁아지는 길이 아닙니다. '좁은 길'은 처음부터 들어가는 것 자체가 어렵고 부담되는 '좁은' 길입니다. 생명의 길은 좁은 길이고, 예수님은 바로 그렇게 우리에게 복음을 선포하셨습니다.

우리는 하나님의 말씀에 대한 바른 이해가 오늘날 그 무엇보다도 가장 먼저 회복되어야 한다고 생각하게 되었습니다. 우리는 사람을 사람의 입장에서 배려하는 오늘날의 타협과 불성실함이 교회를 더욱 약하게 만들고 있다고 생각하게 되었습니다. 복음의 능력을 모르기 때문에 복음을 사람들의 입맛과 반응에 맞추어서 전하는 것은 하나님의 말씀과 하나님의 능력과 그분의 일하심을 믿지 않는 것과 같습니다. 그것은 복음을 전한다는 말과는 달리 실제로는 복음을 부끄러워하는 것입니다.

바울은 로마 교회에 편지를 쓰면서 자신은 복음을 부끄러워하지 않는다고 말합니다. 왜냐하면 복음은 하나님의 능력이 되기 때문입니다. 복음에는 하나님의 의가 나타나서 믿음으로 믿음에 이르게 하는 놀라운 힘이 있습니다. 이것은 오직 복음이 복음 자체로서 존중받고 온전하게 선포될 때만 가능합니다. 진정으로 사람을 배려하고자 한다면 성경이 분명하게 가르치는 것과 같이 복음을 선포해야 합니다. 우리의 생각에 맞추어 가감하지 않고 있는 그대로, 원초적인 복음을 교회와 세상에 선포해야 합니다.

더 나아가, 우리는 교회가 세상과 다르지 않다고, 우리는 너희와 다르지 않으니 거부하지 말고 함께 어울리자고 사람들을 초청하지만, 실제로 교회는 세상과 그 태생이 분명히 다르며, 다를 수밖에 없고, 다른 것을 보여 주어야 한다고 생각하게 되었습니다. 오늘날 많은 교회는 세상 사람들이 교회를 떠나고 핍박하는 이유로 문화적인 거부감, 복음의 비타협성 등을 지적하면서 그들에게 친근하게 다가가기 위해 이미지를 만들어 내고 어떤 문화적인 선에서 타협하는데, 우리는 바로 그런 태도 자체가 오히려 교회를 더욱 불신하게 만드는 것이라고 생각하게 되었습니다.

성경과 교회사를 보면 하나님의 교회가 부흥할 때는 무엇보다 하나님의 말씀이 온전히 선포되었을 때였고, 세상의 것들을 되도록(완전히!) 내치던 때였습니다. 외국에 포로로 있다가 돌아온 이스라엘 사람들이 했던 일들이 이것을 말해 줍니다. 이스라엘은 그들이 이전에 갖고 있던 모든 세상적인 것을 지체 없이 버리고 무엇보다 율법(성경)에서 말하는 그대로 충실히 따르기 위해 개혁했는데, 그때 바로 진정한 회복과 부흥이 있었습니다. 느헤미야와 같은 선지자들이 한 일이 바로 그것이었습니다. 성경에서 이스라엘이 힘을 잃고, 억눌림 당할 때마다 하나님께서는 무엇보다 하나님의 말씀을 회복해야 한다고 말씀하셨고, 그 일을 감당할 선지자들을 보내 주셨으며, 선지자들이 한 일들은 말씀에 충실한 것이었으며, 이스라엘이 바로 그런 하나님의 호의를 받아들여 하나님께만 그들의 얼굴을 돌릴 때 이스라엘의 회복과 번영의 시기가 다시 찾아왔습니다.

사람들은 말씀과 말씀이 전해지는 도구에 대해 이야기할 때 말씀은 본질적인 것이고, 말씀이 전해지는 수단과 방법은 비본질적인 것이기 때문에 비본질적인 수단과 방법 등에 너무 엄격한 잣대를 가질 필요가 없으며, 그래서도 안 된다고 얘기합니다. 사람들은 누군가가 수단과 방법에 엄격한 잣대로 분별을 요구하면 그 사람은 속이 좁고 교만하며 사랑이 없는 사람이라고 치부합니다. 그러나 성경과 교회사를 통해 볼 수 있는 증거는 작은 것에 충성한 자가 큰 것에도 충성할 수 있다는 것입니다. 말씀 자체는 본질적인 것이고, 말씀이 전해지는 수단과 방법은 비본질적인 것이라는 것은 개념적으로는 틀린 말이 아닐지도 모릅니다. 그러나 그렇다고 해서 수단과 방법에 하나님의 분별이 요구되지 않는 것은 아닙니다. 오히려 누구나 다 그렇게 생각하기에 더욱 요구되어져야 하는 것이 우리가 생각하는 비본질적인 것들에 대한 분별입니다. 적지 않은 경우 사람들은 자신들의 생각과 방법을 합리화하고, 자신들의 영적이고 지적인 게으름을 감싸기 위해 본질과 비본질을 나누어서 생각하고 얘기하는 것을 좋아하기 때문입니다.

  하나님의 말씀만이 죄인을 새롭게 합니다. 거듭나게 합니다. 그런데 말로는 그렇게 말하면서, 입술로는 그렇게 고백하면서 교회의 프로그램이라든가, 교회에서 행하는 소그룹의 교재 내용들은 하나님의 말씀만으로는 무엇인가 부족한 것처럼 세상의 방법과 수단들을 동원하는 것 같아 우리는 마음 아파했습니다.

  교회에서 하나님을 예배하기 위해 모이는 예배 모임뿐만 아니라 모든 소그룹의 목표는 하나님을 알고 예배하는 것이어야 합니다. 그분을 아는 것이 힘이요, 하나님을 기뻐하는 것이 힘입니다. 그분을 알고 예배하는 것을 통해 우리는 믿음으로 살아갈 힘을 얻게 됩니다. 그런데 하나님의 말씀을 공부하고 하나님을 찬양하는 시간보다 스트레스는 어떻게 푸는 게 좋은지, 어떻게 우리의 소원을 이루며 살 수 있는지, 어떻게 성공할 수 있는지, 어떻게 잘살 수 있는지에 대한 내용을 더 많이 다룬다니요!

교회가 세상과 똑같은 모습을 취하면서, 어떻게 세상과 다르게 살라고 요구할 수 있을까요? 우리는 도무지 이해할 수가 없습니다.

사람들은 어찌되었든 조금의 열매라도 있으니 너무 나쁘게 생각하지 말라고 말합니다. 우리는 그런 주장을 이해하기가 힘듭니다. 열매가 조금이라도 있을 수 있다는 것을 우리는 부정하지 않습니다. 그러나! 열매가 조금이라도 있기 때문에 그런 것들을 긍정할 수 있다고 말하는 의도가 진정 열매에 있다면, 성경과 교회사에서 열매들이 넘쳐났던 부흥과 개혁의 때를 우리는 저들이 진지하게 살펴보기를 원합니다. 성경의 충족성, 예수 그리스도의 충족성을 온전히 인정하고, 하나님의 말씀만이 그 무엇보다 높임을 받으며, 하나님의 말씀만이 사람을 살릴 수 있다는 생각에 오로지 하나님의 말씀만을 선포하고, 증거하던 때의 교회의 열매들은 얼마나 위대했습니까!

우리는 오늘날 교회가 자신들은 하나님의 일을 하고 있다고 말하지만 실제로는 마태복음 7장에서 말하는 것처럼 "악하고 게으른 종아!"라는 이야기를 듣지 않도록, 자신은 복음을 전한다고 생각하지만 실제로는 복음을 부끄러워하는 행동을 함으로 하나님의 진노를 사지 않도록, 성경으로, 복음의 충족성으로 돌아가야 한다고 생각합니다. 우리는 오늘날의 교회가 세상 사람들뿐만 아니라 교회에 있는 사람들조차도 죄와 회개에 대해 불편해하기 때문에 그들을 책망하고 훈계하는 일에 게으르다가 엘리 제사장처럼 하나님께 버림받지 않기를 바랍니다. "누구든지 이 음란하고 죄 많은 세대에서 나와 내 말을 부끄러워하면 인자도 아버지의 영광으로 거룩한 천사들과 함께 올 때에 그 사람을 부끄러워하리라"(막 8:38). "누구든지 사람 앞에서 나를 시인하면 나도 하늘에 계신 내 아버지 앞에서 그를 시인할 것이요 누구든지 사람 앞에서 나를 부인하면 나도 하늘에 계신 내 아버지 앞에서 그를 부인하리라"(마 10:32-33). 우리는 오늘날 교회가 하나님의 말씀을 최고로 자랑스러워하고, 담대하게 복음을 선포하기를 바랍니다.

하나님의 주권을 인정하며 은혜를 구하다

지체들은 하나님의 은혜를 지속적으로 구하고, 그분을 더 깊이 알기 원했습니다. 그러나 자주 자신들의 마음이 굳어 있는 것을 보고 놀랐으며, 때로는 자신들의 마음이 굳어 있으나 그것을 슬퍼하지 않는 자신을 보며 괴로워했습니다. 때로는 한참이 지나서야 자신이 그랬다는 것을 알고 힘들어하기도 했습니다. 그러나 대부분의 경우 지체들은 하나님의 은혜를 지속적으로 구하고 그분을 더 깊이 알기 원했습니다. 지체들은 자신들이 간절히 원한다고 해서 자신들에게 하나님의 은혜가 주어질 것이라고 믿지 않았습니다. 자신들의 간절함, 자신들의 지식, 자신들의 경험, 자신들의 선한 행동이 하나님께 좋게 평가되어 그것으로 하나님께서 자신들에게 어떤 사역을 행하실 것이라고 생각하지 않았습니다. 지체들은 자신들이 무엇을 한다고 해서 하나님의 영광에 무엇인가를 더할 수 있다고 생각하지도 않았습니다. 지체들은 모든 하나님의 사역은 전적으로 하나님에게 달려 있다고 믿었습니다. 지체들은 긍휼히 여길 자를 긍휼히 여기시고 그렇지 않을 자를 그렇지 않게 여기시는 하나님을 있는 그대로 믿었습니다. 그리고 바로 그것을 찬양했습니다.

비교할 수 없는 하나님

지체들은 하나님은 단순한 우선순위가 아니라고 고백했습니다. 우리는 성경을 읽고, 기도를 하는 일을 제일되는 우선순위로 보는 경향이 있습니다. 일어나서 제일 먼저 밥을 먹는다거나 신문을 읽는다거나 하는 우선순위의 문제처럼, "아! 맞아, 하나님 만나는 게 먼저지~."라고 하면서 성경을 찾고, 기도의 자리로 나아가는 것입니다.

그러나 하나님은 다른 일들에 비해 단순히 더 먼저 치러야 할 대상이 아니십니다. 하나님은 그분을 먼저 만나야만 찝찝하지 않게 살 수 있기 때문에 만나야 하는 분이 아니십니다. 하루를 잘 보내기 위해 만나야 하는 분도 아니십니다. 내가 살아갈 힘을 얻기 위해, 내가 행복하게 살기 위해 만나야 하는 분도 아니십니다.

하나님은 다른 것과 비교할 수 없는 분이십니다. 다른 일들과 비교할 수 없는 분이십니다. 왜냐하면 그분은 우리의 생명이 되시는 까닭입니다. 우리 중 아무도 "아, 공기부터 좀 마셔야지~." 하는 사람은 없을 것입니다. 공기를 마시지 않으면 우리는 죽습니다. 하나님과 함께하는 삶 자체가 아닌 것은 이미 죽은 것입니다. 따라서 하나님은 단순히 우리가 만나야 할 첫 번째 대상이 아니시며, 말씀을 보고, 기도를 하고, 예배하는 것도 우선순위로 볼 수 있는 개념이 아닙니다. 하나님과의 연합, 하나님과의 동행은 어떤 일이 아니라 우리의 생명 그 자체입니다. 우리의 존재 그 자체입니다. 하나님을 '겨우 우선순위의 첫 번째 정도'로밖에 생각하지 않는 것은 하나님을 심히 모욕하는 것입니다.

따라서 지체들은 말씀을 사랑하여 읽지 않고, 그 말씀에 순종하지 않는 것 자체가 이미 죽은 것이라고 고백했습니다. 만약 누군가가 기도하지 않고 있다면, 기도하면서 살지 않는다면 그는 큰 것을 놓친 것이 아니라 전부를, 생명을 잃어버린 것이라고 지체들은 소리 높여 말했습니다. 누구보다 각자 자신에게 말입니다.

예배를 사랑하다

지체들은 한 개인이, 또 교회가 살아 계신 하나님을 예배하는 것에 대해서도 아름답게 나누었습니다. 지체들은 교회에서의 예배 모임에서든, 혼자서 하나님을 찬양할 때든 하나님을 예배할 때 자신들이 얼마나 행복한지를 말했습니다. 지체들은 하나님을 알면 알수록 하나님을 기뻐하고 즐거워하는 것이 점점 더 자연스러워지며, 그것이 정말 달콤하여 다른 것과는 절대 바꾸고 싶지 않다고 말했습니다. 하나님의 은혜와 사랑, 하나님의 거룩과 의, 하나님의 전능하심과 완전하심을 높이고 찬양하면서 하나님을 예배하는 것만큼 기쁘고 영광스러운 것은 없다고 말했습니다.

지체들은 전에는 자신을 위한 간구와 자신의 상처에 대한 하나님의 위로를 바라는 것 등으로 기도의 많은 시간을 채웠다면서 회개했습니다. 그러나 지체들은 이제 그런 기도는 딱 필요한 만큼만 하게 되었다고 말했습니다(어떤 지체는 하나님의 영광을 구하는 기도 외에는 아무 말도 나오지 않는다고 얘기했습니다). 지체들은 하나님의 영광을 구하고, 하나님을 아는 것에 대부분의 기도 시간을 보냈습니다.

지체들은 예배할 때마다 복음의 능력이 자신을 바꾸었고, 바꾸고 있다고 고백했습니다. 때문에 지체들은 오직 복음만을 기뻐하며, 복음 안에서만 자유하며, 복음 안에서만 호흡하고 싶어했습니다.

지체들은 신자들이 모여서 하나님을 예배할 때 하나님의 영광을 더욱 크게 맛보는 것 같다고 말했습니다. 그들은 전 세계에 있는 모든 신자가 연합해서 삼위일체 하나님을 찬양하는 것을 기대하면서 하나님께서는 영원히 찬양을 받으셔도 부족하다고 말했습니다. 자신들의 예배와 찬양이 영원히 지속된다고 해도 하나님께는 너무 부족할 것이라고 말했습니다. 지금부터 하나님을 찬양하면서 살기만 해도 너무나 모자랄 것이라고 말했습니다. 그런데도 하나님께서는 신자의 작은 사랑을 크게 생각해 주시는 분이라고 말하면서 더욱 감동했습니다. 지체들은 실제로 신자들이 하나님께 드리는 것은 모두 하나님께로부터 받은 것들이기 때문에 하나님의 영광에 아무것도 더할 수 없고, 실제로 자신들이 드리는 것은 아무것도 없다고 말했습니다. 그러나 하나님께서는 얼마나 위대하시고 아름다우신지 자신의 것을 신자에게 선물로 주셔서 그것으로 하나님을 찬양하게 하실 뿐만 아니라, 바로 그것들을 신자의 것으로 삼아 주셔서 그것에 가치를 부여하시고, 그것으로 신자에게 상을 주시는 매우 사랑스러우신 분이시라고 고백했습니다. 이런 이야기를 할 때 어떤 한 지체는 사랑하는 누군가를 깊이 생각할 때처럼 멍해 보이기까지 했습니다.

지체들은 모든 예배가 하나님의 영광으로 충만하기를 간절히 바랐습니다. 지체들은 하나님을 찬양하는 소리와 그분을 높이는 모든 믿음의 행위로 온 세상이, 모든 시간이 가득 채워지기를 바랐습니다. 지체들은 자신들 주위에서 함께 예배하는 사람들이 전보다 더욱 사랑스럽다고 말했으며, 강단에서 선포되는 하나님의 말씀은 더욱 달콤하다고 말했습니다. 특히 지체들은 하나님의 말씀을 선포하고 가르쳐 주는 신실한 목회자들을 더욱 사랑하고 존경했습니다.

말씀을 보는 눈이 달라지고 공부를 즐거워하다

우리는 "여호와를 기뻐하라 그가 네 마음의 소원을 네게 이루어 주시리로다."(시 37:4)라는 말씀을 새롭게 이해했습니다. 전에는 이 말씀이 우리의 개인적인 소원들에 한정되어 있었습니다. 교회에서도 그렇게 가르쳤고, 다른 대부분의 사람들도 그렇게 이해했고 말해 왔습니다. 그러나 우리에게 이 말씀은 더 이상 개인적인 소원에 대한 것이 아니게 되었습니다. 이 말씀은 이제 하나님께서 우리 안에 하나님을 기뻐하고 싶어하는, 찬양하고자 하는, 열망하는 간절한 열심을 하나님께서 우리 안에 넘치도록 부어 주시고, 그 일을 그리스도 예수의 날까지 전능하시고 완전하신 하나님께서 성실히 이루어 주실 것이라는 의미로 다가오게 되었습니다. 하나님을 사랑하고, 하나님의 말씀에 따라 사는 삶을 즐거워하게 하시고, 그렇게 살아가는 동안 겪는 모든 것을 기쁨과 영광으로 여기도록 하시는 하나님의 열심으로 이해하게 되었습니다. 그래서 우리는 우리의 한 가지 소원이 바로 이것이기를 구했습니다. 우리가 하나님 한 분만을 기뻐하며, 그분을 기뻐하는 삶을 살도록 우리 마음에 하나님께서 가장 고상하고, 가장 영광스러운 소원을 두시고 이루어 주시기를 간절히 바랐습니다.

지체들은 하나님의 말씀을 아주 잘 알기를 원했습니다. 그것은 시간이 지날수록 더욱 그랬습니다. 그래서 전에는 주석이라든가 성경 사전 등은 목회자나 신학생들만 보는 것으로 생각했고, 그런 책들을 보는 것 자체만으로도 무척 부담스러워했지만 이제 그들은 여러 종류의 성경 사전들과 여러 종류의 주석들 그리고 신학책들을 읽고 싶어했습니다. 또 읽기 시작했습니다. 그리고 하루 종일 성경을 보고 공부하며, 기도하고, 신학책들을 읽고 싶다고까지 말했습니다. 그러면서 그러하기에는 그런 많은 책을 살 돈도 없고, 시간도 너무 제한되어 있다면서 아쉬워했습니다. 그리고 왜 진작 하나님의 말씀을 더 사랑하지 못했는지, 하나님의 말씀을 깊이 공부하려고 하지 않았는지 한탄했습니다.

지체들은 무엇보다 성경을 사랑하여 누가 시킨 것도, 하자고 한 것도 아닌데 개인적으로 성경을 묵상하고 공부하는 일에 열심을 내었습니다. 성경을 공부하고 묵상하다가 잘 이해가 되지 않은 것들은 모임에서 질문하고 서로 나누면서 배우는 것을 즐거워하였습니다. 또 말씀을 보며 깨닫게 된 것들을 다른 사람들과 나누는 것을 즐거워했습니다. 그리고 그렇게 공부하고, 함께 나누고, 서로에게서 배우고 하는 모든 것을 기뻐하고 감사해했습니다.

진리에 대한 사랑이 커지다

지체들은 진리에 대한 사랑이 커갈수록 진리를 거스르는 인간적인 것들과 죄악들에 안타까워하고 분노했습니다. 지체들은 '과연 분노하는 것이 선한 것일까? 성경적인 것일까?'라고 고민하기도 했지만, 그것이 진리를 위한 것이며, 사랑을 가지고 있는 것이라면 선한 것이라고 생각했습니다. 황금송아지 사건 때 여호와를 위해 칼을 빼어 들어 하나님을 거스른 사람들을 도륙했던 레위 지파처럼 말입니다. 지체들은 사랑 없이 진리를 말하는 것과 진리가 없는 사랑 모두 사악하고 더러운 것이라고 생각했습니다.

또 지체들의 기준은 점점 더 성경적인 것이 되었고, 더욱 거룩한 것이 되었고, 더욱 열정적인 것이 되었습니다. 지체들의 신앙 기준은 하향 평준화되어 있는 오늘날과는 달리 점점 더 높아져 갔습니다. 그래서 무엇인가를 선택해야 할 때, 어떤 문제를 앞두고 있을 때 사람들이 보통 죄만 아니면 되지 않느냐고 말하는 것과는 달리 지체들은 단순히 죄냐 아니냐의 기준보다 더 높은 기준, 즉 적극적으로 하나님께 영광이 되는 것은 무엇이냐, 어떤 것이 더 하나님의 뜻에 합당하며, 어떤 것이 성경에 더욱 충실하며, 어떤 것이 더 교회의 행복과 번영을 위한 최선이냐의 기준을 갖게 되었습니다.

사람들은 어떤 문제나 상황이 비판받을 때 그것이 직접적으로 죄라고 말해질 수 있는 것이 아니라면 큰 문제가 없다는 듯 이야기합니다. 성경에 더

부합하고, 복음에 더 충실한 의견이 제시되어도 지금하고 있는 것이 죄의 문제에 직접적으로 걸리지만 않으면 제시된 의견을 적극적으로 살피지도 않습니다. 지금하고 있는 것도 괜찮은데 대체 뭐가 불만이냐는 것입니다. 그러나 만약 우리가 어떤 무엇인가를 진정 사랑한다면, 그리고 그 사랑이 더욱 순수해져 간다면, 또 그 사랑이 계속해서 자라 간다면, 더군다나 그 대상이 우리와는 비교할 수 없는 분이시라면 우리는 우리가 할 수 있는 것 중 아무 거나가 아니라, 우리가 할 수 있는 것 중 단지 최소한의 어떤 것이 아니라 우리가 할 수 있는 최고의, 최선의 것을, 아니 전부를 드리고 싶어할 것이고, 또 그렇게 해야 합니다. 이것이 신자의 참된 태도와 열정입니다.

우리는 이전의 자신들 또한 하향 평준화된 삶을 추구하던 존재였기 때문에 그것이 얼마나 게으르고 교만한 것인지, 하나님께 얼마나 모욕적인 것인지 잘 알았습니다. 그래서 그런 영적 게으름과 교만을 회개하면서 하나님께서 날마다 성경에 가깝게 인도해 주시고, 성경으로 기준을 세워 주시는 것에 무척 감사해했습니다.

이렇게 『놀라운 부흥과 회심 이야기』를 읽는 동안 우리는 영적으로 많은 변화를 경험했습니다.

2007년 6월: 『성령의 역사 분별 방법』을 읽다

『놀라운 부흥과 회심 이야기』를 통해 하나님 중심적인 세계관을 갖게 되고, 참된 신앙을 추구하는 열정을 소유하게 되고, 성경의, 복음의 충족성에 대해 고민하며 이전과는 다른 신앙 고백들을 하게 되었다면, 이 책『성령의 역사 분별 방법』을 읽으면서 우리는 이 시대에서 가장 중요한 것 중 하나인 '분별'을 크게 배웠습니다. 참으로 중요하고도 흥미진진한 이 분별(특히 성령 사역에 대한)에 대한 이야기를 지금부터 시작합니다.

성경이 말하는 성령 하나님의 사역을 공부하다

먼저, 우리는 오직 말씀만이 유일한 기준이요 판단 원칙임을 배우게 되었고, 하나님을 향한 참된 신앙 고백과 그에 합당한 믿음의 행위가 성경에 입각한 바른 지식을 따를 때만 그것을 가치 있는 것이라고 얘기할 수 있다고 고백하게 되었습니다.

성령 하나님의 주된 사역: 성령의 주된 사역은 예수 그리스도를 믿어 구원을 얻게 하며, 예수 그리스도를 높이고, 예수 그리스도를 사랑하게 하며, 모든 말씀에 기쁨으로 순종하게 하는 것.

우리는 다른 무엇보다 책이 가르쳐 주는 대로 성령 하나님의 사역을 성경에서는 어떻게, 무엇이라고 이야기하는지를 온전히 알기를 원했습니다. 즉, 우리는 이 문제를 오늘날의 현상 중심적인 위치에서 시작하지 않고 성경에서 말하는 기본 원리에서 시작하려고 먼저 성령 하나님의 주된 사역을 성경은 무엇이라고 얘기하고 있는지 살펴보았습니다.

우리는 성경의 다른 부분들도 될 수 있는 한 많이 살펴보았지만, 특별히 요한복음을 살펴보면서 성령 하나님과 그분의 사역을 많이 배울 수 있었습니다.

그러나 내가 너희에게 실상을 말하노니 내가 떠나가는 것이 너희에게 유익이라 내가 떠나가지 아니하면 보혜사가 너희에게로 오시지 아니할 것이요 가면 내가 그를 너희에게로 보내리니(요 16:7).

그러나 진리의 성령이 오시면 그가 너희를 모든 진리 가운데로 인도하시리니 그가 스스로 말하지 않고 오직 들은 것을 말하며 장래 일을 너희에게 알리시리라 그가 내 영광을 나타내리니 내 것을 가지고 너희에게 알리시겠음이라 무릇 아버지께 있는 것은 다 내 것이라 그러므로 내가 말하기를 그가 내 것을 가지고 너희에게 알리시리라 하였노라(요 16:13-15).

위로부터 오시는 이는 만물 위에 계시고 땅에서 난 이는 땅에 속하여 땅에 속한 것을 말하느니라 하늘로부터 오시는 이는 만물 위에 계시나니 그가 친히 보고 들은 것을 증언하되 그의 증언을 받는 자가 없도다 그의 증언을 받는 자는 하나님이 참되시다는 것을 인쳤느니라 하나님이 보내신 이는 하나님의 말씀을 하나니 이는 하나님이 성령을 한량없이 주심이니라 (요 3:31-34).

보혜사 곧 아버지께서 내 이름으로 보내실 성령 그가 너희에게 모든 것을 가르치고 내가 너희에게 말한 모든 것을 생각나게 하리라(요 14:26).

내가 아버지께로부터 너희에게 보낼 보혜사 곧 아버지께로부터 나오시는 진리의 성령이 오실 때에 그가 나를 증언하실 것이요(요 15:26).

이렇게 요한복음을 중심으로 성경을, 또 경건한 여러 신학 서적 등을 살핀 후 우리는 성경이 다음과 같은 교리를 우리에게 가르쳐 주고 있음을 알게 되었습니다.

성령은 하나님이시기에 마땅히 우리의 예배와 찬양을 받으실 분이십니다. 그럼에도, 성경을 쓰신 성령은 자신에 대해 거의 이야기하지 않으십니다. 그분 사역의 최종 목적은 성자 예수 그리스도를 나타내시고, 확증하시고, 선언하시고, 높이심으로써 죄인들을 성부 하나님께로 인도하는 것입니다. 성령은 자의로 하시는 것이 하나도 없으십니다. 성부로부터 모든 것을 받은 성자, 그 성자 예수님께로부터 받은 것만을 가지고 말씀하시고 사역하시는 분이 바로 성령님이십니다. 우리는 성령 안에서 성자 예수님을 통해 성부께 나아갑니다. 정말로 그렇습니다. 성부께서 구원을 계획하셨고, 성자께서 이루셨으며, 성령께서 적용하십니다.

구원의 주인공은 삼위일체 하나님이십니다. 그러나 우월의 개념이 아니라 관계적인 면에서 성자의 십자가 구속 사역이 우리와 가장 밀접합니다. 신앙은 십자가에서 발산되고, 십자가에서 수렴됩니다. 우리는 십자가의 구속 사역 안에서, 아래서, 새롭게 창조되고, 삼위일체 하나님께 나아가며, 이전의 거짓된 것들과 더러운 것들을 벗어 버립니다. 이것은 예수 그리스도의 구속 사역을 통해서만 가능합니다. 그래서 성령님은 예수 그리스도께 우리를 인도합니다. 따라서 예수님을 높이고, 확증하고, 선언하고, 바라보게 하는 것이 성령의 역사입니다.

자신은 숨으시고 예수 그리스도를 높이시는 성령님

앞서 살펴봤듯이 성령 사역의 본질은 예수 그리스도입니다. 그래서 예수 충만이 아닌 성령 충만은 거짓이요, 가짜입니다. 성령은 성자를 높이시고, 성자를 나타내시고, 증거하시고, 신자들이 성자의 가치에 집중하게 하시고, 성자를 바라보게 하시고, 성자에게 영광을 돌리게 하십니다. 따라서 모든 성령의 역사에는 반드시 이런 것들이 나타나야 합니다. 어떤 모양으로 나타나느냐, 어떤 수단과 방법으로 나타나느냐는 부차적이요, 본질적인 것도 아닙니다. 절대적으로 중요하고, 결코 양보하거나 타협할 수 없는 것은 예수 그리스도께서 높아지시느냐, 그를 향한 참된 신앙 고백이 있느냐, 또 예수 그리스도를 바라보고 사랑하고, 믿음으로 하나님의 선한 열매들이 맺히느냐입니다.

따라서 예수 그리스도의 가치, 즉 그 탁월함이나 완전함, 거룩하심 등에 집중하고, 그 영광스러운 구속 사역을 의지하게 하고, 예수 그리스도를 통해 하나님의 영광을 맛보아 알며, 하나님의 거룩한 나라를 간절히 사모하고 간절히 추구하게 하는 것이 바로 성령의 주된 사역입니다. 이런 것이 나타나지 않는 것은 성령의 사역이 아닙니다(또는 소극적인 의미에서 그럴 수도 있고 아닐 수도 있습니다).

우리는 예수 그리스도를 높이고 확증하고 선포하고 고백하게 하며, 전적으로 직접적으로 절대적으로 예수 그리스도만을 의존하게 하는 것이 바로 성경이 말하는 성령의 주된 사역임을 보았습니다. 그러면서 우리는 하나님께서 우리에게 예수님 외에는 다른 구원자를 주시지 않으셨다고 고백하면서 찬양했습니다.

성령의 역사와 성경에 입각한 바른 분별

다음으로, 우리는 실제 우리가 신앙 생활을 하면서 많이 혼란스러워하는, 또는 속고 있는 성령 사역에 대한 분별을 같이 고민한 후 다음과 같은 이야기들로 우리의 입장을 정리하기 시작했습니다.

성경은 은사나 어떤 수단 자체에 우리의 마음이 집중되지 않도록 합니다. 그 이면에 있는 표지를 보기를 원합니다. 예수님도 제자들에게 그들이 마귀의 무리를 물리친 것으로 기뻐하기보다 그들이 생명책에 기록된 것으로 기뻐하라고 말씀하셨습니다(눅 10:17-20). 이것은 마귀를 물리친 것이 아무것도 아니라는 것이 아닙니다. 그것은 놀랍고 영광스러운 것입니다. 그러나 그들이 일차적으로 주목해야 할 것은 그들이 하늘에 속한 자라는 것, 하나님께 속한 자라는 것, 하나님의 은혜 안에 있다는 것입니다.

우리가 참으로 탁월하게 생각하며, 사랑스럽게 생각하며, 감격하고, 기뻐하며, 영광스럽게 생각해야 할 것은, 우리에게 보이는, 우리에게 일어나는 어떤 가시적인 수단이나 일들이 아니라 그 이면에 있는 하나님의 영광과 예수 그리스도의 탁월하신 구속 사역임이 분명합니다. 이 말은 은사가 필요 없다는 말이 아니며, 하나님의 특별한 개입과 사역들이 일어나지 않는다는 말도 아닙니다. 우리는 그런 것을 인정합니다. 우리 중 다수는 특별하고도 놀라운 일들을 체험해 왔습니다. 우리는 그것들 자체를 무조건 긍정하거나 무조건 부정하지 않습니다. 다만, 우리는 우리 자신에게 끊임없이 다음과 같이 질문해야 한다고 생각했습니다.

그래서?

그래서 그런 경험이 우리를 무엇으로 인도하는가? 그래서 그런 경험이 우리에게 말하는 것은 무엇인가? 그래서……. 그래서 그런 경험이 우리로 하여금 참으로 하나님의 영광과 예수 그리스도의 탁월하심에 주목하게 하고, 예배하게 하며, 감격하게 하는가? 아니면 경험했다는 사실 자체, 체험이라는 현상 자체에 집중하게 하는가? 바로 이 질문이 성령의 나타나심과 영향력을 참되게 분별할 수 있는 표지가 된다고 우리는 생각했습니다.

우리는 예수님 충만이 아닌 성령 충만은 거짓이거나, 또는 성령의 분명한 역사라고도 아니라고도 말할 수 없는 것이라고 말했습니다. 하나님의 영광과 그분의 나라, 예수 그리스도의 탁월함과 구속 사역에 집중하도록 하는 것이 아니라, 그 외의 것들을 붙잡도록 하는 것은 거짓이거나 참된 것이 아닙니다. 왜냐하면 그 외의 것들은 우리의 영원의 문제인 구원과 참 신앙에 (거의) 아무 의미도 갖지 않기 때문입니다.

우리는 마귀가 지식과 체험에서 우리를 충분히 속일 수 있고, 또는 그 자신의 것으로 속이는 것은 아니어도, 궁극적인 목적(하나님께 영광 돌리고, 하나님을 사랑하고, 하나님을 즐거워하며, 예수 그리스도의 탁월하신 구속 사역을 의지하여 믿음으로 사는 것 등)으로가 아니라 그 수단들에 만족하게 함으로써 우리로 하여금 진정한 영광을 맛보지 못하게 할 수 있다고 생각합니다. 그래서 우리는 분별해야 합니다.

우리는 보통 하나님이 하시는 일을 보고 우리가 놀라워한다거나 예수님을 주라고 시인하는 것이 참 믿음이라고 생각합니다. 그러나 성경은 그것이 그렇게 단순한 문제가 아니라고 말합니다. 우리는 예수님께서 귀신을 쫓아내실 때 종종 귀신들이 예수님에 대해 했던 말을 기억합니다. 귀신들은 예수님이 살아 계신 하나님의 아들임을 분명히 알았고, 그렇게 고백했습니다. 그러나 지금 그렇게 고백하고 있는 자들이 누구입니까? 바로 귀신들, 멸망의 존재들입니다. 예수님께서 살아 계신 하나님의 아들이신 것과, 그분께 모든 것을 다스리시는 권세가 있다는 것을 어쩌면 우리 인간보다 더욱 분명하게 알고 있음에도 그들은 멸망의 존재, 귀신들입니다. 이것은 우리에게 많은 것을 시사합니다. 우리는 겉으로 드러나는 입술의 고백과 인간적인 감정의 고백이 모두 다 하나님께 속한 것이라고 단정지을 수 없습니다.

에드워즈는 마귀의 고백과 참된 신자의 고백이 겉으로는 똑같을 수 있지만 실제로는 완전히 다른 것이라고 우리에게 가르쳐 주었습니다. 즉, 마귀는 단순히 사실 자체만을 인정하는 데 반해, 신자의 고백에는 사랑과 존경, 순종과 기쁨함 등의 성령의 열매가 담겨 있다는 것입니다. 무엇을 말하느냐가 중요한 것이 아니라, 어떤 고백을 하느냐가 중요한 것이 아니라, 무엇을 체험하고, 무엇을 느끼는가가 중요한 것이 아니라, 실제 신자의 영혼이 하나님을 참으로 기뻐하고, 그분을 자랑스러워하며, 그분만을 바라보고 의지하며, 그분만을 높이는지가 중요하다는 것입니다.

우리 자신의 경험과 생각을 점검하고 분별하다

우리는 이때부터 우리가 그동안 체험했던 것, 우리가 고백했던 것, 현재(당시 그리고 지금) 경험하고 있는 모든 것에 대해 일단 '중립'이라는 태도를 밝혔습니다. 그리고 과연 우리가 경험했던 것들이 우리에게 안겨다 준 것이 무엇인가라는 질문을 던지기 시작했습니다.

우리는 마귀도 능력이 있으며, 마귀도 성경을 인용함을 압니다. 마귀는 아주 교묘하게 우리를 속일 수 있습니다. 마귀를 광명의 천사로 가장한 자라고 말하는 것도 그 때문입니다. 마귀는 우리에게 거짓된 빛을 안겨 줄 수 있습니다. 그렇지 않았다면 요한 사도는 우리에게 영들을 시험하여 분별하라고 명령하지 않았을 것입니다(요한1서 4:1).

우리는 흰색과 검은색을 굳이 시험하여 분별하지 않습니다. 왜냐하면 그것은 특별히 우리가 주의를 기울이지 않더라도 눈에 너무 확연히 구별되는 것이기 때문입니다. 시험하여 분별하라는 이야기를 한 것은, 참 빛이 있고 참 빛처럼 속이는 거짓 빛, 즉 우리가 웬만큼 주의를 기울여서는 분별하기가 쉽지 않은 거짓의 것이 빛으로 가장하고 있기 때문입니다.

계속되는 공부와 고민, 기도 끝에 우리는 어떤 사람들이 주장하는 것처럼, 또는 우리가 과거에 그랬던 것처럼 체험 자체, 큰 이적 자체, 표면적인 어떤 구체적인 성과 자체를 참 신앙의 본질이요, 성령의 역사, 열매라고 보지 않게 되었습니다. 우리는 계속해서 성경으로 돌아가 묻고 또 물었습니다.

누가복음 16장에는 부자와 거지 나사로 이야기가 나옵니다. 둘 다 죽은 후, 부자는 극심한 고통 중에 신음하면서 아브라함에게 말합니다. 옆에 있는 나사로를 자신에게 보내어 그 손가락 끝에 물을 찍어 자기 혀를 시원하게 해 달라고 말입니다. 그러나 아브라함은 부자나 나사로나 서로 마땅히 받아야 할 것을 받고 있으며, 또 서로 왕래할 수 없다 하며 거절합니다. 그러자 부자는 나사로를 자기 아버지 집에 보내어 자기 가족들에게 증거하게 하여 그들이 모두 구원받아 이 고통 받는 곳에 오지 않기를 간절히 구합니다. 그리고 성경은 다음과 같이 마무리를 짓습니다.

아브라함이 이르되 그들에게 모세와 선지자들이 있으니 그들에게 들을 지니라 이르되 그렇지 아니하니이다 아버지 아브라함이여 만일 죽은 자에게서 그들에게 가는 자가 있으면 회개하리이다 이르되 모세와 선지자들에게 듣지 아니하면 비록 죽은 자 가운데서 살아나는 자가 있을지라도 권함을 받지 아니하리라 하였다 하시니라(눅 17:29-31).

죽은 자 가운데서 살아난 자! 이것은 정말 엄청난 기적일 것입니다. 부자는 그런 큰일이 일어나면 자기의 가족들이 두려워하며 놀라 말씀을 받아 구원을 얻으리라 생각합니다. 그러나 아브라함은 그런 그의 생각에 전혀 소망이 없음을 분명하게 보여 줍니다. 이 짧은 이야기를 볼 때 기적과 체험 자체는 복음과 신앙에 결정적인 것이 아님이 분명합니다. 모세와 선지자들, 즉 하나님의 말씀을 좇고, 사랑하고, 순종하며 따르지 않는다면 기적 자체는 아무 의미가 없습니다. 어떤 큰 가시적인 이적이나 체험보다 하나님의 말씀이 우선이라는 것이 이 이야기에서 볼 수 있는 성경의 주장입니다.

분별의 필요를 보다

우리는 특별히 로마서 10장 2절 말씀 앞에서 두려워하며 떨었으며, 동시에 우리의 오랜 체증이 사라진 것을 느꼈습니다. 겉으로 보이는 현상이나 비본질적인 것에 집중하게 했던 현대 교회의 가르침과 잘못된 인식이 신자와 하나님을 찾는 구도자들을 얼마나 혼란스럽게 하고, 교회를 얼마나 많은 어려움에 빠뜨리는지 알게 되었으며, 더는 이런 비본질적인 것에 우리의 삶을 소진할 필요가 없다는 것을 다시 한 번 크게 깨달았기 때문입니다.

> 내가 증언하노니 그들이 하나님께 열심이 있으나 올바른 지식을 따른
> 것이 아니니라(롬 10:2).

이 말씀 자체가 그른 지식이 있다는 것을 보여 줍니다. 즉 분별의 필요를 보여 줍니다. 의도가 좋다고, 마음이 좋다고 그것이 마땅히 존중받아야 하며, 믿음의 범위 안에 있을 것이라고 장담해서는 안 됩니다. 그것이 반드시 은혜의 수단 등이라고 믿어서도 안 됩니다. 왜냐하면 하나님께 대한 열심이 있으나 바른 지식을 따르지 않은 것도 많기 때문입니다.

출애굽 당시 황금송아지를 만든 이스라엘의 이야기가 대표적입니다. 그들은 모세가 시내 산에서 오래도록 보이지 않자 자신들의 조급함을 이기지 못하고 아론에게 요구합니다. 자기들을 인도할 신을 만들어 보이라고 말입니다. 그리하여 아론은 송아지 형상을 만들고 이스라엘에게 이렇게 얘기합니다. "이는 너희를 애굽 땅에서 인도하여 낸 너희의 신이로다"(출 32:4)!

이 이야기가 조금 극단적인 예화라고 생각할 수도 있겠지만, 생각해 볼 만한 가치가 있습니다. 아론과 이스라엘은 '애굽 땅에서 인도하여 낸 신'을 만들었습니다. 그것은 하나님의 뜻과 방법에 전혀 맞지 않는 것이었지만 그들은 자신들의 생각과 방법대로 하나님을 만들어 냈습니다! 그들의 마음의 의도는 하나님을 배반하거나, 하나님을 적대시하는 것이 결코 아니었습니다. 그들은 지금까지 인도하여 낸, 또 앞으로 인도할 신을 보고 구했을 뿐이었습니다. 그러나 하나님의 뜻과 방법이 아니었습니다. 그 결과가 무엇이었습니까? 그들에게 징계와 저주가 임했습니다.

역대상 13장 전후를 보면 언약궤에 함부로 손을 대었다가 죽은 한 사람의 이야기가 나옵니다. 다윗과 온 백성이 하나님 앞에서 힘을 다하여 뛰며 찬양하면서 궤를 옮기는 중 사고가 났습니다. 소들이 뛰므로 궤가 떨어지려고 하자 한 사람이 궤를 손으로 잡았는데, 이에 여호와의 사자가 그를 죽인 것입니다. 다윗과 온 이스라엘은 슬픔에 잠겼습니다. 무엇이 잘못된 것입니까? 하나님을 기뻐하는 그들의 마음에 문제가 있었습니까? 아닙니다. 그들의 순수한 마음에는 문제가 없었습니다. 문제는 그들이 바른 지식을 따라 하지 않았다는 것입니다. 15장에 가면 다윗이 레위 자손들로 하여금 봉사하도록 하여 안전하게, 기쁨으로 궤를 성전에 옮기는 이야기가 나옵니다(율법에 따르면 언약궤는 레위 자손만이 이동시킬 수 있습니다). 이런 이야기들이 우리에게 가르쳐 주는 것은 매우 분명합니다.

하나님께서 무자비하시다고 생각하거나, 그분을 우리의 수준으로 끌어내려서 이해하고 적용해서는 안 됩니다. 그분은 우리에게 자신을 충분히 나타내 주시기 때문입니다. 우리가 오늘날 심지어는 하나님의 뜻에 정반대되는 쪽에 서 있으면서도 하나님을 위한다고 담대하게 외치면서 죄를 짓고, 하나님을 아프게 하는 것은 우리에게 열심, 열정은 있을지 몰라도 바른 지식, 바른 교리는 없기 때문입니다.

그런 의미에서 무지와 무식은 자주 죄가 됩니다. 왜냐하면 하나님은 최고의 지식의 대상이시기 때문입니다. 가장 탁월하고 영광스러운 지식의 대상, 신적이며 영적인 빛 그 자체시기 때문입니다. 그런 하나님을 알려고 노력하지 않고, 바로 알지 않는 것, 또 하나님께서 원하시는 것, 하나님의 수단과 방법 등을 알지 못하고, 또 알려고 하지 않는 것은 가장 심각한 죄가 맞습니다.

한 가지 이야기를 더 드리겠습니다. 출애굽 이야기의 거의 처음입니다. 하나님께서 하나님의 이름으로 애굽에 열 가지 재앙을 행하셨을 때, 애굽의 마법사들도 두 번째 재앙까지는 그 나타나는 모양을 비슷하게 따라했습니다. 이것은 두 가지를 우리에게 이야기해 줍니다. 하나는 나타나는 현상 그 자체만으로는 그것이 하나님의 성령의 역사다 혹은 아니다라고 판단해서는 안 된다는 것이며(마귀도 두 번째까지는 따라했기 때문에), 또 하나는 마귀가 결코 따라할 수 없는(두 번째 재앙까지는 마귀가 어떻게든 비슷하게 따라했지만 세 번째 재앙부터는 자신의 능력과 힘을 넘어서는) 분명한 성령의 역사가 있다는 것입니다.

우리는 하나님을 사랑한다고 고백하고, 예배한다고 목소리를 높일 때 실제 그것이 의미하는 바가 무엇인지 점검해야 합니다.

> 예수께서 대답하여 이르시되 내가 진실로 진실로 너희에게 이르노니 너
> 희가 나를 찾는 것은 표적을 본 까닭이 아니요 떡을 먹고 배부른 까닭이
> 로다(요 6:26).

우리가 하나님을 찾고 구하는 것, 하나님을 사랑한다고 말하는 것, 그분을 위해 예배하며 봉사하는 것이 예수 그리스도를 알고, 그분의 구속 사역 안에 담긴 하나님의 영광을 맛보아 알기 때문인 것인지, 아니면 떡을 먹고 배부른, 또는 배부르기 위한 것 때문인지를 점검해야 하는 것입니다.

고린도 교회는 성령의 은사가 가장 탁월한 교회였습니다. 가장 많은 은사가 넘쳤던 교회였습니다. 그러나 사도 바울은 편지에서 고린도 교회를 어린아이로 취급하며 이야기합니다. 그리고 고린도전서 13장 전후를 통해 은사위주의 신앙 고백이 아닌 참 성령 사역의 본질인 사랑이 가장 탁월하며 영광스러운 것임을 이야기합니다.

사도는 12장에서 많은 은사를 언급하다가 맨 끝절에서 다음과 같이 이야기합니다. "내가 가장 좋은 은사를 너희에게 알려 주겠다." 그리고 13장이 이어집니다. 사도는 사랑이 가장 탁월한 은사요, 모든 은사의 근본이요, 모

든 은사의 최종 목적임을 보여 줍니다. 이 사랑은 하나님께 속한 것이며, 하나님을 사랑하는 것입니다. 하나님을 사랑한다는 것은 하나님을 믿는다는 것이고, 또 하나님의 말씀에 순종한다는 것입니다. 그것을 기뻐하며, 가장 최고로 여긴다는 것을 의미합니다.

13장은 사람의 방언과 천사의 말을 하는 것 자체도 하나님께 대한 참 경외, 참 예배, 참 사랑이 없으면 아무것도 아니라고 이야기합니다. 예언하는 능력이 있어 모든 비밀과 모든 지식을 알고 또 산을 옮길 만한 모든 믿음이 있을지라도 하나님을 향한 참 예배와, 참 사랑, 참 경외가 없으면 이것도 아무것도 아니라고 이야기합니다.

다른 사람을 위해 자신의 모든 것을 나누어 주고, 심지어 자기 자신을 다른 사람을 위해 희생한다 할지라도 하나님을 향한(또 그 사랑으로 이웃을 향한) 참 사랑과, 참 경외, 참 예배가 없다면 그것조차도 아무것도 아니라고 이야기합니다.

13장 중반 이후에서는 다른 은사들은 모두 한시적이고, 제한적이지만 사랑은 영원하다고 말하면서 사랑만큼 탁월하고 위대한 성령의 은사가 없다고, 이것만큼 성령 사역을 가장 아름답게, 달콤하게 하는 것이 없다고 이야기합니다.

우리는 이렇게 계속 공부해 가면서 무척 행복했습니다. 우리는 무엇보다 하나님의 영광을, 그분의 거룩과 사랑을 보기를 원하는 마음을 키웠으며, 그런 믿음을 구했습니다. 우리는 성령의 인도하심에 따라 예수 그리스도를 만나고, 그분을 알기 원한다고 기도했습니다.

계속해서 우리는 마태복음 7장을 보면서도 지금까지의 논의를 다시 한 번 확인했습니다. 마태복음 7장 21절은 "나더러 주여 주여 하는 자마다 다 천국에 들어갈 것이 아니요 다만 하늘에 계신 내 아버지의 뜻대로 행하는 자라야 들어가리라."고 이야기하면서 단순히 하나님을 구하고, 예배하고 찬양하는 것 자체가 은혜 안에 있는 것이 아님을, 믿음 안에 있는 것이 아님을 보여 줍니다.

계속해서 22-23절을 보면, 많은 사람이 주의 이름으로 선지자 노릇하며 주의 이름으로 귀신을 쫓아내며 주의 이름으로 많은 권능을 행하였다고 주님께 아뢰겠지만, 주님은 그들을 오히려 벌하시고 저주하신다는 내용이 나옵니다.

어떤 행위, 고백, 체험, 신령한 기적 자체가 그것이 반드시 하나님께 속한 것이다라고 보증해 주는 것은 아닙니다. 어떤 사람들은 신유를 경험했거나 방언을 받은 사람은 이미 구원을 얻은 것이라고 주장하지만, 우리는 그런 주장이 성경적이지 않다고 결론 내렸습니다. 이런 은사, 체험 자체는 중립적이어서 그럴 수도 있고, 아닐 수도 있기 때문입니다. 그것들은 자연적으로 일어날 수도 있으며, 마귀도 따라할 수 있는 것들이 많기 때문입니다.

우리가 정말 집중해야 할 것은 바로 다음의 사실입니다. 자연인은 절대로 예수 그리스도를 사랑하고, 그의 말씀을 즐거워하며, 그의 모든 것을 다 팔아 그리스도를 소유하지 못합니다. 오직 주의 구원하시는 은혜를 입은 자, 거듭난 자만이 자기의 모든 소유를 다 팔아 예수 그리스도를 소유하며, 주의 말씀을 즐거워하며, 순종하며 삽니다. 예수 그리스도만 나타내고, 예수 그리스도를 높이며, 예수 그리스도를 구세주로서만이 아니라(요즘은 예수님을 구세주와 아버지로서만 이해하는 면이 많은 것 같습니다. 그것도 인간적인 시야에서. 그분은 무엇보다도 영원무궁하신 참 하나님이시며, 우리의 왕이시고 주인이시기도 한데 말입니다), 주인과 왕으로서 고백하고 선포합니다.

바로 이것이 성령의 사역입니다. 마귀는 이것을 할 수가 없습니다. 마귀는 따라할 생각도 못합니다. 예수 그리스도의 존재 자체를 인정하는 것은 마귀도 합니다. 하지만 예수 그리스도를 사랑하고, 높이고, 자랑스러워하고, 가치를 승인하고, 선포하는 것은 마귀가 결코 할 수 없는 일입니다. 이것은 자연인도 결코 할 수 없으며, 자연적으로 일어나지도 않습니다. 이것은 하나님께서 성령을 우리에게 부어 주셔야만 가능합니다. 오직 새롭게 창조된 자만이 가능한 것입니다.

성령 사역의 본질은 예수 그리스도를 보고 사랑하게 한다

성령 사역의 본질은 주어지는 선물 자체가 아니라 선물과는 비교할 수 없는 하나님께 우리를 인도하는 것에 있습니다. 가장 탁월하시고, 아름다우시고, 위대하신 하나님께서 주시는 선물은 분명 좋은 것이고 값진 것입니다. 그러나 하나님 자체에 비하면 그런 선물은 정말 아무것도 아닙니다.

우리는 아이들이 우리 자신보다 우리가 주는 선물에 더 많은 가치를 부여하면 그렇게 많이 행복하지는 않을 것입니다. 물론 우리가 주는 선물 자체를 기뻐한다는 것은 어떤 면에서는 우리를 기뻐해 주는 것과 동일한 면도 없지 않아 있습니다. 그러나 우리의 아이들이 커서도 그렇다면 그리고 정말 말 그대로 우리 존재 자체보다 선물에 더 많은 관심을 갖고, 그것의 가치를 본질적인 것으로 돌린다면 우리는 슬플 것입니다.

인간에게 인간의 것이 이렇다면, 다른 어떤 것과도 비교할 수 없는 하나님 자신은 어떨까요? 그 어떤 것을 하나님과 비교할 수 있을까요? 하나님께서 이미 자신을 주셨기에, 예수 그리스도를 주셨기에 더 이상 어떤 선물도, 행복도, 안정도 필요하지 않다고 고백하는 것이야말로 하나님을 완전히, 절대적으로 신뢰하고, 의지하며, 자랑스러워하고, 믿고, 사랑하는 것이 아닐까요?

누가복음 17장 11-19절에는 열 명의 나병환자 이야기가 나옵니다. 열 명의 나병환자가 예수님을 만났고, 그들은 제사장에게로 가는 길에 고침을 받게 됩니다. 그런데 그중에 단 한 사람만 예수님께로 와 감사하며 하나님께 영광을 돌립니다.

> 예수께서 대답하여 이르시되 열 사람이 다 깨끗함을 받지 아니하였느냐 그 아홉은 어디 있느냐 이 이방인 외에는 하나님께 영광을 돌리러 돌아온 자가 없느냐 하시고 그에게 이르시되 일어나 가라 네 믿음이 너를 구원하였느니라 하시더라.

나머지 아홉 명의 영혼이 어떠한지 우리는 정확히 알지 못합니다. 그러나 예수님께로 다시 돌아온 한 사람의 영혼이 어떠한지에 대해서는 우리는 본문을 통해 정확히 알고 있습니다. 그는 하나님을 향한 바른 신앙 고백으로 하나님의 자녀가 되었습니다. 구원을 얻었습니다! 열 명이 기적을 경험했습니다. 그러나 그중 한 명만 예수님께서 기뻐하셨습니다. 그중 한 명만 예수님께서 인정하셨습니다.

무엇을 체험하느냐가 중요한 것이 아님을 다시 한 번 알 수 있습니다. 얼마나 많이 눈물을 흘리며 기도했느냐, 얼마나 방언을 깊이 하느냐, 오래 하느냐, 얼마나 많은 사람의 마음을 만져 주었느냐, 사람들의 병을 얼마나 기적적으로 고쳐 주었느냐 등은 본질이 아닙니다. 물론 이것들 중 어떤 것들은 나름 가치가 있을 수 있습니다. 그러나 하나님을 향한 바른 신앙 고백, 예수 그리스도를 높이고, 확증하고, 그분께로 인도하는 바른 신앙 고백이라는 기초가 없는 은사들과 체험들은 그 자체로서 성령의 역사다 아니다, 또는 참된 신앙이다 아니다라고 말할 수 없는 것입니다.

우리는 보이는 것에 약합니다. 우리는 느껴지는 것에 민감합니다. 그래서 은사와 현상, 체험에 열광하고, 나타나 보이는 기적들에 마음을 쉬이 빼앗깁니다. 그것들을 통해 하나님께 더욱 온전히 나아가고, 하나님을 더욱 온전히 고백한다면 좋겠지만, 적지 않은 경우, 우리는 그런 놀라운 일들 위에 계시는 하나님을 사람들에게 보이고 선포하기보다는, 그것을 경험한 것이 바로 우리며, 그 정도가 어떠한지에 대한 이야기에 많이 집중합니다. 누가 더 우월한지를 자랑하는 것처럼 우리의 경험 그리고 그 정도를 다른 사람들과 비교하면서 말입니다. 성경은 분명하게 경고합니다. 우리의 신앙 고백이 바르지 않다면, 바른 지식을 따른 것이 아니고, 하나님의 방법대로, 하나님의 뜻대로, 하나님을 향한 참되고 순수한 열정과 애정으로 한 것이 아니라면, 하나님만을 높이고, 하나님만을 나타내고, 가장 본질적인 것으로 두어야 할 것과 주변적인 것으로 보아야 할 것을 구분하지 않고, 자신의 생각과 방법을 고집하며 항상 끊임없이 겸손하게 배우지 않는다면 예수님께서 이렇게 말씀하실 것입니다.

> 내가 너희를 도무지 알지 못하니 불법을 행하는 자들아 내게서 떠나가라(마 7:23)!

우리는 이 문제를 정리하면서 다시 처음으로 돌아갔습니다. 보내심을 받은 성령의 사역은 오로지 하나님을 향한 예배와 사랑에 집중되어 있습니다. 하나님만 나타나시고, 하나님만 영광 받으시는 것이 성령 사역의 본질입니다. 우리가 받은 선물과 체험 자체는 그것에 비하면 정말 아무것도 아닙니다. 오직 예수님 충만이 성령 사역의 본질입니다. 성령은 성자를 통해 성부께 나아가도록 우리를 인도하고 돕습니다. 따라서 성령은 우리가 무엇을 배우게 되든, 무엇을 체험하게 되든 예수 그리스도께 집중하게 하고, 하나님 아버지께 나아가게 합니다.

참된 신자의 거룩한 태도

계속해서 『성령의 역사 분별 방법』을 읽으며 저희가 배우고 정리했던 내용을 말씀드리겠습니다. 이 내용은 독서 토론 모임의 목적, 이유와 관련하여 가장 중요한 내용입니다.

하나의 주제, 하나의 현상에 대해 서로 다른(서로가 서로를 반대하는, 또는 서로를 거부하는 상반된 의미에서의 다른) 주장이 존재한다면 논리적으로 둘 중 하나가 맞든지, 둘 다 틀리든지 할 수는 있으나 둘 다 맞을 수는 없습니다.

만약 그것이 진리와 죄의 문제가 아니라면 대부분은 서로 이해하고, 배려하고, 품어 줘야 할 문제겠지만, 그것이 진리와 죄의 문제라면 어떻게 해야 할까요? 진리는 우리가 어떤 값을 치르더라도 반드시 선포하고 지켜 내고 고백해야 하는 것입니다. 하나님의 말씀은 진리입니다. 그리고 하나님의 말씀만이 진리입니다. 그것은 영원하고 무한한 가치가 있습니다. 그것은 모든 영역에서 절대적이며, 시공을 초월합니다. 그래서 진리입니다.

이 진리를 얼마나 진실하게 대하느냐의 태도는 신자의 삶을 하나님께 속하게 하느냐, 자기 멸망으로 빠지느냐로 결정하기 때문에 매우 중요합니다.

바른 지식이 바른 신앙을 낳습니다. 바른 지식이 없는 열심은 때에 따라 매우 위험할 수 있으며, 성경은 그것이 바른 것이라고 말하지 않습니다. "내가 증언하노니 그들이 하나님께 열심이 있으나 올바른 지식을 따른 것이 아니니라"(롬 10:2). 열심 또는 열정이란 것 자체는 선도 아니고 악도 아닙니다. 그것 자체는 중립적인 것입니다. 그래서 그 열심과 열정이 무엇을 기초로 하고 있으며, 무엇을 향하고 있느냐에 대해 이야기할 때, 우리 모두 주의해야 합니다. 왜냐하면 잘못된 열심과 열정이 많기 때문입니다. 악당들도 그 안에 자신들이 우정이라 부르는 것이 있습니다. 사랑이라 부르는 것이 있고, 꿈이라 말하는 것이 있습니다.

게으른 태도로, 아무 기준 없이, 특히 대립하는 주제에 대한 신실한 공부

없이 자신의 생각과 경험과 감정을 내려놓지 않는 경우, 우리는 진리를 대하는 태도 자체에 대해 다른 사람들에게 우리의 판단을 맡겨 버리는 실수를 범하게 됩니다. 우리가 게으르며, 아무 기준 없이 바른 지식을 따라 하지 아니하면, 우리는 우리의 삶을 다른 사람의 생각과 감정에 무분별하게 맡기는 큰 실수를 범하게 됩니다. 진리가 얼마나 많은 사람이 그것을 옳게 여기며 또한 믿고 있는가와 항상 일치하는 것은 아닙니다. 이는 많은 사람이 그렇다고 여기는 것에 따라가고, 내가 지금까지 경험한 것에 대한 이야기에만 고개를 끄덕이고, 그렇지 않은 것에 대해서는 통로 자체를 차단하는 경우가 부지기수기 때문입니다.

구약의 선지자들을 보면, 진리의 문제는 결코 사람의 수로 결정되는 것이 아님을 알 수 있습니다. 그들은 진리의 사람들이었지만, 정말 외로운 사람이었습니다. 그들은 숫자로만 따지자면 정신병자가 되어야 했습니다. 왜냐하면 거의 그들 자신을 제외한 전체가 그들 자신이 선포하고 추구했던 복음을 비방했기 때문입니다. 그러나 성경과 역사는 선지자들만이 진리 안에 있음을 우리에게 보여 줍니다. 종교개혁가들은 또 어떠합니까?

한편, 대부분의 바리새인은 성경에 적극적인 열심이 있었음에도 진리에 대한 참된 태도를 갖고 있지는 않았습니다. 그들은 성경을 많이 연구하고 경건에 열심을 내는 사람들이었음에도 예수 그리스도께서 참으로 구세주신지, 다윗의 자손이신지 등을 철저하게, 성경적으로 연구하려고 하지 않았습니다. 그들은 단지 인간적인 관점에서만 예수님의 말과 행위 자체만을 평가하려고 했을 뿐이었습니다. 그들은 예수님의 말과 행동을 통해 그 이면에 있는 약속된 계시의 성취를 봤어야 했습니다. 그러나 그들은 그러지 않았습니다. 교만하고 게을렀기 때문입니다. 그들의 생각과 방법대로 했기 때문입니다. 자신의 유익과 만족을 위해 예수님을 적으로 봤을 뿐이었습니다.

그렇다면 사람의 많고 적음이나 순수한 열정과 의도 등으로 결정할 수 없는 진리의 문제! 우리는 어떤 태도를 취해야 할까요?

참된 신자의 참된 태도는 목적과 수단과 방법에서 하나님의 것을 추구하며, 하나님의 것으로 추구하는 것이다

참된 신앙은 목적과 방향, 수단, 내용이 모두 성경에 근거하고 있어야 합니다! 나타나는 성령의 역사든 우리가 드리는 것이든, 모든 것의 개념, 의의, 영향성, 속성, 뜻 모두에서 반드시 성경적이어야 합니다. 즉 하나님의 방법과 수단으로 하나님을 높이고, 하나님께만 영광 돌리고, 힘을 다하여 뜻을 다하여 그렇게 해야 합니다. 요구되는 모든 분별과 비판에 대해 겸손과 두렵고 떨림으로 임해야 합니다.

신앙은 항상 검증과 분별, 거룩한 비판을 우리에게 요구합니다. "선 줄로 생각하는 자는 넘어질까 조심하라."(고전 10:12)고 성경은 말합니다. 따라서 우리는 우리가 행하는 것들이 항상 최선이라고 생각해서도 안 되고, 항상 성경적이라고 생각해서도 안 됩니다. 우리는 두렵고 떨림으로 하나님 앞에 서야 합니다.

신앙이 우리에게 겸손할 것(즉 선 줄로 생각하지 말고 항상 유의하며, 분별하라고 하는 것)을 요구하는 것은 하나님은 완전하시고 전능하시며 절대 선이

시지만, 하나님의 마음과 말씀을 대하는 인간은 유한하고 연약하며 이기적인 존재, 즉 죄인이기 때문입니다. 그래서 선 줄로 생각하지 말고 넘어질까 조심해야 하는 것입니다. 초대 교회의 수장이라고 여겨졌던 베드로조차도 그가 믿는 것이, 그의 모든 행위가 모두 참되거나 선한 것은 아니었다고 성경은 증거합니다(바울이 갈라디아서에서 베드로를 책망했다고 한 것을 보십시오). 하나님의 마음에 합한 자였던 다윗조차도 그러합니다.

따라서 참된 신앙은 어떤 상태기보다는 어떤 성향이라고 말하는 것이 더 맞습니다. 어떤 수준이 아니라 성향입니다. 즉 끊임없이 하나님의 것으로 자신을 채우는 동시에 자신의 것을 버리는 작업이 참된 신앙입니다.

그런데 하나님의 뜻과 사람의 소견은 성경에서 항상 대립하여 나타납니다. 이 갈등은 아담이 죄를 범한 이후로 줄곧 우리 인간으로 말미암아 생긴 것입니다. 아담과 하와에게서도 볼 수 있지만, 가인과 아벨의 제사 문제가 그것을 더 잘 드러내므로 우리는 이 이야기를 하고자 합니다.

가인과 아벨은 각기 나름의 제사를 드렸습니다. 하나님께서 아벨의 제사는 기뻐하시고, 가인의 제사는 거부하셨는데 하나님께서 가인이 준비한 제물 때문에 노하신 것이 아님은 분명합니다. 전후 문맥을 살펴보면 하나님께서 가인의 마음을 묻고 계시기 때문입니다.

두 사람 다 제사를 드렸으나 한 사람의 것은 받으시고, 한 사람의 것은 받지 않으셨습니다. 두 사람 모두 '나름' 제사를 드렸으나 한 사람의 것은 열납되었고, 한 사람의 것은 열납되지 않았습니다.

왜 그렇습니까? 나름 최선의 예배를 드리면 되지 않습니까? 우리가 생각할 수 있는, 우리가 드릴 수 있는 최상의 것을 드리는 것이 잘못입니까? 현대인인 우리가 믿는 하나님에 비해 성경에 계시된 하나님은 속이 좁고 쩨쩨하신 걸까요?

이 이야기를 통해 알 수 있는 것은 우리 딴에서는 나름 최선, 최상, 최고가 하나님께 맞지 않는다면, 하나님의 뜻에 맞지 않는다면, 하나님의 것과 일치하지 않는다면 그것은 결코 성경적인 것이 아니라는 것입니다. 거룩한 것이 아니라는 것입니다.

이 이야기가 가르쳐 주는 것은 무엇입니까? 사람의 소견, 즉 사람의 방법과 생각으로는 하나님을 참으로 예배할 수 없다는 것입니다. 하나님은 우리의 지고지순한 사랑을 받으셔야 합니다. 하나님은 거룩하시므로 우리의 거룩한 열정과 태도를 받으셔야 합니다. 우리의 소견에 좋아 보이는 것, 우리 나름의 것으로서가 아니라 성경에서 말하는 것으로 하나님을 사랑하고, 하나님을 예배해야 합니다. 그렇지 않으면 우리는 참된 신앙을 소유한 것이 아니며, 때문에 참된 신앙의 유익도 누릴 수 없습니다.

사람들이 성경적인 것을 추구하지 않는 것은 자신들의 만족과 유익을 더 추구하기 때문이다

왜 더 성경적인 것을 추구할 수 있음에도 '그것도 나름 의미가 있으므로'라는 이유로 보다 하나님께 가까운 것을 추구하지 않을까요? 그것은 실제 우리가 방어하고자 하는 그 구조와 질서를 존중한다기보다는(그것 나름대로 의미가 있다는 의미에서) 누군가가 제기한 (더 성경적인) 의견이 우리와의 이

해관계에서 별 의미가 없기 때문입니다. 무슨 말이냐면, 우리는 똑같은 사안에 대해 우리의 이해관계가 얼마나 개입되어 있느냐에 따라 우리의 행동과 마음의 태도를 달리한다는 말입니다.

잘못된 법이 존재하지만, 그것에 직접적인 영향을 받은 적이 없다면 우리는 그것이 잘못되었고, 다른 사람들에게 악영향을 끼치지만, 어쨌든 법으로서 존중하고, 또 그 법이 꼭 악영향만 끼친 것이 아니라 좋은 의도에서 비롯되었으면 좋은 영향들도 끼치기에 우리가 뭐라고 할 사안이 아니라고 말하는 경우가 많습니다.

그러나 그것으로 말미암아 우리 자신이나 우리가 아끼고 사랑하는 가족이 부당한 대우를 받았다면 (그리고 그 정도가 심하면 심할수록) 우리는 그 법이 파기되거나 개정되도록 호소하고 노력하지 않겠습니까? 그 억울함을 풀려고 수고하지 않겠습니까? 본질적이고 성경적인 것을 추구하는 태도에서도 우리는 이처럼 이기적일 때가 잦습니다. 우리는 우리의 이해관계에 따라 진리를 대합니다. 우리에게 유익하면, 우리의 마음에 위로를 주면, 우리에게 어떤 감동을 주면 그것을 진리, 또는 긍정으로 인정하고 추구합니다. 그러나 그 진리가 우리에게 불쾌감을 주거나 우리를 정죄한다면 우리는 그것을 부정으로 치부해 버립니다. 또 우리와 큰 관련이 없으면 거의 아무 관심을 기울이지 않습니다.

어떤 사람들은 잘못된 것은 짚고 넘어가면 되지 않느냐고 말하기도 하지만, 문제는 잘못된 것을 짚고 넘어가는 이야기를 시작할 때 정말 겸손하게 그것을 인정하느냐는 것입니다. 대부분은 그렇지 않습니다. 왜 그렇습니까?

지적되는 것이 우리가 읽은 책이고, 우리가 영향을 받은 내용이기 때문입니다. 우리는 우리의 지식과 경험에 반대하는 이야기를 하면 거의 반사적으로 싫어합니다. 그것이 성경적이냐 아니냐를 따지는 것이 아니라, 우리의 지식과 경험에 반하는 것이냐를 먼저 따지는 것입니다. 더 좋은 가구, 더 좋은 자동차, 더 좋은 옷을 사려고 우리는 얼마나 꼼꼼하게 살핍니까? 자신의 자동차에 조금이라도 이상이 있으면, 믿고 샀던 옷에 뜻하지 않은 변화(불쾌한)가 생기면 무척 흥분해하며 눈에 쌍심지를 켜는 우리가 아닙니까? 또 그것들을 사기 위해 우리는 얼마나 철저하고 꼼꼼하며, 그렇게 마음을 쏟습니까? 그런데 정작 그 무엇보다도 더욱 철저하고 거룩해야 할 영역에서 성경적인 것을 추구하는 데 너무나 게으르고 교만한 것이 우리입니다.

개혁과 부흥은 함께 간다

부흥은 단순히 무엇을 추구하기만 해서 이루어진 경우가 없습니다. 부흥에는 잘못된 것들을 제거하는 것도 반드시 포함되어 왔습니다. 개혁과 부흥은 동전의 앞뒤와도 같아 반드시 같이 일어납니다. 일어났습니다. 또 같이 일어날 수밖에 없습니다. 하나님이 그러하시기 때문입니다. 하나님은 거룩하시므로, 선을 추구하시면서, 동시에 악한 것을 미워하십니다. 하나님은 우리를 구원하실 때, 우리가 가지고 있는 악한 것들을 그대로 놔두신 채, 우리를 선하게 만들어 가시지 않습니다. 선과 악은 양립할 수 없기 때문입니다.

교회가 참으로 하나님 앞에서 서고, 사회에 아름다운 영향력을 끼친 역사를 살펴보면, 교회가 이 둘 모두에 충실했음을 알 수 있습니다. 부흥이 일어났을 때 사람들은 기도만 하거나, 집회만 하지 않았습니다. 그들은 계속해서 잘못된 것들을 제거해 나갔습니다.

성경에서도 이것을 확인할 수 있습니다. 역사서에서 이스라엘 백성은 그들이 하나님을 떠났다가 되돌아올 때 그들이 이전에 가지고 있던 것들을 항상 제거해 나갔습니다. 한 개인을 보더라도 이것은 마찬가지입니다. 우리가 하나님의 형상을 회복하고, 하나님과의 첫사랑을 회복하고, 하나님을 더욱 열렬히 추구하며, 하나님을 더욱 사랑할 때 우리에게는 어떤 일이 일어납니까? 우리는 회개하며, 사랑을 더욱 갈구합니다. 거룩함을 추구하며, 우리의 지난 죄악들에서 떠납니다.

항상 더욱더 성경적인 것을 추구해야 한다

우리는 구약에서 성막과 성전을 지을 때 하나님께서 '보여주신 식양'대로 이스라엘 백성이 행했음을 다시 한 번 기억했습니다. '내 생각에는'이 아니라 하나님이 '말씀하신 식양'대로 이스라엘 백성이 온전히 순종했음을 기억했습니다. 성경에 '주의 말씀대로', '그대로' 등의 단어가 얼마나 많이 나오는지요!

성경, 특히 잠언을 보면 '내 생각에는'을 놓지 않는 자는 악인이라고 정의하고 있음을 볼 수 있습니다. 하나님의 은혜를 아는 자들은 자신을 늘 살피고, 권면과 훈계를 듣는 자이나, 하나님의 은혜를 참으로 모르는 자들은 자기의 생각을 앞세우는 미련한 자들입니다(잠 12:15 등). 무지한 것은 곧 미련한 것이요, 더 선한 것, 더 성경적인 것을 추구하지 않는 것도 미련한 것입니다. 교만한 자는 가르침을 좋아하지 아니하며, 자기 길이 최고라고 여기는 사람입니다. 하나님은 겸손한 자가 지혜로운 사람, 하나님을 아는 사람이라고 말씀하시며, 그에게 생명을 주신다고 말씀하십니다. 그러나 미련하고 무지하고 악한 자에게는 멸망뿐이라고 말씀하십니다.

모임을 통해 이런 생각과 고민을 계속 하면서 우리는 이런 사실 앞에서 두려워하며 우리의 생각과 지식과 경험을 하나님의 말씀 앞에, 성경이 가르쳐 주는 하나님의 원리 앞에 내려놓기를 간절히 원했습니다. 하나님의 말씀 앞에서 가르침과 격려와 책망을 받기를 원했습니다. 그래서 우리의 것들은 깨지고, 부수어지고, 무너지며, 하나님께서 하나님의 것들로만 우리를 채우시기를 간절히 바랐습니다. 하나님의 무한하신 지혜와 능력과 아름다움과 사랑이 우리 안에 가득하길 바랐습니다. 또 사소한 것이라고 해서 이전처럼 가볍게 여기거나 무시하지 않기로 했습니다. 왜냐하면 사람은 큰 바위에 걸려 넘어지는 것이 아니라 '작은 돌부리'에 걸려 넘어지기 때문입니다.

이렇게 분별의 필요성과 인간 본성의 사악함 등을 보면서 우리는 인간의 연약함도 생각해 보았습니다. 항상, 모두가 악해서 분별하지 않는 것은 아닐 것입니다. 우리는 더 성경적인 것을 추구하지 않으려 하고, 현재에 머무르거나 자신의 것(자신이 경험한 것, 좋아하는 것)에 머무르거나 하는 사람은 더 성경적인 것이 얼마나 탁월한지, 얼마나 사랑스러운지, 그 가치를 잘 모르기 때문에 그 자리에 서 있는 경우도 있을 수 있겠다는 생각을 하게 되었습니다.

어떤 사람이 신앙의 탁월함, 높음과 깊음을 보지 못해서 그럴 수 있을 것입니다. 교만과 악함, 이기적인 마음 때문일 수도 있지만, 연약한 자여서, 그릇이 작아서 그럴 수도 있을 것입니다. 물론 이런 게으름과 미련함도 책망의 대상이 될 수 있겠지만 어린 신자들은 대부분 신앙의 탁월함과 아름다움, 영광스러움을 보지 못해서 그럴 경우가 더 많을 것입니다. 그 때문에 어린 신자들이 신앙의 그런 것들을 맛보도록 함께 지속적으로 얘기하고, 기도하는 것이 선한 자세일 것입니다. 무조건 나와 함께 하지 않는다고 손가락질하고, 잘못된 것을 드러내고 상대로 하여금 비참함을 느끼게 하고 우리 자신이 이겼다는 희열을 느끼는 것은 얼마나 악한 것입니까? 우리는 다른 사람이 알고 또 경험한 것을 우리가 모르고 또 경험하지 못한 것이 있듯이, 다른 사람들 또한 그럴 수 있음을 기억하고 예수 그리스도께서 교회를 위해 섬기고 자신을 주심같이 사랑하고 인내하고 배려하고 용납하며 함께 해야 한다고 생각했습니다(적지 않은 경우 이전에 우리가 100퍼센트라고 생각했던 많은 것이 시간이 지나면서 얼마나 많이 바뀌었는지 우리는 스스로 잘 알고 있지 않습니까?).

또 우리는 상대방의 마음을 확실히, 정확히 모릅니다. 때문에 우리는 상대방의 마음의 의도와 성향 자체까지 판단할 권한이 없습니다. 따라서 이런 이유로 우리는 상대방의 인격과 말, 인격과 행동을 어느 정도는 구분해서 생각해야 하며, 생각할 수 있습니다. 즉 그 사람의 사상이나 태도에 문제가 있다면 그것에 대해 이야기할 수 있겠으나 그 사람의 인격 전체를 도마 위에 올려놓으면 안 됩니다.

특별히 우리는 목회자들을 신뢰하며 그들을 함부로 판단하거나 정죄하지 말고 그들을 용납하고 사랑하며 죄가 아닌 한 함께 해야 합니다. 물론 하나님의 말씀을 자세히 가르치고 모범을 보일 목회자들에게 더 높은 것들이 요구되는 것은 사실입니다. 그러나 그것은 진리에 대한 것이어야지 우리와 똑같이 연약한 그들의 인격에 대한 것이어서는 안 됩니다. 만약 더 높은 것들이 요구된다고 하면서 그들에게서는 어떤 결점도 없어야 한다고 한다면, 우리는 들을 수 있는 설교가 하나도 없을 것이며, 읽을 수 있는 책도 전혀 없을 것입니다. 우리는 비록 목회자들이 우리와 같이 불완전한 존재, 연약한 존재, 죄인이지만, 완전하신 하나님, 전능하신 하나님, 무한하신 하나님께서 목회자들을 통해 자신을 나타내시기를 기뻐하시고, 자신의 영광을, 자신의 기쁨을, 자신의 선을, 자신의 위대하심을 나누어 주심을 알고 있지 않습니까? 하나님의 말씀에만, 성령에만 매여 있는 목회자는 얼마나 아름다운 하나님의 사람입니까? 정말 하나님을 생각하고, 하나님을 추구하는 사람들은 자신의 죄성을 바로 보고, 자신의 한계를 알며, 겸손하고 사랑이 있는 사람입니다.

하지만 많은 사람이 하나님 앞에서 기도하지 않고 고민하지 않고, 책상 앞에서만 고민하고, 다른 사람 앞에서만 이야기하기를 좋아하여 분쟁을 발생시킵니다. 그리고 순수한 교리를 지키려고 노력도 하지 않고, 거짓된 것을 내치지 않고 자신의 생각과 방법대로, 자기의 이해관계에 따라 진리를 대하기에 교회에서 문제가 발생합니다. 자기가 경험한 것이 최고라고 생각하고, 최선이라 생각하며 고집하기에, 다른 사람의 것을 단 한 번이라도 생각해 보지 않기에 문제가 발생합니다.

형제들아 내가 너희를 권하노니 너희가 배운 교훈을 거슬러 분쟁을 일으키거나 거치게 하는 자들을 살피고 그들에게서 떠나라 이같은 자들은 우리 주 그리스도를 섬기지 아니하고 다만 자기들의 배만 섬기나니 교활한 말과 아첨하는 말로 순진한 자들의 마음을 미혹하느니라(롬 16:17-18).

우리는 그런 자리에서 바로 떠나야 합니다. 우리 자신이 그렇다면 우리는 곧장 일어나 하나님께로 달려가야 합니다. 우리 자신의 왕좌에서 내려가 하나님 앞으로 주저 없이 달려가야 합니다.

이 외에도 우리는 몇 가지를 조금 더 얘기했습니다.

비판과 분별, 검증을 하는 이유가 하나님께 하나님의 것을 드리려는 것이어야지, 나와 다른 사람, 내 것과 다른 것을 낮게 평가하고, 손가락질하고, 내가 더 낫다는 것을 드러내려는 것이어서는 안 됩니다. 우리는 사랑을 가지고 말해야 하며, 사랑을 가지지 못한 상태에서는 아무리 옳은 말이라도 해서는 안 됩니다. 무엇인가를 마땅히 비판해야 할 것에 대해, 그것에 이해관계가 있는 사람 중 어떤 이들은 지금 지적되고 있는 것의 긍정성을 언급하며 그래도 그것 나름의 가치가 있음을 보이려 합니다. 그들로서는 그것이 균형이요, 중립이라고 생각하면서 말입니다.

그러나 그런 경우 대부분은 오히려 역효과를 내게 됩니다. 왜냐하면 비판하는 사람의 입장에서는(특히 어떤 문제로 아픔을 겪은 사람들에게는) 그것이 균형이 아니라 변명과 합리화로 보이기 때문입니다. 정말로 그것의 긍정성을 보이고 옹호하려 한다면 해야 할 비판은 같이 하되, 그 비판이 비난이 되지 않게 하고, 함께 대안을 내도록 돕고, 그렇게 확실히 짚고 넘어갈 것은 확실히 짚고 넘어가면서 긍정적인 부분을 얘기하는 것이 좋습니다.

또 요구되는 비판에 대해 성실히 반응하지 않는 것은, 요구되는 비판과 관련된 문제로 말미암아 지금 신음하고 있는, 고통당하는 사람들을 두 번 죽이는 것과 같습니다. 나는 잘 모르겠다고 말하는 것은 무척 잔인한 것입니다. 나 자신을 위해 다른 사람의 억울함과, 다른 사람의 고통을 그냥 지나치는 것은 의로운 이웃의 태도가 결코 아닙니다.

왜 우리 개인에게, 우리 공동체에게 자꾸 비슷한 문제가 계속해서 일어나고, 왜 그에 대한 비판이 자꾸 일어날까요? 그것은 처음에 문제가 터졌을 때 대부분 적당히 덮어두려고 하기 때문입니다. 기도도 해야 하지만, 실제적인 행동도 필요한데 많은 경우 기도만 하고 요구되는 실제적인 행동은 하지 않기 때문입니다. 그래서 계속해서 그 문제가 발생합니다. 그런데 사람들은 보통 무엇이라고 말합니까? 여전히 기도만 하자고 합니다. 그것이 나와 나의 사랑하는 사람들을 아프게 하고, 고통스럽게 하는 법과 같은 문제라면 우리가 과연 가만히 있을까요? 우리는 정말 교만하고 게으르고 이기적인 존재입니다. 슬픕니다…….

거룩한 분별

우리가 어떤 금은방에서 금반지를 샀다고 합시다. 그런데 얼마 후에 이런 얘기가 들리는 것입니다. 그 금은방에서 산 많은 것이 가짜다. 또는 의혹이 있다고 말이죠. 그렇다면, 여러분은 어떻게 하시겠습니까? 정말로 믿을 만한 금은방집을 수소문해 그곳에서 이전에 산 금반지의 진위를 가리고자 하지 않겠습니까?

우리는 가치가 있는 일, 가치가 있는 것에 대해 그것이 가치가 있을수록 더욱 신경 쓰고 그것의 진위를 가리려고 합니다. 금반지가 아니라 다이아몬드라면 어떻겠습니까? 우리는 정말로 믿을 만한 사람, 검증된, 공인된 감별사를 찾아갈 것입니다. 꼭 속고 산 것이 아니더라도, 애초에 살 때 말이죠.

신앙에도 가짜가 있습니다. 이것은 성경 곳곳에 나타납니다. 그래서 분별이 중요합니다. 진짜와 가짜를 구분하는 것은 반드시 요구되는 일입니다. 성경은 우리에게 그것을 요구합니다. 물론 이것은 거룩하게 해야 하며, 사랑으로 해야 합니다.

그런데 많은 사람이 우리에게 요구되는 이 분별, 즉 거룩한 비판에 부정적인 것 같습니다. 어떤 사람이 무엇인가를 비판할 때 우리가 그 비판하는 것을 싫어한다면, 왜 그 비판하는 것을 싫어하는지 정직히 질문하고 답해야 한다고 생각합니다. 비판이라는 것 자체가 싫은 것인지, 그 사람이 싫은 것인지, 그런 내용 자체를 생각해 보고 싶지 않은 것인지, 그런 내용에 대한 비판은 별 의미가 없다고 생각하는 것인지, 그 비판이 정당하다고 생각하지 않은 것인지를 말입니다.

만약 그 문제가 중요한 것이며, 비판 자체가 이성적이고 합리적이며, 비판하는 것이 정당한 문제에 대한 것임에도 요구되는 비판에 대해 우리가 거부한다면 우리는 문제가 있는 사람입니다. 우리는 진정 가치 있는 것을 가치 있다고 말할 수 없는 사람이며, 성경을 성경대로 볼 수 없는 사람이고, 자신의 논리에 모순된 사람입니다. 어느 순간 우리는 우리가 무척 싫어하는 것을 비판하고 있는 자신을 보게 될 것이고, 자신의 모습을 정당화하려고 노력하는 모습도 보게 될 것입니다. 우리는 이기적이고 이중적이며 교만하고 게으른 사람입니다.

우리는 광야로 시험을 받으러 가신 예수님의 이야기에서 마귀도 성경을 인용함을 봅니다. 거짓 선지자들, 거짓 사도들이 있다는 것을 통해서도 성경을 인용한다고 해서, 무엇을 배우고, 체험한다고 해서 그것들이 꼭 참 믿음 안에 있다는 것을 보증하는 게 아니라는 것을 알 수 있습니다.

진실로 우리는 하나님의 말씀을 주의하여 살피고 배우고, 말씀에 따라 바르게 순종하며 살아야 합니다. "내가 주의 모든 계명에 주의할 때에는 부끄럽지 아니하리이다"(시 119:6). 성경적 분별, 거룩한 비판의 중요성은 아무리 강조해도 지나치지 않습니다. 분별하려고 하지 않고, 요구되는 비판을 거부하고 싫어하는 사람은 인간이 죄인이며 연약하다는 것을 잘 모르는 사람입니다. 그는 인간의 의지를 많이 의지하고 믿는 사람입니다. 그는 인간이 얼마나 무력하며 부패한 존재인지, 하나님의 은혜만이, 하나님의 힘과 능력만이 우리의 의지할 바라는 것을 잘 모르는 자가 분명합니다. 또 그 자신이 지금 죄 가운데 있기 때문에 그렇기도 합니다.

그런데 비판을 반대하고 싫어하는 사람도 자신이 회개한다고 말합니다. 회개를 합니다. 이것은 모순이요 역설입니다. 엄밀한 의미에서 비판하지 않는 사람은 회개하지 않는 사람입니다. 왜냐하면 회개는 자기 자신을 하나님 앞에서 고발하고 심판(평가)하는 것이기 때문입니다. 하나님의 뜻에 맞는

지, 그렇지 않은 것은 어떤 것인지, 고쳐야 할 것은 무엇인지, 무엇이 부족한지 등을 하나님 앞에서 토로하고 회개하는 것이 회개입니다. 그런데 그 행위 자체가 부담스럽다는 것은 그가 그 행위에 대해 개인적인 어떤 감정이 있다거나 어떤 이해관계가 있기 때문인 것입니다. 또는 그것에 대해 너무 무지하고 게으르기 때문입니다.

음식점에서 서비스 등의 이유로 목소리를 크게 내는 그리스도인은 많습니다. 그러나 진리에 대해 그런 그리스도인은 거의 없는 것 같습니다. 많은 그리스도인이 잘못된 또는 왜곡된 교리, 비성경적 문화, 바르지 못한 지식과 수단, 방법에 대해 누군가가 옳게 분별하여 비판하면 그것을 매우 못마땅하게 여깁니다. 왜 비판하느냐는 것입니다. 그들은 그 비판의 정당성을 먼저 따지거나 자신이 검증해 보려고 거의 아무 노력도 하지 않고 비판 자체에 대해 이야기를 합니다. 많은 경우 그들의 태도는 그들이 지금 제기되는 비판과 어떤 유익을 공유하고 있기 때문으로 보입니다. 안타깝게도 그들은 정말로 변호하고 지켜야 할 바른 지식에 따른 것들을 추구하기보다는, 그들과 관계된 것들, 유익과 만족과 관계된 것들만 지키고 변호하고자 합니다.

〈러브 액츄얼리〉라는 영화가 있습니다. 이 영화에서 사람들이 가장 백미로 꼽는 것은 크리스마스 이브 때, 신랑 친구가 신부에게 몰래 자신의 마음을 고백하고 떠나는 장면입니다. 저는 많은 사람, 그것도 수많은 그리스도인이 이 장면을 최고로 꼽은 것에 무척 불쾌했습니다. 그래서 당시 고등부 세계관 강의 시간에 이것을 선생님들과 아이들에게 질문했습니다.

"영화에서는 감격한 신부가 신랑 친구에게 키스하는 장면이 나옵니다. 여러분 중 대다수가 이 장면을 가장 아름답고 예쁜 장면으로 꼽습니다. 그런데 만약 당신의 아내, 당신의 남편이 그와 같은 일을 한다면 이해할 수 있습니까? 아름답다 할 수 있습니까? 당신은 자기 친구의 신부에게, 자기 친구의 신랑에게 그렇게 사랑 고백하는 것이 정당하고 아름답다고 생각합니까? 대체 무엇이 아름답다는 것입니까? 무엇이 예쁘다는 것입니까? 무엇이 달콤하다는 것입니까?"

사람들은 그냥 "영화니까~."라고 말합니다. 네, 그렇게 생각하기 때문에 세상이 이토록 하나님의 영광을 반영하지 못하는 것입니다. 하나님의 말씀을 배운다고, 따른다고, 하나님의 윤리와 계명들을 최고로 놓는다고 하면서도 사회에 전혀 영향을 미치지 못하는 기독교가 된 것이 바로 그런 태도 때문입니다. 하나님께서 우리에게 가르쳐 주시는 하나님의 것들, 하나님의 계명들, 방법들, 하나님의 선, 하나님의 기쁨, 즐거움, 하나님의 아름다움 등을 우리가 세상에 보여 주고 선포해야 할 텐데, 우리의 기준이 전혀 성경적이거나 이성적이지 않기에(내가 하면 로맨스, 남이 하면 불륜) 세상이 우리를 우습게 여깁니다.

제가 상당히 빗나간 이야기를 했는지 모르겠지만, 그래서 비판이, 분별이 우리에게 요구됩니다. 진정한 사랑, 진정한 가치, 진정한 신앙, 진정한 믿음, 진정한 은혜의 수단, 방법 등이 무엇인지를 우리의 경험, 생각, 느낌과 감정이 아닌 하나님의 것들로 배우고 추구해야 하는 것이 바로 이 때문입니다. 물론, 우리는 비판에 대한 이야기를 많이 하기보다 기도를 더 많이 해야 한다고 생각합니다. 고민하고 생각하고 비판해서가 아니라 기도해야 바뀌기 때문입니다. 이야기하고, 아픔을 토로하고, 생각하고, 고민하고, 비판할 때가 아니라(이것은 필요한 일이지만), 기도할 때 역사가 일어나기 때문입니다.

그러나!

바로 분별하고 비판하지 않는다면, 검증하지 않는다면, 무엇이 하나님께 속한 것이고, 무엇이 하나님께 속한 것이 아닌지 우리가 모른다면 어떻게 아픔을 가지고 기도하겠으며, 어떻게 하나님의 뜻과 방법대로 일하겠으며, 어떻게 하나님의 일하심을 기대할 수 있겠습니까?

> 너희는 믿음 안에 있는가 너희 자신을 시험하고 너희 자신을 확증하라 예수 그리스도께서 너희 안에 계신 줄을 너희가 스스로 알지 못하느냐 그렇지 않으면 너희는 버림받은 자니라(고후 13:5).

> 너희로 지극히 선한 것을 분별하며 또 진실하여 허물 없이 그리스도의 날까지 이르고 예수 그리스도로 말미암아 의의 열매가 가득하여 하나님의 영광과 찬송이 되기를 원하노라(빌 1:10-11).

> 끝으로 형제들아 무엇에든지 참되며 무엇에든지 경건하며 무엇에든지 옳으며 무엇에든지 정결하며 무엇에든지 사랑받을 만하며 무엇에든지 칭찬 받을 만하며 무슨 덕이 있든지 무슨 기림이 있든지 이것들을 생각하라 (빌 4:8).

내가 이것을 말함은 아무도 교묘한 말로 너희를 속이지 못하게 하려 함이니(골 2:4).

그러므로 너희가 그리스도 예수를 주로 받았으니 그 안에서 행하되 그 안에 뿌리를 박으며 세움을 받아 교훈을 받은 대로 믿음에 굳게 서서 감사함을 넘치게 하라(골 2:6-7).

누가 철학과 헛된 속임수로 너희를 사로잡을까 주의하라 이것은 사람의 전통과 세상의 초등학문을 따름이요 그리스도를 따름이 아니니라(골 2:8).

우리는 이렇게 몇 주간에 걸쳐 『성령의 역사 분별 방법』의 전반부를 함께 읽고 나누면서 우리의 생각을 정리하고 기도하는 시간을 평소보다 조금 더 가졌습니다.

우리는 먹든지 마시든지 무엇을 하든지 다 하나님의 영광을 위해 살고 싶다고 기도했습니다. 우리에게 참된 신앙을 고민하게 하시는 하나님을 찬양했으며, 하나님께서 우리가 진리를 고민하고 찾아가고자 하는 이 갈망과 분투를 온전히 인도해 주셨으면 하고 기도했습니다. 우리는 성령의 주된 사역, 즉 예수 그리스도가 참으로 하나님의 아들이시며, 그분을 통해서만 구원이 있으며, 전적으로 모든 구속 사역은 그분과의 관계에서만 의미가 있음을 고백하고 감사했으며, 참으로 우리가 그것을 소유하고 누리는 자가 되고 싶다고 기도했습니다.

우리는 우리 안에 있는 어둠과 편견을 제거해 달라고 기도했습니다. 우리는 겸손히 고민하되, 시험하고 분별하는 데 단호할 때는 단호하기를 원한다고 기도했습니다.

우리는 삶으로, 즉 우리가 말씀에 따라 순종하는 삶을 기뻐하고, 서로 사랑하는 것으로 하나님을 예배하고, 이웃들에게 기독교가 단순히 종교가 아니라 '참'이라는 것을 증거하기를 원한다고, 그러니 우리가 마음껏 하나님을 예배하고, 찬양할 수 있도록, 마음껏 하나님을 즐거워하고, 기뻐할 수 있도록 믿음을 달라고, 구원하시는 은혜를 맛보게 해 달라고 기도했습니다.

분별에 대해 우리는 누군가를, 무엇인가를 판단하기보다 우리 자신을 살피는 계기로만 삼기를 원한다고 기도했으며, 한국 교회, 현대 교회의 안타까운 모습들이 하나님의 은혜로 개혁되고 부흥되기를 기도했습니다. 우리가 경험하는 것들, 체험하는 것들에 집중하지 않고, 하나님의 뜻에, 하나님의 말씀에 집중하며 살기를 원한다고 기도했습니다.

무엇보다 독서 모임의 가장 중요한 원리이자 태도이면서 신앙에 있어서도 매우 중요한 원리이자 태도를 배운 것으로 말미암아 우리는 "대답은 있다" 독서 모임이 우리에게 얼마나 소중한지를 깨달으며 하나님께 크게 감사했습니다.

2007년 6월 19일

우리는 계속해서 『성령의 역사 분별 방법』을 나누었습니다. 이날 모임에는 세 명이 모였습니다. 그리고 이날 모임에서는 사실상 진도를 거의 나가지 못했습니다. 전 주에 이어서 적극적 증거 다섯 가지를 차례대로 보다가 한 지체의 질문과 나눔을 시작으로 거의 세 시간 동안 같이 그것에 대해 이야기하고, 울고, 안타까워하고, 다짐하고, 생각을 고쳐먹고, 정리하고, 판단했던 것을 유보하는 등의 시간을 보냈습니다.

그것은 다음과 같은 것들이었습니다.

왜 오늘날에는 특별 행사 때가 아니면 전도 설교를 하지 않는가? 특별히 교리 설교는 왜 이리 접하기 어려운 것일까?

예수님께서 우리를 구원하신다는 의미는 모든 영역에서, 모든 것을 말하는데, 왜 우리는 믿어서 구원받았다고 이야기하면서도 예수님이 아닌 다른 것으로 자꾸 채우려 할까?

왜 우리는 상담(성경적이 아닌 인본주의적인)과 여러 전도 프로그램(성경적이 아닌 인본주의적인)에 그토록 집착하는 것일까?

복음을 전하려고 문화를 수단으로 삼는 것의 의미와 한계는 무엇일까?

'복음을 전하기 위해서'라는 이유로 가요를 부르고, 가요 곡조에 찬양의 가사를 대입해서 신나게 부르고, 세상적이고 선정적인 춤을 추는 것이 합당한가?

목적을 위해 모든 수단이 정당화되는 것들에 우리는 무엇이라고 얘기해야 하는가?

이런 고민을 하는 것 자체를 많은 사람이 '부정적'인 것으로 봅니다. 왜 교회에서 하는 일에 토를 다느냐는 것입니다. 어떤 사람들은 우리 모임을 경계하기까지 했습니다(지금도 그렇고요). 또 "너희가 신학생이냐?", "나중에 목회할 거냐?"라고 말하면서 우리가 도를 넘어 행동한다고 질책하는 사람도 있습니다. 그러면서 머리만 커지면 교회에 반항적이 된다고 이야기하기도 합니다.

이런 상황에서 우리 안에 탄식과 안타까움, 무력함, 두렵고 떨림, 교만과 겸손에 대한 돌아봄 등이 있었습니다. 그리고 기도로 시작하고 기도로 끝내며, 모임에서 나눈 이야기들을 성경적으로 분별하고자 힘쓰고, 삶에서 살아내기 위해 기도로 사는 것 자체가 참 힘든 일이라는 생각이 들었습니다.

에드워즈와 쉐퍼, 로이드존스 등을 만나면서 우리에게는 현대 교회의 많은 것들이 점점 더 거부감으로 다가오는 것 같습니다. 어떤 사람들은 이렇게 말합니다. "너희의 눈이 너무 높아진 것"이라고.

그러나 우리는 이렇게 말하고 싶습니다. "'높다'라고 말할 때 그 기준이 무엇인지 알고 싶다. 성경인가, 인간인가? 우리는 문자 그대로 먹든지 마시든지 무엇을 하든지 하나님의 영광을 위해 해야 하며, 무슨 일을 하든지 다 주 예수의 이름으로 해야 하며, 마음을 다하여 힘을 다하여 뜻을 다하여 하나님을 섬기고, 예배하며, 하나님께서 우리에게 주신 믿음으로 그렇게 해야 한다. 그렇지 않다면, 그것은 참된 신앙이 아니다.

만약 이것이 성경에서 말하는 신앙이라면 우리가 눈이 너무 높아져서 내려가야 하는 것이 아니다. 다른 사람들이 성경이 말하는 신앙의 참 모습에 대해 진지하게 고민을 시작해야 하는 문제다. 우리 모두가 모든 영역에서 모든 것을 하나님께 온전히, 하나님의 뜻과 방법대로 올려 드려야 한다."

이때 우리 모임은 이렇게 탄식과 안타까움 그리고 절규로 시작했지만, 나중에는 하나님 앞에서 두려워하고 떠는 것, 참된 진리에 대한 참된 신앙의 태도와 자세를 추구하는 것, 성경 교리를 부지런히 성실하게 힘을 다하여 연구하는 것, 함부로 판단하는 것과 거룩한 불만을 느끼는 것의 차이를 분별하는 것, 진리 안에서 사랑을 말하는 것 등을 구하고 고민하고 나서 마지막으로 기도의 시간을 가졌습니다.

"하나님의 영광과 나라만이 우리의 모든 관심이 되기를, 우리의 모든 열심이 그것에만 쏟아지기를, 예수 그리스도의 구속 사역이 우리와 관계가 됨으로 우리가 항상 예수 그리스도의 얼굴에 있는 하나님의 영광을 맛보아 알기를, 겸손하게 진리를 추구하되 강하고 담대하기를".

이렇게 기도하면서 회개하고 감사하고 기뻐했습니다.

2007년 6월 26일: 『성령의 역사 분별 방법』을 마무리 하다

이날까지 해서 『성령의 역사 분별 방법』을 마무리 했습니다. 3부 적극적 증거 다섯 가지와 4부 실제적인 적용을 함께 나누면서 우리는 다시 한 번 바른 신학만이 바른 신앙을 가져올 수 있다는 것을 생각해 보았습니다. 3부 적극적 증거 다섯 가지를 보면서 하나님의 성령의 사역은 참으로 예수 그리

스도를 높이며, 예수 그리스도를 하나님의 아들로 믿게 하고, 구주와 심판자로서 믿게 한다는 것을 보았습니다.

또 참되게 경배하되, 존경하고, 사랑하고, 두려워하게 하는 것이 참 신앙의 본질이라고 배웠습니다. 또 예수 그리스도에 대한 바른 신앙 고백, 성경과 교리에 대한 높은 관심, 하나님과 사람에 대한 거룩한 사랑이 그리스도인의 참된 표지임을 배웠습니다. 또 우리는 흔히 어떤 특별한 체험, 기이한 일에 우리의 눈과 귀를 집중시키고, 그것들의 가치를 무척 높이는 경우가 있는데, 그것보다 더 큰 능력, 더 깊은 것이 바로 말씀이라고 배웠습니다(눅 16:29).

4부의 실제적인 적용 부분을 보면서는 앞으로 우리가 신앙에 있어서 어떤 태도로 살아야 하는가에 초점을 두며 이야기를 나눴습니다. 성경 공부, 교리 공부를 열심히 할 것을 다시 한 번 다짐했고(이미 우리 마음에 불이 꽤 강하게 붙어 왔지만), 한 가지의 진리나 사실에 대해 두 가지 이상의 해석이나 다른 이야기가 있을 때 함부로 판단하고 결정하기보다 신중하게, 그러나 그런 이유 때문에라도 지체 없이 더욱 겸손하게 심혈을 기울여 공부하고 기도하면서 가장 성경적인 것을 찾아갈 수 있도록 하자는 이야기도 했습니다.

우리에게는 다른 사람을 판단하거나 정죄할 권리가 없다고 얘기했으며, 본질적인 것과 비본질적인 것을 구분하여 본질적인 것에 대해서는 엄격하고 단호하되, 그렇지 않은 문제에서는 이해와 배려, 겸손과 연합, 사랑으로 '함께' 하자는 데 입을 모으고 마음을 모았습니다(이 얘기는 계속 해 왔던 얘기였는데 이때만큼 우리 마음에 와 닿았던 적도 없었다는 점에서 그날의 나눔은 정말 무척 은혜로웠습니다).

그리고 기도로 모임을 마쳤습니다.

"하나님께서 모든 나라, 모든 민족 가운데서 영광을 받으시기를, 모든 피조물이 하나님을 경외하기를, 우리 모든 삶이 하나님을 찬양하기를, 우리가 하나님께 순종하는 삶을 살므로 우리 신앙의 행위가 참으로 하나님의 뜻과 말씀이 탁월하고 영광스럽다는 것을 실제로 증거할 수 있기를, 하나님만이 이 모임의 주인이 되어 주시기를, 하나님만이 우리를 채워 주시기를, 그리하여 우리가 흘려보내는 모든 것이 하나님의 것이기를, 우리에게 겸손을, 거룩한 겸손을, 그리하여 진리에 대해 때로 단호할 때는 단호하되, 이해하고 용납하고 사랑으로 해야 할 부분에서는 그리하기를, 청년 때의 이 열정이, 이 감정이, 이 자라감이 절대 줄어들지 않기를, 청년의 때에 여호와를 기억할 수 있게 해 주심에 감사를, 그러나 앞으로는 더욱 그리하기를, 백발이 참으로 노인의 영광이 되기를, 그렇게 나이를 먹는다는 것이 우리에게 더욱 아름다운 일이 되기를."

2007년 7월 3일: 『구속 사역을 통해 영광 받으시는 하나님』을 읽다

다음으로 우리는 이 설교문을 보면서 다시 한 번 하나님의 영광스러운 구속 사역을 크게 배우고 크게 경배했습니다.

우리는 구원이 성부로부터 나와서 성자를 통해 성령 안에서 우리에게 주어짐을 보았습니다. 우리는 구원의 모든 좋은 것이 하나님께 있음을 보았습

니다. 오직 하나님께만 있음을 보았습니다. 하나님께서 우리를 구원하실 때 그분은 우리의 영혼만이 아니라 우리의 전 영역에서 우리를 재창조하심을 보았습니다. 하나님은 죽은 자를 일으키시는, 능치 못할 일이 없으신 분이시기에 우리는 그 하나님께 우리의 마음을 다해 찬양을 드렸습니다.

우리는 그것이 오직 성자 하나님을 통해 우리에게 주어짐을 보았습니다. 예수 그리스도의 십자가, 그 구속 사역을 통해서만 우리에게 주어짐을 보았습니다. 우리가 늘 바라봐야 할 것은 예수 그리스도지, 우리 자신이나 우리 자신이 의지하는 그 어떤 것들이 아니라고 고백했습니다.

그러면서 이런저런 이야기들을 했습니다. 우리가 정말로 듣고 싶어하고, 인정받고 싶어하는 것들이 무엇인지 되돌아보았습니다. 사람들이 멋있다고, 예쁘다고, 존경한다고 말해 주는 것들이 아닌지, 사람들의 칭찬과 인정으로 살고 싶어하지 않은지 말입니다.

그때 한 지체가 '사진'에 대한 이야기를 했습니다. 자신은 사진을 찍는 것이 많은 유익이 있음을 부정하지는 않는다고 했습니다. 시간과 공간에 마음을 담아 간직할 수 있기 때문에 그 자체는 좋은 것이라고 말했습니다. 그러나 그는 오늘날 사진을 찍고, 그것을 보는 것이 그 정도가 심하다고 이야기했습니다.

많은 사람이 자신들이 무엇을 했는지 드러내고 싶어한다고 얘기했습니다. 자신이 좀 더 멋있게, 좀 더 예쁘게, 좀 더 무엇인가 있는 것처럼 나오게 사진을 찍고, 그렇게 나온 사진들을 필요 이상으로 많이 보고, 오래 보고, 거의 묵상하다시피 한다고 말했습니다.

많은 사람이 하나님 앞에 엎드리면서 하나님을 사랑하고, 하나님의 진리로 자신들의 영혼을 살찌우고, 그럼으로써 하나님 안에서 자신을 바라보고, 자신을 정의하기보다는, 자신이 좀 더 잘 찍힌 사진을 보고, 다른 사람들에게 보여 주고, 그것에 대한 '좋은 평가'를 듣기 원하며, 또 들으며 자신들의 가치를 세워 나간다고 말했습니다. 거울을 보는 것만큼 사람들이 하나님과 자신의 영혼에 관심을 쏟기만 해도 교회는 달라질 것이라고 말했습니다.

지체들은 이렇게 말한 지체의 말을 오해 없이 잘 받아들였습니다. 사진을 찍는 것, 멋있고 예쁘게 찍는 것 자체를 비판한 것이 아니라, 그것으로 자신을 세우려는 현시대의 잘못된 풍조를 꼬집은 것임을 바로 이해했습니다.

그리고 다시 한 번 오직 예수 그리스도 안에만 구원이 있고, 예수 그리스도와 연합할 때만 우리 존재가 긍정되며, 예수 그리스도의 의의 옷을 입을 때만 예수 그리스도의 가치가 우리의 것이 됨으로 우리가 복을 얻는 것임을 고백하고 찬양했습니다.

우리는 계속해서 그리스도께서 이루신 바로 그 영광스러운 사역들을 성령 하나님께서 우리의 것으로 만들어 주시는 분임을 고백하며 찬양했습니다. 우리는 삼위일체 하나님의 구속 사역을 정리하면서 하나님께서는 세우시기 전에 먼저 깨부수시는 분임을 깨달았습니다. 그리고 그것을 온전히 믿고 싶다며 하나님께 믿음을 구했습니다. 우리는 하나님께서 구원의 시작이며, 과정이며, 결과며, 근본이며, 최종 목적이심을 보고 찬양했습니다. 우리는 하나님께서 우리를 멸망시키지 않으시고, 우리에게 그 자비를 베풀어 주심에 대해 감사했으며, 하나님께서 구속 사역 안에서 나타내 보이시는 하나님의 지혜가 얼마나 탁월하고 사랑스러운지 보고 기뻐했습니다.

우리는 "예수 하나님의 공의"라는 찬양을 함께 부르며 우리 신앙의 대상 되시는 분이 누구신지에 대해 보았습니다. 이 찬양을 부르며 우리는 다음과 같이 고백했습니다.

예수님은 하나님의 공의십니다.

예수님은 하나님의 사랑이십니다.

그분, 독생자 예수는 말씀과 은혜로 우리에게 나타나셨습니다.

그렇게 그의 나라가 임했고, 또 임합니다. 앞으로 완전히 임할 것입니다.

오늘 우리 가운데도, 우리 영혼 안에도 그의 나라가 임합니다.

영광 중에, 하늘의 영광 중에 임합니다.

우리를 위해 제물이 되신, 거룩한 하나님께서 영광 중에……영광스러운 구속 사역을 통해 우리에게 임하시고, 우리를 다스리시고, 우리를 새롭게 하시고, 우리를 세우십니다.

우리의 모든 약함과 더러움, 눈멂, 비참함, 무능력, 사악함을 다 깨부수시고 하나님으로, 하나님의 것들로만 우리를 채우십니다.

주의 나라는 영원합니다. 진정 주의 나라는 영원합니다.

그리고 주의 영광 또한 무궁합니다. 그것은 무한합니다. 그 영광을 온전히 다 맛보고 누릴 수 있다고 말할 수 있는 순간은 영원히 오지 않을 것입니다.

그 달콤하고 사랑스러운 복된 하나님의 영광, 우리의 생명이 되고, 우리

의 소망이 되고, 우리의 구원이 되고, 우리의 행복이 되는 하나님의 영광은
진정 무한합니다.

그 영광이 이제 우리의 구원자 되실 뿐 아니라 왕이요 주인 되시는 하나
님으로부터 우리에게 주어집니다. 그것이 우리에게 나타납니다. 우리 눈
으로 볼 수 있고, 우리 손으로 만질 수 있는 바가 됩니다.

그 위엄과 능력, 힘과 지혜, 탁월함과 위대함이 우리 가운데 임합니다.

주의 주권과 주의 통치와 주의 나라 힘과 권세가 그러합니다.

진정 죽임을 당하신 어린양은 능력과 부와 지혜, 힘과 존귀와 영광과
찬송 받으시기에 합당하신 분이십니다. 홀로 그러하십니다.

예수님은 하나님의 아들, 하나님의 공의, 하나님의 사랑 하나님의 영광
이십니다.

우리는 이렇게 고백하면서 두려워하고 괴로워하며, 또 울면서 함께 찬양
하고 기도했습니다. 하나님만으로 채워질 수 있는 우리의 목마름을 하나님
께로부터 찾지 않는 우리의 죄를 회개하고, 우리의 믿음 없음을 긍휼히 여겨
달라고 기도하면서 하나님의 은혜를 간절히 구했습니다. 많은 지체가 하나
님을 오해하고 있었던 것들을 고백하며 자신이 경험한 하나님이 아니라 성
경의 하나님을 바로 알고 싶어하는 마음을 갖게 되었다고 얘기했습니다. 참
된 신앙을 고민할 수 있게 된 것에 감사했고, "대답은 있다" 모임이 하나님
의 이름으로 존재하는 것에 감사했습니다.

우리는 하나님만을 추구할 것을 결심했습니다. 하나님만이 우리의 목마

름을 채울 수 있는 분이시기 때문입니다. 우리의 부패와 비참함과 무능력을, 모든 슬픔, 모든 아픔을, 우리의 모든 연약함과 모든 사악함을 오직 그분만이 만지실 수 있기 때문입니다. 우리는 이날 하나님을 하나님으로 예배하며, 엎드렸습니다.

독서 모임을 통해 변화된 것들

지금까지 말씀드린 것은 우리 모임에서 일어난 일의 일부입니다. 우리는 2007년도를 중심으로 많이 변했고, 지금도 계속 변하고 있습니다.

이 신앙의 전환기는 여러 면에서 우리를 변화시켰습니다. 먼저 우리는 하나님의 영광을 구체적으로 생각하게 되었습니다. 인간과 모든 피조물의 창조 목적을 적극적으로 고민하게 되었습니다. 이사야 43장 21절 말씀처럼 하나님을 찬송하도록 지음 받은 우리가 어떻게 해야 하나님께 영광 돌리며 살 수 있을까, 어떻게 해야 그분을 사랑하고 예배하며 살 수 있을까를 고민하게 되었습니다.

또 하나님 자신에 대한 관심이 날마다 높아졌습니다. 즉, 그분의 성품, 그분의 사역을 우리는 만날 때마다 이야기했고, 기회가 될 때마다 나누었습니다. 특히 예수 그리스도의 구속 사역과 인간의 거듭남에 대한 우리의 관심과 애정은 다른 무엇과도 비교할 수 없었습니다. 하나님께서 한 인간을 구원하실 때 어떤 일이 무엇을 위해 일어나는가 등을 공부했습니다. 그러면서 우리의 거듭남에 대해 불안해했습니다. 우리가 지금까지 생각해 오고 믿어 왔던 거듭남이, 구원이 과연 성경에서 말하는 것인지를 묻고 또 물었습니다. 행위로 구원받는 것이 아닌 것을 잘 알지만, 구원은 분명 선물이지만, 구원을 받은 자, 믿음으로 거듭난 자가 가지고 있어야 할 표지, 구원의 증거, 즉 믿음의 행위가, 성화가 우리에게 있는가? 참으로 하나님을 사랑하고, 그분을 끊임없이 예배하며, 그분의 뜻을 구하고 실천하는 데 우리가 마음을 쏟고 있는가? 하는 질문을 던지면서 두려워하고 떨었습니다.

하나님께서 얼마나 위대하신지, 얼마나 거룩하신지를 보게 될 때마다 우리는 우리가 하나님으로부터 얼마나 멀리 떨어져 있는지를 더 명확히 보았고, 우리가 얼마나 사악하며, 또 얼마나 약한지 보았습니다. 따라서 하나님 없이는 우리가 아무것도 행할 수 없을 뿐 아니라 우리가 행하는 모든 것이 가치 없고, 우리 존재 자체도 무의미하다고 고백하면서 하나님의 은혜를, 하나님의 자비를 구했습니다.

우리의 신앙 목표도 달라졌습니다. 우리의 신앙 목표는 더 이상 구원, 행복이 아니라 하나님의 영광이 되었습니다(물론 그렇기 때문에 어떤 면에서는 우리의 구원과 행복도 여전히 우리의 목표 중 하나가 맞습니다. 그러나 최종적이고 궁극적인 목적은 하나님의 영광입니다). 이것은 어떤 면에서는 너무나 두렵고 떨리는 일이기는 하지만, 그럼에도 우리의 두려움과 떨림과는 족히 비교할 수 없을 만큼 하나님의 영광의 무게가 엄청나기에 그러합니다. 우리는 지금 이렇게 고백합니다. "구원받고 싶다. 그러나 구원받지 못한다고 해도 상관없다. 우리가 하나님의 영광을 위해 살 수만 있다면 그것으로 족하다. 우리의 결국이 혹 멸망이라 할지라도 그 전까지는 모든 마음과 힘과 뜻을 다해 하나님께 영광 돌리며 살고 싶다."

많은 것들을 배우면서 우리의 태도와 성향 자체도 많이 달라졌습니다. 특히 지식과 지식에 대한 확신, 분별 등에 대한 시각이 많이 바뀌었습니다. 우리는 많은 것을 배웠지만, 이미 배운 것이고, 또 경험했다고 해서 이전의 모든 것이 모두 100이라고 생각하지 않습니다. 지금까지 실수해 왔던 것처럼, 잘못을 저질러 왔던 것처럼 우리는 앞으로도 그럴 것이기 때문입니다. 우리가 연약할 뿐만 아니라 본성상 악한 죄인이기 때문에 그렇습니다. 그러나 우리는 다짐합니다. 겸손하게 이 일에 임할 것입니다. 성경을 사랑하고 공부하되, 성경적인 것이 무엇이냐는 질문에 대해 우리의 유익과 두려움과 이기적인 욕심을 결부시키지 않고 "예수님이라면 어떻게 하실까?"라고 질문하고 답하며 살 것입니다.

우리는 자신이 언제라도 틀릴 수 있다는 것을 항상 기억하려고 애쓸 것입니다. 애쓰고 있습니다. 또 압니다. 서로에게 그렇게 상기시킵니다. 우리는 앞으로도 우리가 틀리는 것을 두려워하지 않을 것입니다. 틀렸으나 인정하지 않고, 돌아서지 않고, 분명하게 점검하지 않는 것만 두려워할 것입니다.

몇몇 지체는 성경의 충족성에 대해 생각을 완전히 바꾸었습니다. 이전에는 자신에게 예언을 해 주는 사람, 영적으로 능력이 있어 보이는 사람을 때로는 하나님보다 더 의지했지만, 이때부터는 오직 성경만을 자신의 최고의, 절대적인 권위로 인정하게 되었습니다.

자신의 영적 지도자, 자신이 읽은 책, 자신이 경험한 것, 자신을 지지해 주는 사람의 수, 자신의 논리로 굳어진 생각들, 자신의 오랜 경험, 이것들은 더 이상 우리의 신앙을 결정하지 않았습니다. 이것들이 아무 가치가 없다는 말은 아닙니다. 각기 나름의 유익과 의미가 있습니다. 그러나 그것은 언제나 이것들이 성경에 부합할 때, 성경이 가르치는 진리의 대상을 가리키고, 진리의 내용을 보이며 확증할 때만 그렇습니다.

사람은 웬만한 충격적 자극이 있기 전까지는 좀처럼 자신의 생각과 의지를 바꾸지 않는데, 그것이 특히 오랜 세월 나름의 경험으로 만들어진 것이라면 더욱 그러한데, 지체들에게는 이것이 거의 순간적이었습니다. 물론 그중 어떤 지체들은 어떤 면에서는 순간적으로, 어떤 면에서는 서서히 변화해 가고, 고쳐 가기 시작했습니다.

지체들은 여러 주제에 대해 반복적으로 얘기하는 것이든, 처음 얘기하는 것이든 간에 자신들이 처음 듣는 것처럼, 아는 것이 있음에도 이번에 처음 알게 된 것처럼, 깨닫게 된 것처럼 겸손하게 얘기했습니다. 바로 전 주에 누군가가 오랜 시간 분명하게 얘기한 것들에 대해서도 그러했습니다. 제 생각에 그것은 그만큼 매주 하나님의 말씀과 신적 진리들이 더 많이, 더 달콤하고 아름답게 다가왔기 때문이었던 것 같습니다.

지체들은 자신의 이야기를 나눌 때 기꺼이 다른 지체들이 자신을 점검해 주기를 원하면서 얘기했습니다. 지체들은 어떤 모임에서든 무척 겸손했습니다. 나이가 많은 자나 적은 자나 경험이 많은 자나 적은 자나 지식이 많은 자나 적은 자나 누구나 그런 겸손한 성향을 가지고 서로를 대했으며, 다른 지체들이 언제나 자신을 성경적으로 검증해 주기를 기꺼이 요청하며 모임을 가졌습니다.

이런 태도는 지체들로 하여금 더욱더 자신의 생각과 마음을 담대히, 확신을 가지고 이야기하도록 하면서도 언제나 겸손하도록 했습니다.

　또 지체들은 자신의 직장 생활에서의 관계와 태도 문제, 학업에서 성경적 사고로 수업을 듣고, 공부를 하는 것 등에 있어서도 조금씩이지만 분명한 변화를 경험해 나갔습니다. 신앙과 학문을 별개로 생각하지 않고 통합할 수 있음을 자신들의 기도와 고민과 삶의 태도로 자주 보였습니다. 물론 많은 실패와 두려움과 어려움이 있었던 것도 사실입니다. 하지만 방향성을 갖게 되었다는 것과 느리지만 계속 간다는 것과 많은 실패 속에서 몇 번 맛본 믿음의 승리를 통해 즐겁고 놀라운 경험을 해 나갔습니다. 신앙과 학문을, 신앙과 일상 생활을 분리하여 사는 것이 더 쉬워 보이고, 더 단순해 보이고, 그래서 부담도 덜하지만, 신앙과 학문을, 신앙과 일상 생활을 통합해서 살아가는 것이 더 가치 있고, 더 행복하다고 이야기했습니다. 무엇보다 하나님의 창조 질서대로(통합) 사는 것이 좋은 이유는, 인간은 원래 그렇게 지음 받았기 때문입니다.

김병재 형제와 오유정 자매 이야기

　한 형제에 대한 이야기를 하고자 합니다.

　병재 형제는 쉐퍼의 책 『창세기의 시공간성』을 나눌 때 "대답" 모임에 합류했습니다. 우리 모두의 기억에 따르면 그는 바로 그때부터 새롭게 태어나기 시작했습니다. 그는 자신에 대해 그 전까지는 거의 생각 없는 그리스도인처럼 살았다고 말했습니다. 물론 그는 모임에 참여하기 이전부터 여러 사람에게 신실한 믿음의 사람으로 인정받아 왔고, 또 하나님을 향한 불 같은 열정을 갖고 있는 멋진 사람이었습니다. 그러나 그는 모임에 참여하면서부터 자신의 영적이고 지적인 게으름을 발견했다고 말하면서 전보다 더욱 겸손해졌고, 그 어느 때보다도 하나님을 알기를 원했습니다.

제가 알기로 우리 중 병재 형제만큼 분명하고도 열정적으로 하나님을 아는 지식에서 자란 사람은 없어 보입니다. 그는 주로 책과 모임에서의 토론을 통해 생각과 마음에 하나님에 대한 지식들을 채웠지만, 그것이 단지 책상 위에 놓여 있는 종이들을 흡수한 것과 같이 무미건조한 것은 아니었습니다. 그는 책을 읽을 때마다 반드시 자신의 삶에 적용했기 때문입니다. 그가 변화되어 가는 모습은 매주 우리의 눈에 띄었습니다. 물론 이전부터 갖고 있었던 하나님을 향한 순수하고 거룩한 그의 열정과 애정은 다른 사람들 눈에 크게 달라 보이지 않았을지도 모릅니다. 그러나 그의 마음에서 우러나오는 언어들은 매주 달라졌습니다.

그는 하나님의 영광이 아니면 말하고 싶은 것이 하나도 없는 것처럼 완전히 하나님께 매료된 것 같았습니다. 그의 모든 말은 하나님의 하나님 되심, 진리의 가치, 복음의 충족성, 참 교회의 모습, 신자의 거룩한 교제 등과 같은 주제만을 다루었습니다.

그리고 전보다 더 은밀히 기도의 시간을 자주 많이 가졌으며, 무엇보다도 자신의 부패하고 연약한 영혼을 하나님 앞에 계속해서 내려놓았습니다. 그러면서 그는 점점 더 하나님에 대한 지식을 하나님을 아는 지식으로 소유하며 누리기 시작했습니다.

또 형제는 그 누구보다 성경을 공부하고 책을 읽는 데 열심을 냈습니다. 그보다 더 일찍부터 좋은 신앙 서적들을 읽어 왔던 사람들이 금세 그에게 따라잡혔으며, 모임에서 신앙 서적을 가장 많이 읽은 한 형제도 끝내는 그에게 항복하고 말았습니다.

병재 형제는 신학자나 목회자처럼 성경과 책을 읽으며 공부했습니다. 많은 사람이 목회자로, 또는 신학대학원 준비생으로 생각할 만큼 말입니다. 그러나 그는 오히려 그런 사람들의 생각을 부당하게 여겼습니다. 왜냐하면 신자라면 성경을 가장 사랑하고 높이며, 하나님을 공부하는 데 열심을 내는 것이 마땅하다고 여겼기 때문입니다. 그는 여러 주제를 동시에 공부하기도 하고, 하나의 주제를 가지고 여러 책을 본다거나 하면서 진리를, 복음을 공부하는 것을 무척 즐거워하고 기뻐했습니다. 그는 자주 왜 진작부터 이런 달콤함을 누리지 못했을까를 안타깝게 생각하면서도 지금이라도 이렇게 자신이 마음과 힘을 다해 신학(하나님을 아는 지식)을 공부할 수 있게 된 것에 매일 감사했습니다.

한편 이런 거룩한 지식에 대한 그의 지적 부지런함만큼이나 그의 하나님을 향한 참된 믿음의 성장도 주목할 만합니다. 그는 하나님을 알면 알수록 더욱 기뻐하는 만큼, 더욱 겸손하게 더욱 두려워하며 하나님 앞에 섰습니다. 그는 하나님 앞에 설 때마다 항상 낮게 엎드렸고 두렵고 떨림으로 그분의 은혜를 구했습니다. 그의 모든 생각과 언어는 복음이 기준이 되었고, 그래서 그를 만나는 모든 사람은 그것을 쉽게 알 수 있었습니다. 그는 자신만

이런 은혜를 누리는 것은 가슴 아픈 일이라고 생각하며 누구를 만나든 하나님께서 얼마나 완전하시고 전능하신지를 선포하고 증거했습니다.

특히 그를 사로잡은 것은 하나님의 완전하심과 전능하심이었습니다. 그는 그 주제를 말할 때마다 마음을 진정시켜야 했고, 그 주제를 생각할 때마다 무척 벅차했습니다. 자주 하나님의 완전하심과 전능하심을, 아니 기회가 있을 때마다 그것을 묵상하고 예배했으며, 그럴 때마다 하나님께서는 그 형제에게 그런 자신의 완전하심과 전능하심을 더 많이 알려 주시는 듯했습니다.

그가 겸손해서 말을 많이 하지 않아서 그렇지, 그는 우리 중 그 누구보다 하나님의 완전하심과 전능하심을 잘 알고 있는 사람이라고 확신합니다.

마지막으로 그는 복음을 다른 사람들에게 선포하는 일에 대해 많은 거룩한 부담을 가졌습니다. 그리고 현재 자신의 위치에서 자신이 할 수 있는 일을 하기 원했습니다. 그래서 자신이 속한 청년부 공동체에서, 또 주일 학교의 사랑스러운 아이들에게 할 수 있는 한 최선을 다해 복음을, 진리를 선포하고 증거했습니다. 이런 그의 열심은 특히 아이들에게서 많은 열매로 나타났는데, 그때부터 많은 어린친구들이 그를 통해 그 무엇보다 하나님에 대해 관심을 갖기 시작하며, 자신의 죄, 구원, 하나님의 놀라운 사역들을 공부하며 질문하기 시작했습니다.

사실 병재 형제에 대해서는 할 말이 정말 많습니다. 이 형제에 대해 책 한 권을 써도 될 만큼 형제는 많이 변했고, 많은 사람에게 큰 영향들을 끼치고 있습니다.

마지막으로 오유정 자매에 대해 이야기를 하려고 합니다.

유정 자매는 모임 중 나이가 가장 어린 편에 속합니다. 그래서 다른 사람들보다 더 겸손하게 모임에서 배움을 추구했습니다. 그러면서 누구보다 질문을 많이 한 사람이기도 했습니다. 그것이 자매에게뿐만 아니라 다른 사람들에게도 많은 도움이 되었습니다. 좋은 질문은 대상을 구체화해 주고 생각을 정리해 주는 데 큰 도움이 되는데, 자매가 던지는 질문들은 매번 우리 모두의 궁금증들을 더욱 구체적으로 고민시켜 주고 답을 찾도록 인도해 주었으며, 생각해 보지 못했던 영역들에 대해, 또 이미 공부했으나 더 구체적으로 적용해 보지 못한 부분에서 한두 발자국 더 내딛을 수 있도록 크게 도와주었습니다.

특히 그녀는 실제 자신이 교회에서 보고 있는 많은 현대 교회의 복음의 불충족성에 대한 자신의 고민들을 모임에서 나눔으로써 지체들이 복음의, 성경의 충족성을 깊이 있게, 다양하게 고민해 보도록 많이 도왔습니다. 그리고 자매 스스로 한두 번의 고민으로 끝내지 않고 지금까지 계속해서 고민하고 기도하며 살아오고 있음으로 다른 지체들에게 영적 긴장을 계속해서 느끼도록 해 주고 있습니다. 자매의 이런 수고와 열정은 모임의 큰 활력이 분명합니다.

한편 유정 자매만큼 마음이 선하고 온유한 사람도 모임에 없었습니다. 간혹 모임의 분위기가 조금 감정적이 되거나 어느 한 극단으로 기울려고 할 때마다 그녀는 우리가 사랑 안에서 진리를 말해야 함을 항상 상기시켜 주었습니다. 그래서 그 때문에 모임이 항상 건강하게 유지될 수 있었고, 지체들은 그런 그녀의 아름다운 성품을 흠모했습니다.

또 그녀는 모임 외에도 자주 여러 사람들과 만나거나 전화로 하나님의 영광과 하나님의 사역 등에 대해 이야기를 나누고, 그것을 함께 경배하며 노래하기를 기뻐했습니다. 그래서 모두가 그녀를 깊이 사랑할 수밖에 없게 만들었습니다.

저는 감히 말하고 싶습니다. 유정 자매와 같은 사람이 모임에 있으면 모임은 아주 풍성해지고 건강해진다고, 아니 꼭 이런 사람이 모든 모임에 한 명씩은 있어야 한다고.

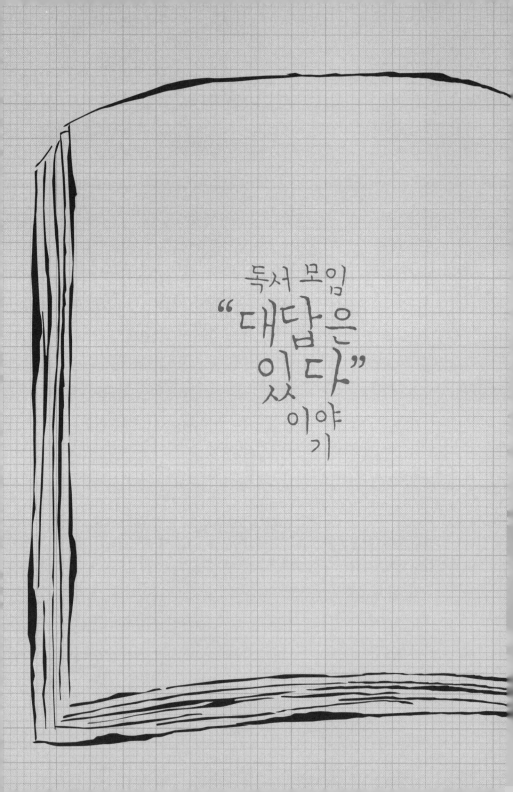

독서 모임
"대답은
있다"
이야기

2부

독서 모임

이렇게 하자

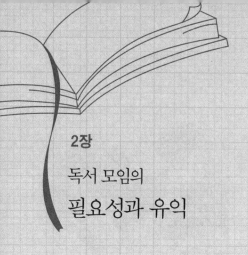

2장

독서 모임의
필요성과 유익

· 신앙 서적의 유익과 중요성

극심한 고난 가운데 있을 때 욥과 대화할 수 있다면 어떨까요? 신앙 생활에 회의가 들거나 어떤 교리가 잘 믿어지지 않을 때 아브라함이나 모세와 얘기할 수 있다면 어떨까요? 또 은혜와 거듭남의 신비에 대해 궁금할 때 바울과의 만남은 어떨까요? 다윗에게서 하나님을 찬양한다는 것의 의미를 들을 수 있다면 정말 굉장하지 않을까요? 이렇게 우리가 믿음의 선배들을 만나 직접 이야기할 수 있다면, 그래서 그들이 전해 주는 신앙의 교훈과 그들이 보여 주는 믿음의 삶을 통해 우리가 도전받고 격려받을 수 있다면 우리는 이전과는 꽤 다른 삶을 살 수 있을지도 모릅니다. 어쩌면 완전히 다른 삶을 말입니다. 우리가 걷는 길은 전과 똑같은 길이겠지만(또는 달라진 우리만큼이나 전혀 새로운 길일 수도 있겠지요), 걷는 우리 자신은 전혀 다른 존재일 것입니다. 세상을 보는 우리의 시각이 바뀌면 세상을 대하는 우리의 태도도 바뀔 테니까요. 위대한 믿음의 선배들의 성경적인 지식과 삶을 통해 우리가 도움 받게 되면 많은 유익을 누릴 수 있습니다. 예수 그리스도라는 목표를 향해 여행 중에 있는 우리는, 전에는 갈증이 날 때 무엇을 어찌해야 할지 몰랐다면 이제는 우리 앞서 걸었던 선배들의 가르침을 통해 달콤하고 시원한 우물이 어디에 있는지를 알게 되고 갈증을 풀 수 있습니다. 또 어떤 것이 우리에게 해로운 열매인지를 알게 되어 조심하게 될 것입니다. 어떤 것이 우리에게 유익하고 또 어떤 것은 그렇지 않은지도 배워, 안전하고 편안하며 빠른 길로 갈 수도 있을 것입니다. 물론, 경험이라는 것이 매우 좋은 스승이기는 하지만 모든 것을 직접 경험할 수 없는 우리로서는 우리 앞서 걸었던 믿음의 선배들의 따스하고도 선한 인도로 우리의 수고를 줄이는 것이 지혜로울 것입니다.

이런 믿음의 선배들의 도움은 우리를 단지 더 안전하게, 더 편안하게 걷게 해 주는 것뿐만 아니라, 이전에는 잘 알지 못해서 누리지 못했던 여행의 즐거움과 행복을 누리게 해 주기도 할 것입니다. 식물과 곤충과 동물과 자연이 만들어 내는 장관의 질서와 조화와 통일성과 아름다움을 많이 인식하고 있는 사람과 그렇지 않은 사람의 여행의 차이가 큰 것처럼 말입니다.

또한 누구 말마따나 아무것도 모른 채 정글을 혼자 통과하는 것과 지도 한 장을 손에 들고 헤쳐 나가는 것은 차이의 문제가 아니라 차원의 문제입니다. 믿음의 선배들과 함께 한다는 것은 우리의 생명을 보존하는 데 필요한 것들을 때에 따라 공급받을 수 있는 적절한 도움의 표지들이 그려진 탁월한 지도 한 장을 소유하고 여행을 시작하는 것과 같습니다. 저는 신앙 서적을 읽는 가장 큰 유익 가운데 하나가 바로 이것이라고 생각합니다. 우리는 책을 통해 위대한 신앙의 위인들을 만날 수 있습니다. 그들은 대부분 이미 죽은 사람들이지만, 책을 통해 살아서 우리에게 이야기하고 있습니다.

물론 그들은 성경이 아닙니다. 그들은 인간입니다. 그래서 그들도 때로는 넘어지기도 하고 잘못된 길을 걸었던 때가 있었다는 것을 우리는 알고 있습니다. 하지만 진실되게 하나님을 추구한 이들의 흔적들은 우리에게 성경적인 방향성을 제시해 주며, 용기를 북돋워 주고, 위로와 격려 그리고 도전을 줍니다.

하나님을 어떻게 사랑하고 예배했는지, 하나님을 위해 또 복음을 위해 어떤 마음과 태도로 살았는지, 세상을 보는 관점은 어땠는지, 동료 그리스도인들과 세상 사람들을 향해 어떤 마음을 품고 그들을 어떻게 섬기며 살았는지, 낙심하고 큰 어려움에 처했을 때 어떻게 하나님을 의지했는지 등을 통해 구체적인 믿음의 삶을 배울 수 있을 것입니다. 그것이 우리에게 가르침 식으로 전해지는 것이든, 삶의 형태로 전해지는 것이든 말입니다. 한편으로, 그들이 넘어졌을 때 어떤 모습을 보였고, 어떻게 하나님의 공급하시는 은혜를 힘입어 일어났는지 등도 우리에게 매우 유익한 도움을 줄 것입니다.

그래서 많은 사람이 자신의 신앙의 유익과 진보를 위해 책을 읽어 왔으며, 특히 신앙이 좋은 사람일수록 책을 사랑했다는 것을 우리는 역사를 통해, 또 경험을 통해 잘 알고 있습니다.

신앙 서적의 유익이 이와 같기에 하나님을 알고 싶은 사람은, 먹든지 마시든지 무엇을 하든지 하나님의 영광을 위해 살고 싶은 사람은, 하나님만을 사랑하고 하나님만을 높이고 싶은 사람은, 하나님의 영광스러운 구속 사역을 이해하고 싶은 사람은, 신앙 서적을 찾게 되어 있습니다.

하나님을 기쁘시게 하기 위해 자신의 모든 생각과 삶의 태도를 어떻게 하나님께 드릴 것인가를 고민하는 사람은, 우리의 사랑하는 이웃과 교회의 번영과 행복을 온전히 추구하고자 하는 사람은, 신학적으로 탄탄하고 경건을 추구하게 하는 좋은 신앙 서적을 부지런히 읽게 되어 있습니다.

그 누구보다도 말씀을 사랑하며 말씀에만 최종 권위를 부여하고 항상 성령 안에서 끊임없이 기도하지만, 더하여 그들은 좋은 신앙 서적도 부지런히 찾게 되어 있습니다. 왜냐하면 무엇보다도 말씀을 높이고 그것을 최고로 존중하고 말씀을 무척이나 사랑한, 기도함으로 끊임없이 하나님과 교제한, 능력과 부와 지혜와 힘과 존귀와 영광과 찬송을 받으시기에 합당하신 하나님을 기쁘시게 하기 위한 모든 열정을 쏟아 부은 하나님의 사람들의 삶이 신앙 서적에 풍성히 담겨 있기 때문입니다.

성경적 사고

신앙 서적을 통해 얻을 수 있는 가장 큰 유익은 바로 성경적인 사고를 배울 수 있다는 것입니다. '하나님께 영광 돌린다는 것의 의미가 무엇인가? 어떻게 하나님께 영광 돌리며 살 수 있는가?'에 대한 성경적인 사고와 태도를 배울 수 있습니다.

성경적 사고란 우리가 어떤 모습으로 어디에서 무엇을 하든 하나님께서 원하시는 것으로, 하나님께 가장 합당한 것으로, 성경에 충실한 것으로 하나님만을 높이며 살도록 하기 위해 성경이 우리에게 가르쳐 주는 신앙의 원리입니다.

하나님만을 기뻐하고, 하나님이 원하시는 삶을 살며, 하나님만을 절대적으로 의지하고 바라보는 것이 하나님께 영광이 되는데, 성경은 이를 위해 무엇을 알고, 또 어떻게 살아야 하는지를 우리에게 가르쳐 줍니다. 그렇기에 우리의 모든 삶 속에서 성경이 가르쳐 주는 대로 생각하고 행동하는 것을 성경적으로 사고한다고 말할 수 있습니다.

다시 한 번 생각해 볼까요? 만약 우리가 극심한 어려움과 고통으로 신음하고 있을 때 욥과 함께 이야기할 수 있다면 어떨까요? 우리가 믿음과 순종, 즉 신뢰의 여정에서 회의와 불안으로 고민하고 있을 때 아브라함, 이삭, 다윗, 바울 등과 이야기할 수 있다면 어떨까요? 우리가 용서의 문제에 부딪혔을 때 호세아와 베드로는 어떨까요? 이들 외에도 기독교 역사에는 하나님의 사람들이 자신을 주인공으로 하지 않고 오직 하나님만을 드러내며 자신의 문제를 하나님 앞에서 해결하고, 하나님만 예배하며 산 이야기들이 무척 많습니다. 그들은 우리와 성정이 같은 사람이기에 인간의 죄와 약점을 가지고 있습니다. 그러나 그들은 바로 그런 인간 존재가 어떻게 하나님과 화목하고, 어떻게 하나님을 사랑하고 예배하며, 하나님께서 기뻐하시는 삶을 살 수 있는지를 잘 압니다. 그들은 그것을 위해 자기들의 삶을 불태웠고, 세상의 모든 것을 배설물로 여겼습니다. 그들은 오직 하나님의 영광을 위해서만 자신들의 생각과 감정과 의지를 쏟아 부었습니다. 그리고 그들은 그렇게 최고로 복되고 영광스러운 삶을 다른 사람들도 누렸으면 해서 그들의 신앙 연구 결과들과 고백들을 가르쳤고, 책으로도 남겼습니다.

우리는 믿음의 선배들이 남긴 유산(책)을 통해 하나님의 생각대로, 하나님께서 생각하시는 쪽으로 도약할 수 있도록 돕는 선배들과 대화할 수 있습니다. 그들을 통해 우리는 우리가 미처 깨닫지 못한 것들을 배우게 되며, 복음의 영광스러운 면들을 더 많이 맛보게 됩니다. 무엇보다도 그들은 우리가 끊임없이 하나님을 생각하는 복을 누리도록 도와줍니다.

성경적 사고의 중요성

모세는 애굽에서 40세까지 당대 최고의 교육을 받았으나 이스라엘 백성을 광야에서 이끌 때 자신의 지식과 경험을 의지하지 않았습니다. 그는 당대 그 누구보다 뛰어난 지식과 경험의 소유자였으나, 그는 항상 하나님께서 '말씀하신 그대로' 준행했습니다. 모세오경은 이런 이야기들로 가득합니다. 모세가 하나님의 '말씀대로 다 행하였다'는, 모세가 여호와의 말씀에 '그대로 청종했다'는 이야기로 가득합니다. 지식과 경험과 체험이 다른 사람들에 비해 월등한 모세가 하나님께서 말씀하신 것에 무엇을 더하거나 감하거나 했다는 얘기는 단 한 곳을 제외하고는 없습니다(민수기 20장. 이 일로 모세는 약속의 땅 가나안에 들어가지 못합니다). 모세는 항상 하나님 앞에서 겸손히 자신을 낮추고 하나님의 지혜와 하나님의 은혜를 구했습니다. 왜냐하면 "하나님의 (가장) 미련한 것이 사람보다 (비할 데 없이) 지혜 있고 하나님의 (가장)

약한 것이 사람보다 (무한히) 강하"(고전 1:25)기 때문입니다. 모세에게서 그런 참된 신자의 태도를 배운 제자 여호수아나 다윗, 바울이 그리고 그렇게 모든 하나님의 사람들이 다 그랬습니다. 하나님을 온전히 사랑할수록 하나님의 사람들은 하나님의 지식과 방법만을 고집했습니다. 그들에게는 그것만이 가장 선하고 아름답고 탁월하게 보였기 때문입니다. 세상의 방법과 각자의 경험에 의지한 생각들이 아닌 하나님의 지혜와 지식에 근거를 두고 있는 성경적인 사고는 믿음의 사람들로 하여금 하나님께서 원하시는 대로, 하나님께 합당한 대로 하나님 한 분만을 기뻐하고 예배하며 살도록 해 주었습니다. 성경적인 사고는 그들로 하여금 하나님의 영광을 맛보도록 해 주었습니다. 하나님의 아름다우심과 위대하심과 탁월하심을 맛보도록 해 주었습니다. 그리고 그것은 그들의 현재적 삶뿐만이 아니라 영원한 삶으로 이어졌습니다.

그러나 그렇지 않았을 때, 하나님을 사랑한다 하면서 하나님을 예배한다 하면서 하나님의 지식과 방법을 의지하지 않고, 하나님의 지식과 방법에 무슨 문제가 있는 것처럼, 하나님의 지식과 방법이 뭔가 모자라는 것처럼, 마치 자신들이 하나님보다 더 지혜롭고 강한 것처럼 하나님의 지식과 방법을 수정하거나 폐한 사람들은 하나님의 영광을 보지도 못했고, 하나님의 기쁨이 되지도 못했고, 하나님께 저주를 받아 모두 멸망하고 말았습니다. 이것이 성경이 우리에게 분명히 가르쳐 주는 신적 원리 중 하나입니다.

참된 신자의 목표는 구원 자체가 아니라 하나님의 영광

우리가 성경적인 사고를 해야 하는 것은 우리 신앙의 목표가 단지 구원에서 끝나는 것이 아니라 하나님의 영광에 있기 때문입니다. 천국시민증을 획득하는 것에만 있는 것이 아니라 하나님께 영광을 돌리면서 사는 삶에 있기 때문입니다.

사실 성경적인 사고는 우리의 구원과 매우 밀접한 관계를 맺고 있습니다. 그러나 오늘날 많은 사람은 성경적인 사고와 태도로 살아가는 것에는 관심이 없어 보입니다. 그들은 '구원 받았으면 됐지.'라고 생각합니다. 그러나 구원의 표지가 무엇입니까? 바로 성경적인 사고와 태도입니다. 한 사람이 참으로 하나님의 구원을 맛보았다면, 그가 참으로 하나님의 구원의 은혜를 선물로 받았다면 그는 결코 이전과 같은 존재일 수 없습니다. 그는 이전과는 전혀 다른 사람으로 살 수밖에 없습니다. 그는 자기의 모든 소유를 다 팔아 진주를 산 사람처럼 하나님을 바라보게 됩니다. 그는 더 이상 자기 자신을 위해 살지 않습니다. 왜냐하면 그리스도께서 "모든 사람을 대신하여 죽으심은 산 자들로 하여금 다시는 우리 자신을 위하여 살지 않고 오직 우리를 대신하여 죽었다가 다시 사신 자를 위하여 살게 하려 함"(고후 5:15)이라는 말씀이 무엇인지 분명히 이해하고 경험하기 때문입니다. 하나님을 기쁘시게 하고, 하나님을 영화롭게 하고, 영원토록 그분을 즐거워하며 사는 것이 그의 유일한 목표요 최고의 목표기 때문에 그는 성경적인 사고와 태도를 사랑하며 그것을 추구하게 됩니다.

심지어 진정 구원받은 사람은 자신의 구원의 문제가 이제는 아무것도 아니라고 생각하기까지 합니다(반드시 그래야 한다는 것이 아닙니다). 자신의 구원 문제보다 무한히 중요한 것이 바로 하나님의 영광임을 알게 되기 때문입니다. 능력과 부와 지혜와 힘과 존귀와 영광과 찬송을 받으시기에 합당하신 하나님을 예배하고 사랑하는 삶을 위해서라면 그는 그 무엇도 기꺼이 버립니다. 자신은 생명책에서 지워져도 좋으니 하나님의 영광을 위해 이스라엘 백성들을 버리지 마시고 구원해 달라며 간절하게 부르짖었던 모세처럼 구원을 아는 사람은(구원으로 말미암아 기뻐하고, 그것을 통해 영광 돌리기도 하지만) 하나님의 영광을 위해서라면 자신의 모든 것을 기꺼이 포기하고, 자신의 모든 것을 아무것도 아닌 것으로 여기게 됩니다. 물론 이 말은 구원을 결혼식쯤으로 생각하고 결혼식 이후 서로의 행복과 유익을 추구하는 결혼 생활을 별로 중요하게 여기지 않는 오늘날 우리의 가볍고 왜곡된 신앙관에 해당하는 얘기입니다. 왜냐하면 실제 구원은(그 열매까지 생각할 때) 결혼식부터 결혼 생활 전체를 의미하기 때문입니다. 거듭남부터 하여 영원토록 하나님의 영광을 맛보고 추구하고 찬양하는 전부를 의미하기 때문입니다.

그러나 오늘날 자신이 신자라고 생각하는 수많은 사람들은 결혼 생활이 아닌 결혼식만을 위해 살아가고 있는 듯 보입니다. 신랑 되시는 예수 그리스도를 위해 무엇을 먹을까 무엇을 입을까 고민하지 않고 자신을 위해 고민합니다. 예수 그리스도를 위해 어떻게 살까? 어떻게 하나님을 세상에 알리고, 그분을 예배하고 찬양하는 복음의 영광스러움들을 어떻게 함께 나눌 수 있을까를 고민하지 않고 자신의 만족과 유익만을 추구하는 듯 보입니다. 또 겉으로는 하나님의 영광을 추구한다고 하면서 하나님의 지식과 방법을 따르지 않고 자신의 생각과 방법대로, 즉 정열적인 열정은 있으나 바른 지식을 따르지 아니하는 듯 보이기도 합니다(롬 10:2).

참된 신자의 표지, 성경적 사고와 태도

성경적인 사고는 참신자와 거짓 신자를 구별하는 기준이 됩니다. 성경적인 사고 자체, 또 성경적인 사고를 추구하는 태도는 참신자의 것입니다. 참신자는 자신의 것을 내세우지 않습니다. 자신의 것이 없기에도 그렇습니다. 참신자는 하나님만을 말하고, 하나님만을 알리며, 하나님만을 바라봅니다. 참신자는 하나님께 1퍼센트나 99퍼센트는 모두 0과 같다는 것을 압니다. 하나님께는 100퍼센트여야만 한다는 것을 잘 압니다. 그래서 그는 자신의 생각과 방법이라는 것을 전혀 마음에 두지 않습니다. 그는 자신의 삶에서 하나님께 기쁨이 되지 않는 인간적인 것들을 발견하는 즉시(때로는 어느 정도의 시간이 걸립니다.) 그것들을 내칩니다. 그리고 하나님의 지식과 방법을 배워 갈 때마다 그것들을 주저 없이(이 또한 때로는 어느 정도의 시간이 걸리기도 합니다.) 자신의 것으로 삼아 고백합니다.

성경적인 사고를 배울 수 있는 아주 좋은 길, 신앙 서적

이토록 중요한 참된 신자의 태도를, 성경적인 사고를 우리는 어디서 어떻게 배울 수 있을까요? 우리는 무엇보다 하나님을 예배함을 통해, 하나님의 말씀을 듣고, 그것을 배우며, 실천하고, 기도함으로 배울 수 있습니다. 그러나 사람이 태어나 여러 선생과 선배와 친구를 통해 인생을 배우며 자라는 것처럼, 우리는 하나님을 예배하고 하나님의 말씀을 듣고 실천하고 기도하는 것을 짧지 않은 시간 여러 통로를 통해 배우게 됩니다. 이것은 예수님의 명령이기도 합니다. 예수님은 모든 족속을 제자로 삼아 진리를 가르쳐 지키게 하라고 말씀하셨습니다. 또 "하나님의 말씀을 너희에게 일러 주고 너희를 인도하던 자들을 생각하며 그들의 행실의 결말을 주의하여 보고 그들의 믿음을 본받으라."(히 13:7)고 명령하셨습니다. 그래서 우리는 먼저는 부모를 통해, 또 목회자들과 여러 신앙의 선배들을 통해 진리의 가르침을 배웁니다. 그러나 이런 가르침들만큼 중요하며 많은 장점을 가진 진리의 통로도 많이 있습니다. 그중 하나가 바로 신앙 서적을 읽는 것입니다.

신앙 서적의 유익은 매우 독특하며 탁월합니다. 신앙 서적은 특별히 하나님을 향해 신실하게 살았던, 살고 있는 믿음의 선배들이 자신들의 믿음의 여정 가운데서 경험하고 알게 되었던 많은 것을 풍성하고 깊게 담아 놓았기 때문에 가치가 있습니다. 신앙 서적에는 참된 신자의 태도와 성경적인 사고에 대한 성경적인 사례와 교훈이 가득합니다.

신앙 서적은 우리가 고민하는 문제들을 여러 관점에서 보도록 도울 뿐만 아니라 우리가 시간에 구애받지 않고 깊이 생각할 수 있게 해 줍니다. 책을 읽음으로 우리는 생각을 정리하며, 우리가 말하는 것과 실제 우리 마음속에 담고 있는 것의 차이가 무엇인지를, 또 우리가 말하는 것과 실제 우리가 행동하는 것의 차이가 무엇인지를 보게 됩니다.

책을 읽으면서 우리는 참으로 성경적으로 사고해야 하는 이유도 배우게 됩니다. 그것은 다수의 생각이 반드시 '옳은' 것이 아니기 때문입니다. 우리는 진리의 사람들이기 때문에 이것이 매우 중요합니다. 가치나 선호의 문제보다 진리의 문제가 더 중요합니다. 때문에 단순히 51퍼센트 찬성표를 얻어 이루어 낸 결과나(큰 교단의 주장 또는 시대의 경향성 등), 소수의 엘리트들이 (저명한 신학자나 목회자 등) 만들어 낸 결론은 그것이 진리에 부합하지 않는 한 우리에게 아무 의미도 없어야 합니다. 성경만이 영원하고 절대적인 기준이기에 성경적인 것만이 우리에게 의미가 되도록 해야 합니다.

우리는 책을 통해 성경적으로 생각하는 것의 중요성도 배웁니다. 이것은 정말 그 무엇보다 중요합니다. 우리는 어떤 주제에 대해 이야기할 때 그것이 하나님께서 원하시는 것인가, 하나님의 기뻐하시고 온전하시고 선하신 뜻이 나타나는 것인가 등의 질문을 하며 성경적인 기준에 합당한 것이냐에 신경 쓰기보다는, 그것이 나의 지식과 경험에 반하는 것이냐, 지금 내 상황과 느낌에 맞느냐 맞지 않느냐를 더 신경 쓰는 성향이 있기 때문입니다. 이것은 하나님께서 신자에게 원하시는 것이 아닙니다.

우리는 "살아도 주를 위하여 살고 죽어도 주를 위하여 죽"(롬 14:8)습니다. 그리스도께서 "모든 사람을 대신하여 죽으심은 산 자들로 하여금 다시는 우리 자신을 위하여 살지 않고 오직 우리를 대신하여 죽었다가 다시 사신 자를 위하여 살게 하려 함"(고후 5:15)입니다. 이제는 우리 안에 "그리스도께서 사"(갈 2:20)시기 때문에 우리의 모든 생각과 느낌과 의지는 그분께 속해 있으며, 그분의 것이며, 그분의 것으로 드러나야 합니다.

네, 이렇게 성경적으로 사고한다는 것은 단순히 우리의 아버지, 구세주가 되실 뿐만 아니라 창조주, 주권자, 주인 되시는 '하나님'을 생각하는 것을 의미합니다. 우리 앞에 놓여 있는 모든 문제와 사상에 대해 하나님께서 무엇을 원하시며, 무엇이 그분께 기쁨이 되고, 영광이 되는가를 생각하는 것입니다.

따라서 책을 통해 이런 것들을 배운다는 것은 우리의 영혼에 가장 중요하고 의미 있는 일입니다. 왜냐하면 우리는 그것을 위해 지음 받았고, 구속받았기 때문입니다. 하나님을 영화롭게 하고, 그분을 기뻐하고 즐거워하는 것이 우리 인생의 목적입니다. 우리의 지식과 감정과 경험과 의지와 몸은 모두 바로 그것을 위해 지음 받았습니다. 때문에 하나님께 우리의 모든 것을 드리는 것은 너무도 당연할 뿐 아니라 최고의 삶입니다. 그렇게 살기 위해 성경적으로 생각하는 것이 선행되어야 합니다. 이것을 위해 우리는 독서를 해야 합니다.

왜 끊임없이 사고하고, 책을 읽어야 할까요? 그것은 세상을 이해하는 눈이 우리 자신의 지식과 경험의 틀을 벗어날 수 없기 때문입니다. 우리는 아는 만큼만 이해할 수 있습니다. 같은 책이라도 처음 읽을 때와 두 번째 읽을 때가 확연히 다른 이유가 그것입니다. 똑같은 책을 읽어도 사람마다 차이가 나는 이유가 바로 그것 때문입니다. 그래서 우리는 날마다 성경적으로 사고하고, 그것을 돕는 책을 읽어 우리의 좁고 제한된 시각에 갇히지 말고 진리에 따라 세상을 바라보아야 합니다.

책은 혼자서도 읽을 수 있습니다. 자기가 읽고 싶은 책을 자신의 계획이나 상황에 따라 자유롭게 읽을 수 있습니다. 혼자서도 방법과 수단과 노력 여하에 따라 정말 많은 것을 배우고 경험할 수 있습니다. 그러나 여럿이 함께 책을 읽고 나누는 유익은 혼자 책을 읽을 때에 비해 더 많습니다. 혼자 고민하고 혼자 공부하는 것보다 여럿이 할 때 더 많은 배움과 경험이 일어나기 때문입니다.

혼자 책을 읽을 때는 잘 이해되지 않던 것이 여럿이 함께 읽으며 생각을 나눌 때 잘 이해되는 경우가 많습니다. 이것은 특히 학생 때 자주 경험하는 것입니다. 종종 문제집의 해설을 아무리 보아도 이해가 잘 안 되는 것들이 있습니다. 그런데 짝꿍이나 선배에게 물어보면 무척 쉽게 이해가 됩니다. 또 이해한 것이라고 해도 개인의 독서는 개인의 지식과 경험의 크기를 벗어나기가 무척 힘든데, 여러 사람과 함께 같은 책을 읽고 동일한 주제에 대해 이야기를 하게 되면 구성원들 모두의 지식과 경험의 다양성과 크기만큼 개인의 지식과 경험이 자라기도 합니다.

이처럼 혼자 책을 읽는 것보다 여럿이 함께 책을 읽으면 배움의 깊이와 넓이가 훨씬 커집니다. 여러 사람과 함께 책을 읽고 나누게 되면 다독을 한 것과 같은 효과를 얻게 됩니다.

모르면 서로 물어보면서 배워 갈 수 있다는 것 외에도 책을 함께 볼 때 좋은 또 다른 점은, 무엇보다 자신이 발견하고 깨달은 것들이 참된 교리와 아름다움에 대한 합당한 것이라면 대부분의 경우 다른 지체들의 승인을 얻게 되고, 그런 승인은 개인의 신앙에 큰 힘과 도전, 격려가 된다는 것입니다.

독서 모임이 필요한 또 하나의 이유는 편독의 위험성 때문입니다. 혼자 책을 읽게 되면 자기가 좋아하는 책만 읽게 될 가능성이 큽니다. 스스로 되도록 많은 분야에 걸쳐 균형 있는 독서를 하는 사람도 있겠지만, 대부분은 편독을 하여 지적 불균형에 쉽게 노출됩니다. 편식이 건강에 해로운 것처럼 편독도 한 개인의 사고와 판단을 건강하지 못하게 합니다.

독서 모임은 이런 편독의 위험성을 크게 줄여 줍니다. 각자의 성향을 가지고 있는 여러 사람이 함께 모이기 때문에 한 가지 주제에 대한 다양한 시각을 배울 수 있게 될 뿐만 아니라, 자신이 귀 기울이지 못한 여러 주제에 대해서도 생각해 볼 수 있기 때문에 구성원 전체를 건강하게 만들어 줍니다.

독서 모임은 건강한 지식을 배울 뿐만 아니라 건강한 인격을 가꾸게도 해 줍니다. 혼자 책을 읽거나 공부를 하게 되면 혼자 판단하고, 혼자 결정하기 때문에 극단으로 빠지기가 쉽고 바르고 균형 잡힌 사고를 갖추는 데 많은 한계와 어려움이 있습니다. 그리고 그런 이유들로 대부분 이때 얻게 되는 지식들은 머리에만 머무르는 경우가 많습니다.

하지만 학문과 경건을 갖춘 좋은 스승에게 배우거나 독서 모임을 통해 공부를 하게 되면 다른 사람들의 다양한 사고를 그들의 인격과 삶과 함께 접하게 됨으로 지식과 삶을 더욱 건강하게 통합하여 자기 것으로 만들 수 있게 됩니다.

지식이 삶과 연관지어 고민되고 정리되며, 지식이 인격을 통해 드러나고, 지식이 경건과 함께 통합된 배움으로 우리에게 다가올 때 그 지식은 가슴의 지식이 되고, 영적 지식이 되며, 바르고 건강한 지식, 살아 있는 지식이 됩니다.

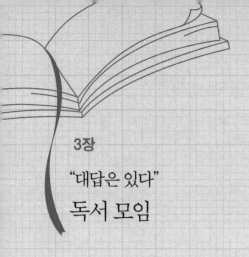

3장

"대답은 있다"
독서 모임

독서 모임에 대한 일반적인 이야기를 하기 전에 먼저 제가 속해 있는 "대답은 있다"라는 독서 모임을 간략하게 예시로 보여 드리겠습니다.

토론에 대한 분명한 목표와 태도를 정하다

우리는 첫 모임을 갖기 전 한 가지 원칙을 세웠습니다.

이 모임은 사교 모임이 아니라 분명한 목표가 있는 지적 토론 모임이다. 때문에 '교제'라는 이유로 시간을 '낭비'하지 않는다. 그러나 이것이 비인격을 뜻하게 해서는 안 될 것이다.

보통 우리는 소위 딱딱하고 건조하다고 생각되는 이야기, 지적이고 교리적인 이야기를 하면 사람들이 모이지 않는다고 생각합니다. 그러나 그것은 엄청난 착각입니다. "대답" 모임에서 드러났듯이, 또 교회사가 증명하듯이 오히려 하나님을 아는 지식이 중심이 된, 말씀이 중심이 된 모임이 가장 역동적입니다. 그 모임에는 생명이 있고, 다른 어떤 모임보다 더 아름다운 인격적 교제가 있습니다. 하나님의 말씀은 활동하기 때문입니다(히 4:12).

마틴 로이드존스는 첫 번째 사역지에서 교제 중심의 모임들을 가장 먼저 개혁했습니다. 그는 여러 소그룹 모임들이 하나님의 말씀을 배우고, 그 말씀을 붙들고 하는 것보다 교제와 나눔 중심으로 되어 있는 것을 보고 좋게 생각하지 않았습니다.

물론 그가 인격적인 나눔 자체를 경시했다거나 무가치한 것으로 생각한 것은 아니었습니다. 그러나 그리스도인의 교제의 중심은 하나님이어야 하며, 하나님을 향한 예배여야 하며, 하나님의 말씀이어야 한다고 믿은 그는 모든 교제 중심의 모임을 하나님의 말씀을 강론하고, 그것을 가지고 토론하는 모임으로 바꾸었습니다. 그 결과는 교회사가 증거하고 있습니다. 말씀을 경시하는 자유주의 영향 아래 죽어 있던 그 지역의 교회들이 살아나기 시작한 것입니다. 문을 닫아야 할 판이었던 교회들에 구도자들이 몰려들기 시작했고, 많은 구도자가 회개하고 거듭남을 체험했습니다. 그리고 그런 교회의 부흥은 지역 사회의 문화 자체를 바꾸기 시작했고, 많은 사람에게 희망을 주었습니다. 그것은 하나님의 말씀이 온전히 선포되고 사람들의 영혼과 마음에 새겨진 결과였습니다.

이런 그의 성경적 소신은 두 번째 사역지인 웨스트민스터 채플에서도 그대로 행해졌고, 그 결과도 우리는 잘 알고 있습니다.

청교도들은 주일 예배 때도 교리 중심적인 설교로 하나님의 말씀을 신자들에게 선포하고 그분의 계명을 가르쳤습니다. 또 매주 목요 강좌를 통해서도 신자들이 하나님의 말씀을 잘 이해하고 그것들을 마음에 새길 수 있도록 가르쳤습니다. 청교도들은 아침저녁으로 가정 예배를 드리면서 하루를 시작하고 마무리했는데, 그때도 하나님의 말씀이 중심이 되었습니다. 그들은 정말 이렇게 하는 것 외에는 아무것도 모르는 것처럼 살았습니다. 그들의 모든 모임은 하나님의 말씀이 중심이 되었습니다. 하나님을 아는 지식으로 자라 가는 것이 그들이 모이는 모든 모임의 목표였습니다. 우리는 이처럼 하나님의 말씀을 중심으로 선포하고 가르치고 행하며 산 청교도들을 교회사에서 가장 영적으로 풍요로웠던 믿음의 선진들로 기억하고 있습니다.

이것들이 우리에게 말해 주는 것은 무엇일까요? 하나님을 예배하고, 하나님의 말씀을 선포하고, 그분의 말씀을 깊이 공부하고, 그것을 함께 나누며 하나님을 알아 가는 것만큼 한 개인을, 또 공동체를 역동적으로 만드는 것은 없습니다. 우리 "대답" 모임은 시간이 지날수록 우리의 모임이 교제 중심의 모임이 아니라 성경과 신앙 서적이라는 수단을 통해 하나님을 공부하는 모임이라는 것에 감사해합니다.

만약 우리가 교제와 나눔 중심의 모임을 가졌다면 모임은 얼마 못 갔을 것입니다. 우리는 나중에 앞에서 언급한 교회사적인 증거를 알고 나서 무척 감사했습니다. 우리가 정했던 원칙이 우리 모임을 계속할 수 있게 해 준 중요한 이유 중 하나라는 것을 보게 되었기 때문입니다. 모임이 교제 중심이 아니라는 말과 교제가 없다는 말은 다릅니다.

"대답" 모임은 교제 중심의 모임이 아니지만 지체들은 그 어떤 모임보다 이 모임이 따스하며 인격적이라고 고백합니다. 보통 저녁 7시나 7시 반에 모여서 9시나 10시까지 책을 나누고 기도하는 모임이지만 지체들은 따로 교제 시간이 없는 것에 불평한 적이 한 번도 없습니다. 왜냐하면 하나님을 아는 지식을 함께 알아 가고, 그것으로 하나가 되는 것만큼 복되고 아름다운 교제가 없다는 것을 알기 때문입니다. 매주 모일 때 인위적인 교제의 시간을 따로 만들지 않음에도 모두가 인격적인 교제를 나누었다고 생각하며 집으로 돌아가는 것은 하나님을 아는 지식을 함께 공유하고, 그것으로 하나님을 바로 예배하고, 우리 삶에서 하나님을 아는 지식을 어떻게 선포하고 적용하며 살 수 있는가에 대한 진지한 토론과 기도가 우리 영혼을 기쁘고 즐겁게 하기 때문입니다.

"대답은 있다"의 첫 시작과 인도자

어느 모임에서나 인도자가 중요합니다. 인도자에 따라 모임의 방향성과 성격이 결정된다고 해도 과언이 아닐 것입니다. "대답" 모임(독서 모임 "대답은 있다"를 저와 멤버들은 대부분 "대답" 모임으로 줄여서 부릅니다.)의 경우 처음에는 두 명의 형제가 1년 남짓 인도자의 역할을 맡아 모임을 이끌었습니다. 두 형제가 모임의 목적과 방향성을 가장 분명히 알고 있었고, 구성원 중 비교적 손윗사람에 속했으며, 지적이나 영적으로 다른 이들의 신임을 받고 있었기 때문입니다.

처음에는 이렇게 두 명의 형제가 큰 부담과 책임을 질 수밖에 없었습니다. 그렇지 않았다면 나머지 다른 멤버들의 부담이 커져서 참여가 쉽지 않았을 것입니다. 사람은 익숙하지 않은 것을 어려워하기 때문입니다.

물론 두 명의 형제에게도 인도자의 자리가 쉽지는 않았습니다. 약 1년이라는 시간은 모두가 '독서 모임'이라는 것에 자연스러워져 가는 데 꼭 필요한 시간이었습니다.

두 명의 형제가 책임자로서 주된 인도를 한 것은 맞지만, 그렇다고 해서 다른 지체들이 단지 가만히 앉아 듣기만 한 것은 아닙니다. 처음 몇 주간은 두 명의 인도자가 챕터를 나누어서 각자 내용을 정리하여 발표(그날 나누고자 하는 내용을 간단하게 정리한 것과 특별히 주의 깊게 나누어야 할 주제에 대한 질문 등을 미리 정리하여 온 것을 모임 첫 시간에 나누는 것)하고 토론을 이끌었지만, 몇 달 후부터는 지체들 중에서 모임에 자연스럽게 적응한, 또 스스로 적극적인 참여자가 되고 싶어한 몇몇 지체가 종종 발표자로 지원하여 순서를 정하고 내용을 정리하여 발표했습니다. 이런 경우 토론은 발표자를 중심으로 두 명의 모임 인도자가 협력하여 진행했습니다.

2005년 2월 "대답" 모임이 처음으로 본 책은 프랜시스 쉐퍼의 『이성에서의 도피』였습니다. 우리는 이 책을 조금 미련하다 싶을 정도로 나누었습니다(여러분께는 그다지 권장하고 싶지 않습니다).

대략 다음과 같습니다.

· 1주: 1장 발표와 나눔	· 2주: 1장 복습
· 3주: 2장 발표와 나눔	· 4주: 1-2장 복습
· 5주: 3장 발표와 나눔	

이렇게 책 한 권(대략 100쪽 정도 되는 책입니다.)을 보는 데 6개월이 걸렸습니다.

이렇게 미련하다 할 만큼 책을 본 것은 이 책이 철학적·신학적·문학적·역사적 지식을 상당히 필요로 한 책이었으나 우리는 이중 그 무엇에서도 제대로 준비되지 않은 상태에서 열정만을 믿고 시작했던 고로 이해가 쉽지 않았기 때문이었습니다. 정말 너무 힘든 첫해 첫 시간이었지만 독서 모임에 대한 정보가 거의 전무했던 우리로서는 그렇게 해야 하는 줄 알고 무모한 일정을 소화했던 것입니다.

그러나 이렇게 이후의 책까지 해서 두 권의 책을 1년 동안 보는 사이 우리는 엄청난 자신감을 갖게 됩니다. 즉, 이후에 어떤 책을 보거나 어떤 주제를 가지고 토론을 하더라도 어렵다고 포기한다는 생각은 하지 않게 된 것입니다(물론 그때로 돌아간다면 첫 1년을 절대 그렇게 보내지 않을 것입니다).

또 지체들의 모임 참여도도 많이 변했습니다. 처음에는 일정 분량에 대한 발표를, 특정 주제에 대한 발표를 무척 부담스러워하며 모임에 참여만 하겠다고 했던("발표시키지 마라", "질문하지 마라."라고 소리 질렀던) 지체들이 모임을 시작한 지 1년 정도 된 시점부터 스스로 발표를 하겠다고 지원하는 상황이 자주 생기게 된 것입니다. 물론 모임을 시작한 후 몇 개월 뒤부터 두 명의 모임 인도자가 몇몇 지체에게 발표하고 모임 인도하는 것 등을 격려하여 몇몇 지체가 그때부터 간헐적으로 발표를 하는 경우가 있긴 했지만 부담감이 여전히 컸고, 자발성 면에서도 자연스러운 것은 아니었습니다. 그러나 2년째에 접어드는 시점부터 지체들은 부담감을 상당 부분 떨쳐 버리고 모임에 더욱 적극적으로 참여했습니다.

발표 부분과는 별개로 지체들은 책을 읽고 함께 나누는 토론 시간에는 거의 모두가 적극적으로 참여했습니다. 물론 그 나눔이 토론이라기보다는 주로 질문과 대답식으로 이루어졌지만 우리 모두에게는 이것조차 쉬운 일이 아니었습니다. 하지만 모두가 즐거운 마음으로 항상 배움의 소망을 가지고 기쁘게 참여할 수 있었던 것은 나이가 많은 자나 적은 자나, 지식이 많은 자나 적은 자나, 경험이 많은 자나 적은 자나 할 것 없이 모두가 겸손히 상대방을 배려하며 이야기를 주고받았기 때문입니다.

진리를 다루는 문제이기 때문에 이것은 더욱 중요합니다. 적지 않은 사람들은 진리의 문제라는 이유로 진리의 문제를 함께 대하고 고민하는 사람들의 연약함과 상황을 잘 배려하지 않습니다. 진리의 문제는 칼날과 같은 것이기 때문에 이것에 대해 서로 토론할 때는 어쩔 수 없이 상당 부분 날카로운 태도로 임할 수밖에 없다고 생각합니다. 물론 저 또한 그렇게 생각합니다. 그러나 진리의 문제 그 자체에는 맞지만 사람에게는 아니라고 생각합니다.

지금 생각해 보면 정말 감사한데, 우리 "대답" 모임 지체들은 진리의 문제를 가지고 서로 이야기할 때 진리의 문제 그 자체에 대해서는 각자 분명한 선을 그으며 이야기했지만, 그것을 다른 사람들과 나눌 때는 자신이 그 문제에 대해 가장 잘 모르는 사람처럼, 자신이 가장 많이 배워야 하는 사람처럼 겸손하게, 또 지금 자신과 대화하는 사람이 하나님의 형상이라는 것을 기억하고 온유하게 이야기했습니다. 그래서 우리는 종종 서로 의견이 맞지 않는 이야기들을 주고받을 때도 대부분 지나친 언쟁 없이, 또 마음의 얼굴이 붉어지는 불편함이 거의 없이 모임을 가졌습니다.

모임 시작 후 2년째 후반부터(2006년 하반기) 두 명의 모임 인도자는 다른 지체와 같이 평범한 구성원이 되었습니다. 그리고 이때부터 거의 모든 지체가 돌아가면서 발표를 맡아 모임을 인도했습니다. 물론 가장 연장자인 형제 한 명이 지금까지 계속해서 모임의 멘토역을 맡아 큰 방향성 등을 제시해 주고 어려운 주제에 대한 여러 기본적인 정보들을 제공하여 모임의 진행을 돕기도 했지만 지체들은 모두가 주체적으로, 또 스스로 부담과 책임감을 갖고 모임에 임했습니다. 발표를 맡아 할 때는 발표자로서, 그렇지 않을 때는 적극적인 청중 및 토론자로서 말입니다.

많은 지체가 그렇게 적극적으로 활동한 것은 원래 활동적이어서가 아니라 모임에서 추구하며 배우는 내용 자체가 지체들로 하여금 적극성을 띠게 만들었기 때문인 것으로 보입니다. 즉, 성경이라는 주교재를 이해하는 데 많은 도움을 주는 여러 양서들을 통해 하나님을 알아 가고, 성경적 사고 등을 배워 나가면서 그런 배움들이 주는 즐거움과 유익들이 지체들을 행복하게 하고, 지체들의 마음속에 아름다운 복된 소망을 심어 주었기 때문으로 보입니다.

발표와 토론

이제 발표와 토론이 어떻게 이루어졌는지 간단하게 말씀드리겠습니다.

처음에는 발표자가 그날 진도에 해당하는 내용을 A4 한 장이나 두 장 정도의 분량에 정리하여 그것을 가지고 모임을 인도했습니다. 발표자가 유인물을 가지고 그날의 내용을 정리하고 나면(정리된 내용을 읽어 주면서 추가로 하고 싶은 말들을 곁들이는 식으로), 책을 읽으면서 이해가 잘 안 된 것, 또는 자신의 생각과 다른 것, 또는 더 구체적으로 알고 싶은 것들을 서로 질문하고 답하며 토론했습니다. 발표자가 미리 준비한 유인물로 먼저 정리를 한 후에 질문을 받기도 했고, 정리를 해 나가는 가운데 바로바로 질문을 주고받으며 진행을 해 나가기도 했습니다.

유인물을 만드는 것은 의무 사항이 아니었습니다. 우리는 프랜시스 쉐퍼의 책들을 볼 때는 거의 유인물을 만들었지만, 조나단 에드워즈의 책들을 볼 때는 유인물을 거의 만들지 않고 책 자체로 진행을 했는데, 우리가 보았던 에드워즈의 책들은 대부분 문단마다 소제목이 달려 있어 따로 내용을 요약하거나 정리할 필요를 느끼지 못했기 때문입니다. 또 쉐퍼의 책은 중심 내용을 정리하는 것으로 배울 수 있지만, 에드워즈의 책은 문장 하나하나가 설교와도 같아 지체들이 내용을 줄이기가 거의 불가능했기 때문입니다.

한편, 모임 발표를 위한 내용 정리 유인물을 만드는 것과는 별개로 몇몇 지체는 따로 책 전체를 정리하기도 했습니다.

토론은 처음에는 모든 지체가 두 명의 인도자를 무척 많이 의지했습니다.

자신의 생각을 이야기할 때도 두 명의 인도자를 보며 눈치를 살폈고, 다른 사람의 이야기를 들을 때도 그랬습니다. 이것이 두 명의 인도자에게는 무척 큰 부담이 되었으나 모두가 아무것도 잘 모르는 처음에는 어쩔 수가 없었습니다.

그러나 차츰 시간이 지나면서 지체들은 자신의 생각을 말할 때 누군가의 눈치를 보지 않았습니다. 다른 사람들이 자신의 생각 중 그른 것, 잘못된 것이 있을 때는 주저 없이 이야기해 주기를 원하면서도 담대하게 자신의 생각을 이야기했습니다. 그것은 시간이 지나면서 지체들 스스로 성경과 책을 통해 진리에 대한 확신을 점점 더 많이 갖게 되고, 성경적인 사고 안에서 두려움과 떨림으로 겸손하게 배움에 임했기 때문입니다. 이처럼 지체들은 조심스러우면서도 담대하게 자신의 생각을 다른 지체들에게 알렸으며, 종종 다른 지체들로 말미암아 자신의 생각이 약간의 문제를 갖고 있다거나, 방향을 잘못 잡은 경우가 드러나게 되어도 불편해하거나 부끄러워하지 않고 오히려 더욱 겸손히 돌아보고 배움의 열정을 더욱 불태웠습니다.

사실 이것은 결코 쉬운 일이 아닙니다. 자신이 오래도록 공부하고 고민한, 또 진실로 그렇다고 믿어 온 것들이 다른 사람에게 '제지'당할 때 사람들은 주로 당혹감에 불편함을 느낍니다. 우리 "대답" 모임에서도 이것이 처음부터 자연스러웠던 것은 아닙니다. 아마 지체들은 자주 이렇게 자신들 안에 드러나는 인간적인 마음 때문에 어려움을 겪었을 것입니다. 그러나 지체들은 거의 그런 마음들을 직접적으로 외부로 보이지 않았습니다. 보였다 해도 상대방에 대한 최소한의 예의를 지켰습니다. 그래서 설령 생각하는 바가 크게 다른(혹은 틀린) 경우가 있었어도 모임에서 서로 간에 마음 어려운 일은 거의 없었습니다. 게다가 대부분은 성경과 책을 통해 겸손하게 배우는 것이 더 많았고, 그에 따라 같은 것에 대해 같이 동의하고 승인하며, 같이 회개하고, 같이 생각의 궤도를 수정했기 때문에 오히려 동질의식이 더욱 커져 갔습니다.

더 나은 발표와 토론을 위해 몇몇 지체는 모임에 참여하기 전 해당 진도만이 아니라 책 전체를 매주 1회독하기도 했으며, 해당 진도를 두세 번 읽고 모임에 참여하기도 했습니다. 이해하기가 어렵거나 내용이 중요한 경우 지체들은 더욱 그랬습니다. 특히 발표자는 누구보다도 내용을 잘 이해하고 있어야 했기에 학교 선생님이 수업을 준비하듯 애써서 공부하여 모임에 참여했습니다.

이와 같은 성실함 때문에 "대답" 모임은 모임이 지연되거나 모임에 대한 신뢰 등이 깎이는 불상사가 거의 없었습니다.

또한 지체들은 발표할 때, 아주 간단하게나마 지난주 내용을 훑고 진도를 나갔습니다. 발표자에 따라서 지난주에는 간단하게 무엇을 이야기했었다고 말하는 것으로 끝내기도 했고, 중심 문장들을 여럿 언급하면서 5-10분 정도 복습을 하고 진도를 나가기도 했습니다. 또 단순히 복습만이 아니라 지금 이 책을 왜 보고 있으며, 지금 나가고 있는 진도가 책에서 차지하고 있는 의미 등이 무엇인지 등을 언급함으로써 자주 모임의 목적과 방향성 등을 점검하며 분명한 목표의식을 갖고 모임에 참여하도록 했습니다.

모임이 끝날 때도 마찬가지였습니다. 이것은 지난주 복습에 비해 철저했습니다. 그럴 수밖에 없는 것이 대부분의 경우 모임의 마지막은 기도 시간으로 진행되기 때문이었습니다. 발표자들은 그날 모임에서 어떤 내용을 이야기했는지, 우리가 무엇을 놓고 기도해야 하는지 등을 이야기해야 했기 때문에 자동적으로 복습이 되었습니다. 그리고 바로 그런 것들을 가지고 기도를 했기 때문에 모임에서 이야기한 많은 내용을 우리 가슴속에 담아 둘 수 있었습니다.

토론 시간 때는 단순히 책의 내용만을 가지고 말하지 않았습니다. 아마 그랬다면 적지 않게 지루했을 것이고, 실제 우리에게 와 닿는 내용도 무척 제한적이었을 것입니다. 지체들은 책에서 말하는 것들을 항상 자신과 연관 지어 생각했습니다. 그것이 복음의 교리에 대한 확신과 예배의 문제든, 죄에 대한 회개의 문제든 간에 말입니다.

또 책을 해석하고 이해하는 데 반 정도의 시간을 쏟았다면 자신들의 고민이나 상황과 엮어 구체적으로 적용하며 하나님의 은혜를 구하고 다른 지체들의 보석 같은 조언을 구하고 듣는 데 반 정도의 시간을 투자했습니다. 따라서 모임은 더욱더 하나가 될 수밖에 없었습니다.

발표를 하거나 토론을 할 때 지체들은 자신의 책과 유인물에 자주 필기를 했습니다. 새롭게 깨달은 것, 익히 알고 있었지만 누군가가 무척 아름답게 진리를 묘사한 것 등을 꼼꼼히 필기했습니다.

그래서 전체적으로 1회독한 책임에도 한 권의 책을 다 보았을 때는 책이 무척 '지저분한' 경우도 생겼습니다. 특히 한 형제가 그랬습니다. 그는 무척 겸손할 뿐만 아니라 하나님을 아는 지식에 대한 배움에 열심이 커서 거의 모든 책을 서너 번 정도 보았습니다. 그의 책들은 수많은 줄들과 여러 필기 내용들로 가득했습니다.

이런 지체들의 열정은 줄도 치지 않고(꼭 줄을 그을 필요는 없을 것입니다. 그것을 대체할 다른 것이 있다면), 고민도 충분히 하지 않고 책을 1회독 하는 일반적인 책읽기와는 달리 많은 선물을 지체들에게 안겨 주었습니다. 지성의 사고력이 확장되고, 책을 덮고 나서도 많은 것을 기억하고 마음에 품는 등 단순히 머리만 큰 사람이 아닌 영혼의 몸 전체가 균형적으로 자라는 건강한 사람처럼 지체들은 자라 갔습니다.

시험

다른 독서 모임과 달리 "대답" 모임이 갖고 있는 두드러진 특징 중 하나가 바로 시험입니다.

"대답" 모임은 보통 책 한 권을 끝낼 때마다 시험을 봅니다. 시험 문제들은 1차적으로 책의 내용을 얼마나 잘 이해하고 있는지에 대한 것입니다. 그러나 답을 작성할 때는 단순히 이론적인 것만 쓰는 것보다는 자신이 이해한 바를 자신의 언어로, 깨달음과 자신의 변화와 자신의 신앙 고백으로 담아내야 더 좋은 점수를 받을 수 있습니다.

다음은 우리 모임에서 실제 치렀던 시험 문제 중 하나입니다.

'부흥'이란 무엇입니까? 부흥을 주실 때 하나님의 부르심을 받은 자들에게는 어떤 일들이 일어납니까? [15점]

이런 문제의 경우 지체들은 먼저 책에서 부흥에 대해 전제하고 있는 것들과 핵심 개념 등을 서술한 뒤, 자신은 부흥을 이전에 어떻게 생각했고, 이 책을 읽으며 생각이 어떻게 바뀌었으며(또는 어떻게 더욱 확신을 갖게 되었고 등), 자신의 경험이나 생각이 아닌 성경에 기록된 사실들과 성경에 입각한 부흥 역사의 사례들을 언급하며 바로 그런 부흥을 갈망하는 기도문으로 답안을 작성했습니다.

물론 대부분의 사람이 그렇듯이 지체들도 처음에는 거의 반사적으로 '시험'에 대해 무척 부담스러워했습니다. 하지만 지체들은 시험을 봐야 하는 이유, 시험이 우리에게 주는 유익을 이야기했을 때 기꺼이 따라주었습니다. 그리고 시험을 볼 때마다 부담스러워하면서도 시험이 주는 아주 많은 유익으로 즐거워했습니다(많은 절망과 함께).

다음은 한 형제의 고백입니다.

어제 독서 모임에서 시험을 봤습니다.

시험은 조나단 에드워즈 목사님의 『성령의 역사 분별 방법』과 『놀라운 부흥과 회심 이야기』였습니다.

흠……뭐, 항상 그랬지만 이번에도 무지 어려웠어요.

그저께 두 권의 책을 꺼내 공부(?)를 하고 있는데, 전에 보지 못했던 그리고 헷갈렸던 부분들이 퍼즐처럼 맞춰졌습니다.

독후감, 서평, 요약, 시험…… 책을 읽고 이 네 가지 중에 한 가지는 꼭 해야 한다고 생각합니다. 물론 저는 서평을 쓰는 쪽이지만……. 하여튼 시험은 저에게 조금 다릅니다. 만약 이 두 권의 책에 대해 시험을 보지 않았다면, 저는 이 책들에 대해 서평을 쓰지 못했을 거라는 결론이 내려지더군요. 조나단 에드워즈 목사님의 책은 다독할수록 좋다는, 공부하면 할수록 좋다는 생각이 있어서인지는 모르겠지만…….

시험을 보려 책을 공부하면서 하나님의 은혜를 느낍니다.

세상에 이런 시험이 가득했으면 좋겠습니다.

간단한 후기지만 지체들은 시험이 주는 유익을 이처럼 소중하게 생각했습니다. 심지어 몇몇 지체는 만약 시험을 보지 않았다면, 책을 통해 거의 아무것도 배우지 못했을 것이라고, 무척 교만해지기만 했을 것이라고 이야기했습니다. 이것은 시험이 주는 유익이 정말 많았고, 다양했기 때문입니다. 지체들은 시험이 주는 유익은 시험을 준비하는 만큼, 시험을 보면서 기도하는 만큼 더 많다고 이야기했습니다.

시험은 그동안 책을 보면서 누렸던 은혜 등을 다시 한 번 정리하는 데 도움을 줍니다. 지체들은 답안을 작성하면서 다시 한 번 은혜를 경험합니다. 책을 공부하면서 얼마나 놀라운 진리를 깨달았는가, 또 얼마나 많은 은혜를 누렸는가 등을 회상하면서 말입니다. 그리고 그것을 글로 적음으로써 시험을 치르는 그 순간 다시 한 번 자신의 전인을 다해 선포하고 고백하는 것입니다.

또 시험은 배운 것을 글로 적음으로써 표현력과 사고력을 길러 주고, 모임에서 이야기가 계속돼 와서 내게 익숙한 것과 실제 내가 알고 이해한 것의 차이를 되도록 분명하게 볼 수 있도록 도와줍니다. 책에 있는 문장 그대로를 읽는 것과 그것을 자신의 말로 하는 것은 다릅니다. 그리고 그것을 말로 하는 것과 글로 적는 것은 또 다릅니다. 글은 사람을 가장 정확하게 한다는 말이 있습니다. 지체들은 자신이 생각하고 고민하고 배운 것을 글로 적음으로써 자신이 얼마나 잘 이해하고 있는지, 또 얼마나 모르고 있는지, 무엇을 더 배워야 하는지 등을 점검하는 시간을 갖습니다. 그리고 그런 것들이 지체들을 더욱 겸손하게 하며, 더욱 열정을 갖고, 또 거룩한 부담감을 갖고 다음 모임에 임하도록 합니다.

수료

시험이 있기 때문에 당연히 '수료'도 있습니다.

우리는 시험을 본 다음 주에 상품과 함께 수료증을 전달하면서 격려하고 도전하는 시간을 보냅니다.

시험 점수는 몇 점 이상은 A, 몇 점부터 몇 점까지는 B, 이런 식으로 합니다. 그렇게 해서 C 미만인 경우는 수료증을 주지 않습니다. 재시험을 봐야 합니다. 하지만 한 번도 C 이하가 나온 경우는 없었고, 물론 재시험도 없었습니다. 모두 최소한 B, 대부분은 A 이상의 점수를 받았습니다.

선물은 S등급 이상인 사람에게 줍니다. S등급은 보통 95점 이상을 의미하는데 시험 때마다 S등급이 두세 사람 정도 나옵니다. 이들에게는 다음에 볼 책이나 좋은 양서 한 권씩을 선물합니다. 선물은 회비를 꾸준히 모아서 그 안에서 해결하기도 했고, 때로는 시험 출제자가 개인적으로 준비하기도 했습니다.

선물과 수료식은 지체들에게 모임을 아주 의미 있고 매력적으로 보이도록 만들어 주었습니다.

생일과 교제

회비 중 일부는 생일 케이크를 구입하는 데 쓰기도 합니다. "대답" 모임은 생일 축하를 무척 중요하게 생각합니다. 각자 선물을 주고, 축복하면서 섬깁니다. 선물은 책이 주를 이룹니다. 주는 사람도 받는 사람도 대부분 책을 원하기 때문입니다. 처음에는 책을 선물하는 사람이 자신이 주고 싶어하는 책을 주었으나, 시간이 흐르면서 생일자가 갖고 싶어하는 책을 먼저 묻고, 그에 맞게 선물을 준비하는 경우가 더 많아지고 있습니다. 처음에는 5-6천 원짜리의 책도 부담스러워했지만, 나중에는 되도록 양장인 책을, 되도록 신학적인 책을, 되도록 두꺼운 책을, 되도록 비싼 책을 서로에게 주고 싶어하고, 또 받고 싶어하게 되었습니다. 지체들은 그것에 대해 부담을 갖지 않는 것은 물론 더 비싸고 더 많은 책을 선물하고 싶어했습니다.

꼭 생일 때가 아니어도 지체들은 책을 서로 선물하기도 합니다. 세상에서 가장 좋은 선물 중 하나가 바로 책이라고 생각하기 때문입니다. 모임을 통해 계속해서 변화해 가면서 좋은 양서를 소장하고, 그것을 읽는다는 것이 얼마나 큰 행복인지를 지체들은 잘 알고 있기 때문입니다.

가끔씩은 모임 전이나 후에 다과 시간을 갖거나 저녁 식사를 함께 하면서 교제를 하기도 합니다. 그러나 이런 시간이 주가 된다거나 많은 시간을 할애하지 않도록 서로 조심합니다. 사실 교제는 토론을 하는 시간에 충분히 이루어집니다. 서로의 생각과 삶을 나누는 가운데, 또 마지막으로 함께 기도하는 가운데 지체들은 진리의 띠로 점점 하나가 된다는 것을 경험해 가고 있습니다. 또 모임 시작 전에 일찍 온다거나, 모임 후 개인적으로 짧게 교제의 시간을 갖는 경우도 있습니다.

"대답" 모임은 교제를 인위적으로 만들지 않으려고 노력해 왔으며, 교제를 경시하지 않으면서도 모임 안에서 신자의 참된 교제가 자연스럽게 이루어지도록 힘써 왔습니다.

주제별 특강

때에 따라서는 주제별 특강을 하는 시간을 갖습니다. 특정한 때에 특정한 주제에 지체들 다수가 관심을 보이는 경우, 또는 어떤 책을 읽기 전에, 읽으면서, 읽고 난 후에 좀 더 보충이 필요하다고 생각되는 경우, 또는 책을 읽으면서 누군가가 특정한 주제에 대해 좀 더 공부를 해 온 경우 이런 시간을 가졌습니다.

특강이라고 하지만 정말 긴 시간을 할애하여 깊이 있게 공부하기보다는 대부분 짧은 분량의 글들을 지체들에게 제시하고 그것에 대해 약간 생각해 보는 경우가 많았습니다. 그러나 이것으로도 책을 이해하는 지체들의 수준은 높아졌으며, 책의 범위를 넘어서서 해당 주제를 넓게 보는 지체들의 능력 또한 성장했습니다.

모임에서 다루어진 글을 한 편 보여 드릴까 합니다.

먼저, 〈찬양〉에 대한 글입니다.

성경에는 **찬양**에 대한 말씀이 참 많이 나옵니다. 그리스도인의 삶에 무척 중요한 것이기에 그렇겠지요. '여호와를 **찬양**하라', '주를 **찬양**하라' 등, 하나님을 **찬양**하는, 또 **찬양**하자는 말씀이 정말 많습니다.

곰곰이 생각해 보면, 우리 인간이 하나님을 찬양할 수 있다는 것은 얼마나 아름답고 벅찬 것인지요!

과연 '찬양'이란 무엇일까요?

국어사전은 찬양을 이렇게 정의합니다. **"아름답고 훌륭함을 크게 기리고 드러내다."**

여기서 알 수 있듯이 '찬양'이란 오늘날 대부분의 사람들이 이해하고 있는 것처럼 단순히 '노래'가 아닙니다. 찬양은 일차적으로 노래, 곡조 자체와는 아무 관계가 없습니다. 찬양은 일차적으로 어떤 대상과 관련이 있습니다. "아름답고 훌륭함을 크게 기리고 드러내다"에서 '기리고 드러내다'는 것은 무엇인가에 대한 평가와 그 평가에 대한 승인을 의미합니다. 그것도 '크게', 그런데 그 대상은 다른 무엇보다 '아름답고 훌륭한' 것이어야 합니다.

이제 너무 당연하게도! '하나님의 무한한 탁월하심'을 생각할 때, 하나님은 가장 아름답고, 가장 훌륭하신 분이시므로, 그분을 크게 기리고 드러내는 것을 우리는 '하나님을 찬양한다'고 말할 수 있을 것입니다.

그렇다면, 하나님의 아름다움과 훌륭함을 크게 기리고 드러낸다는 의미에서의 '하나님을 찬양한다'는 구체적으로 어떤 것을 말하는 것일까요?

하나님을 자랑하는 것

여러 의미가 있겠지만, 먼저 그것은 '하나님을 자랑하는 것'을 의미합니다.

어린아이는 다른 어른들이 선물해 준 것보다 자신의 부모가 준 선물을 가장 좋아합니다. 아이들은 부모님에게 무엇을 선물로 받거나, 부모님이 자신에게 어떤 사랑스러운 행동을 보이면 그것을 자기 또래 아이들에게 이야기합니다. 자신이 갖고 있는 것을 드러내고 싶어하는 경우도 없지 않아 있지만, 많은 경우 순수하게, 아이들은 자신들의 부모가 얼마나 사랑이 많은지, 자기를 얼마나 사랑하는지 등을 이야기함으로써 부모를 높입니다. 네, 그렇게 이야기하는 것이 부모를 높이는 것이 됩니다.

아이가 학교에서 소풍을 갈 때 싸 가는 어머니표 김밥은 세상 그 무엇보다 달콤하고 사랑스러운 것입니다. 아무리 다른 아이들의 김밥이 더 맛

있게 보여도, 혹 자기 것보다 양이 많아도, 더 많은 영양이 들어 있는 것 같아도, 그럼에도 아이는 자기 어머니표 김밥을 가장 사랑합니다. 그것을 먹으며 기뻐하고 좋아합니다. 즐겁게 먹습니다.

이처럼 하나님을 자랑한다는 것은 하나님이 우리에게 행하신 일 자체를 승인하고 기뻐하는 것입니다. 또 하나님께서 우리에게 주신 선물들을 기뻐하고 즐거워하는 것이며, 무엇보다도 그것을 다른 이들에게 그대로 보여 주고, 그들에게 우리 안에 있는 기쁨과 즐거움을 표현하는 것입니다.

그것이 아무리 작은 것이라도, 작은 일이라도 언제 어디서나 하나님에 대한 우리의 마음을 고백하는 것입니다.

바로 하나님이 하셨다고! 바로 하나님이 내게 주셨다고! 바로 하나님이 내 전부라고! 바로 하나님이 나의 하나님이시라고! 모든 삶에서 모든 것으로 하나님의 하나님 되심을 인정하고, 승인하는 것! 그것이 하나님을 찬양하는 것입니다.

그러나 우리가 하나님께서 주신 것들을 하나님의 이름으로 승인하지 아니하고, 우리 자신의 이름을 취한다거나, 마땅히 그분의 이름을 드러내야 함에도 함구한다면, 실제로 우리는 하나님을 부끄러워하고 있다는 것을 보이는 것입니다.

하나님께 순종하는 것

다음으로, 이것은 '하나님께 순종한다는 것'을 의미합니다.

이것은 하나님을 자랑한다는 것의 확장된 의미입니다. 하나님을 자랑한다는 것은 하나님의 모든 것이 다 좋다는 것을 의미하는 것이기 때문에, 그의 계명을 즐거워하고, 그의 계명을 지키는 것까지 즐거워하는 것은 하나님을 찬양하는 것이 됩니다.

아이들이 부모의 이야기에 그대로 순종한다는 것은, 그 이야기가 중요하며, 가치가 있다는 것을 의미합니다. 그 이야기의 중요성과 가치가 클수록 더욱 그리합니다. 그리고 그런 행동은 다른 이들에게 그 아이의 행동이 정말로 부모의 이야기가 그런 가치를 지니고 있다는 것을 증거하는 것이 되기에, 이것은 부모와 부모의 이야기의 가치를 다른 사람들까지 인정하게 하는 것입니다.

하나님의 말씀에 순종한다는 것은, 하나님의 말씀이 가치가 있으며 중요하고 의미가 있음을 승인하고 알리는 것이기에 하나님을 찬양하는 것이 됩니다. 특히 하나님의 말씀을 말씀 그대로 믿으며, 죽음을 무릅쓰면서까지 어떻게든 말씀에 순종하려고 하는 것은 하나님의 말씀이 정말로 무한한 가치, 영원한 중요성을 갖고 있다는 것을 보이는 것이기에 하나님을 찬양하는 것이 됩니다.

우리가 하나님의 말씀에 순종할 때마다, 하나님은 영광을 받으십니다. 그러나 그렇지 않을 때마다 우리는 우리 스스로 하나님의 말씀이 사실은 믿을 만한 게 못되며, 지켜도 그만 안 지켜도 그만이라고 말하는 것입니다.

하나님만을 갈망하는 것

또 이것은 '하나님만을 갈망하는 것'을 의미합니다.

우리가 다른 그 무엇보다 하나님을 더 많이 생각하며, 하나님께 나아가 그분의 얼굴을 구하며, 그분만으로 채워지길 간절히 바라는 것은 하나님을 가장 영광스럽게 높이는 것입니다.

모든 생명과 행복과 선의 원천이시요, 통로시며, 최종 목적이신 하나님만을 갈망하고, 그분만으로 채워지길 원하는 것은 하나님을 하나님으로 승인하는 것이기에 하나님께 영광이 되며, 이것이 곧 하나님을 찬양하는 것이 됩니다.

우리가 매순간 두 손을 들고 하나님 앞에 나아가 머리를 숙이고 하나님의 은혜와 임재를 구하는 것도 마찬가지입니다.

그러나 우리가 말로는 그렇게 고백하면서 실제로는 매순간 하나님을 의식하지도 않고, 하나님을 찾지도 않으며, 힘들 때만 찾는다거나, 나의 영적 성숙을 위해 하나님을 이용한다거나, 어떤 것에서는 하나님을 의존하지만, 다른 것에서는 그렇지 않다면 실제로는 여호와의 이름을 망령되이 일컫는 것입니다.

찬양은 믿음의 행위입니다. 단순히 말로(또는 곡조 있는 노래로) 선포하고, 고백하고 외친다고 해서 다 찬양이 아닙니다. 우리가 '실제로', '직접적으로', '절대적으로' 하나님을 자랑하고, 하나님의 말씀에 순종하며, 하나님을 갈망하지 않는다면 우리의 외침이 아무리 커도, 우리의 음악이 우리를 아무리 흥겹게 하고, 우리가 찬양 시간에 아무리 감정적으로 울며

웃으며 기쁨으로 찬양을 하여도 그것은 소리나는 구리요, 울리는 꽹과리에 지나지 않습니다.

노래와 곡조는 찬양의 본질적인 의미를 나타내는 수단과 방법일 뿐입니다. 따라서 아무 감정 없이 노래하는 것 자체도 크나큰 죄악이지만, 진실한 고백 없이, 진실한 믿음의 행위 없이 감정적으로만 부르는 찬양도 온전한 것이 아닙니다.

누군가가 우리에게 사랑한다고 말하면서, 실제로는 아무 행동도 하지 않는다면, 또 우리 말에 기울이지 않고, 우리 존재에 대한 아무 승인도 하지 않고, 우리를 갈망하지 않는다면 우리는 그가 아무리 많은 말을 하여도 그것은 사랑이 아니라고 할 것입니다.

그렇다면! 평상시에는 하나님을 믿는 사람처럼 살지도 않고, 하나님을 의식하며 살지도 않고, 하나님을 갈망하지도 않고, 하나님의 말씀에 적극적으로든, 소극적으로든 불순종하면서, 주일날 예배 시간에만 열정적으로 눈물을 흘리며 찬양하고 기도하는 것은 믿음이 없다는 것을 말하는 것이 아닐까요?

행함이 없는 믿음은, 행함이 없는 찬양은 죽은 것입니다.

마음을 다해, 힘을 다해, 뜻을 다해, 목숨을 다해 하나님을 자랑하고, 하나님을 갈망하며, 그 말씀에 순종하며 살고 싶습니다.

특별히 의식하지 않는 한 '찬양=노래'라는 것으로만 알고 있는 우리 시대의 가르침에서 이런 글을 통해 지체들은 찬양의 본질적인 의미를 더 생각해 보고, 성경에서 찬양하라는 단어가 쓰일 때마다 그것이 얼마나 깊은 의미를 갖는지를 공부하게 됩니다. 이렇게 특강은 그 자체로는 별 것 아닌 크기를 가지고 있지만, 특강을 통해 지체들은 훨씬 크게 자라 갑니다.

이런 글들을 통해 "대답" 모임은 책을 더 깊이 이해하고, 주어진 주제를 더 확장해서 바라보며, 무엇보다 하나님을 높입니다.

그리고 꼭 이렇게 정리까지 한 것은 아니어도 모임에서는 여러 주제에 대해 자연스럽게 이야기를 했습니다. 수련회 기간에는 수련회에 대해 자연스럽게 이야기를 했습니다. 자기가 속해 있는 공동체에서 행하는 행사와 프로그램을 이야기하기도 했으며, 교회에 처음 출석한 사람들에게 복음을 전하는 문제 등에 대해서도 이야기를 나누었습니다. 즉 때마다 고민하는 주제들을 가지고 자유롭게 이야기했습니다.

또 때로는 아예 주제를 정해서 따로 공부하기도 했습니다. 프랜시스 쉐퍼의 『거기 계시며 말씀하시는 하나님』은 하나님의 무한하심과 인격에 대해 이야기를 합니다. 때문에 우리는 그 책을 읽기 전 하나님의 속성과 성품에 대한 공부를 먼저 했는데, 그때 우리는 특별히 하나님의 거룩하심과 하나님의 전능하심을 아주 많이 배웠습니다.

정리

모임을 통해 우리에게는 정말 많은 변화가 있었습니다. 무엇보다 말씀을 사랑하는 정도와 성향은 더욱 괄목할 만한 변화를 보였습니다. 말씀을 읽고 묵상하고 연구하고 정리하는 시간이 많이 늘어났습니다. 기도할 때나 얘기할 때 하나님을 전보다 더 잘 의식하게 되었습니다. 즉 그분의 속성과 성품을 의식하면서 신중하게 경외감을 가지고 말했습니다. 하나님을 높이고 찬양하는, 특히 그분의 구속 사역을 구체적으로 인정하고 예배하는 고백들로 기도와 묵상의 시간이 채워졌습니다.

또 책을 무척 좋아하게 되었습니다. 독서 모임이라고 해서 처음부터 책을 무척 좋아하는 사람들만이 모인 것은 아닙니다. 책을 많이 좋아하는 사람도, 책에 관심이 조금 있는 정도의 사람도 모두 긴장하고 어려워했습니다. 그러나 지금은 모두가 책을 사랑하게 되었습니다.

특히 한 형제는 언젠가부터 성경에 계시된 진리들을 찾아 정리하고 연구하며 주제별로 책을 읽고 서로 비교하면서 공부하는 일에 무척 열심을 내어 다른 지체들에게 큰 도전이 되었습니다.

독서 모임을 통해 기존의 설교와 예배, 말씀읽기, 기도 등이 훨씬 더 가치 있게 더 의미 있게 지체들에게 인식된 것도 은혜였습니다. 머리만 자라 교만해지지 않고 오히려 더욱 겸손하게 은혜의 도구들을 사용하여 하나님 앞에 나아가는 것이 더 거룩해지고 순결해졌습니다.

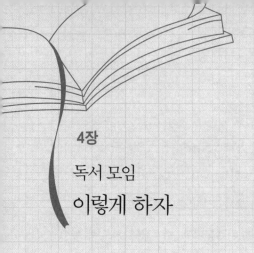

4장

독서 모임

이렇게 하자

이제는 여러분께 독서 모임에 대해 제안을 할까 합니다.

먼저 "대답" 독서 모임이 교과서적인 모델이 아님을 말씀드리고 싶습니다. 어떤 분들은 우리 모임에 대한 이야기를 듣고 너무 부담스럽다고 말씀하시는데(물론 그렇게 생각하지 않으시는 분들도 많습니다), 우리도 처음부터 이렇게 해야 되는 것인 줄 알아서 이렇게 해 온 것이지 만약 그렇지 않았다면 이렇게 하지 못했을 것입니다.

그러나 한편으론 이렇게 조금은 무모할 정도로 모임을 시작했기에 지금까지 잘 달려올 수 있지 않았나 하는 생각도 듭니다.

독서 모임은 상황과 환경에 따라, 모임 구성원의 성향과 능력에 따라 여러 모습을 가질 수 있습니다. '꼭 이 방법이어야 한다', '이 방법이 최고다' 하는 것은 없습니다. 그러나 일반적으로 '이렇게 하면 좋다'라는 것은 있을 것입니다. 이것에 대해 여러분과 이야기를 나누고자 합니다.

토론의 목적

독서 토론 모임에서 가장 기본적이면서도 중요한 개념은 '토론의 개념'입니다. '토론'은 단순히 참여자들이 서로 생각을 나누고 상대를 설득하는 것을 말하는 것이 아닙니다. 토론의 목표는 상대를 내게 맞추는 것, 내게 굴복시키는 것, 구성원이 단순히 하나로 연합하는 것이 아닙니다. '토론'은 1차적으로 하나님의 마음에, 하나님의 진리에, 하나님의 말씀에 우리의 마음과 생각을 일치시키고 연합시키는 것입니다. 성경에 충실한 생각과 마음을 갖도록 하나님께 설득되고, 하나님의 지식을 우리의 지식의 기초요, 최종 목적으로 삼는 것입니다. 그렇게 할 때 진정한 토론이 가능합니다. 기준을 하나님께, 진리에, 성경에 두지 않으면 우리는 좀 더 그럴싸한, 좀 더 최신의, 가장 저명 있는 주장이나 생각에, 나의 경험과 이론에 끌려가게 됩니다. 더 나쁘게는 각자 자신이 가장 옳다고 생각하게 됩니다. 우리는 죄인이기 때문에 이것의 결국은 멸망과 비참함이 됩니다. 교만과 어리석음은 항상 멸망의 선봉이었습니다.

하나님만이 진리시기에, 또 하나님께서 말씀으로 자신의 뜻을 알리셨기에 우리는 성경만을 기준으로 삼아야 하며, 성경에 합당하도록 토론합니다.

토론을 잘 하기 위한 기본 전제

토론의 이런 목적을 염두에 두고 토론을 잘 하기 위해서는 몇 가지 기본 전제가 요구됩니다.

첫째, **겸손**입니다. 언제나 성경만이 진리며, 성경만이 기준이라는 것을 시인하고 다른 사람이 훨씬 더 성경에 가깝고 충실할 수 있다는 것을 전제로 토론을 겸손하게 준비하고, 토론할 때 겸손하게 이야기를 들으면서, 겸손하게 자기의 주장을 펴는 것입니다.

어떤 주제를 이야기할 때 누가 공부를 더 많이 했든, 누가 더 해당 주제와 이해관계가 밀접해 있든, 누가 더 그 문제로 고민을 많이 해 왔든지 간에 성경에 충실한 것이 원리와 기준이 되도록 서로 겸손하게 공부하고, 잘 듣고, 자기 의견을 주장하는 것입니다.

누군가가 우리 삶의 영역, 전공 분야를 잘 모르면서 성급하게 판단하고 함부로 말한다면 우리는 마음이 불편하고, 화가 날 것입니다. 그런데 많은 사람이 진리 문제에 이와 같은 태도를 보입니다. 그들은 하나님의 계시인 성경을 공부하지도 않습니다. 관심이 아예 없는 경우도 많습니다. 다만 자기가 지금까지 알게 된 지식과 자신의 경험, 판단, 느낌을 의지하여 성경과 다른 사람들의 이야기를 잘라 버리고 판단하며, 자기 교리를 정의해 버립니다. 이것은 매우 부당한 태도입니다. 우리는 우리에게 부당한 것에 매우 불편함을 느끼지만 정작 무엇보다 중요한 진리의 문제를 부당하게 대하는 경우가 많지 않습니까? 공부를 정말 겸손하고 경건하게 한다면, 또 했다면, 그는 공부를 많이 한 만큼 겸손하게 됩니다. 성급한 판단, 일반화의 오류, 조급한 이해, 선입견 등은 모두 겸손과는 아주 사이가 안 좋습니다.

둘째, 겸손을 기억한다면, **우리가 피해야 할 태도 중 하나는 가르치려는 말투**입니다. 토론할 때는 누군가를 가르치려고 하는 마음으로 임해서도 안 되며, 그런 말투는 결코 덕이 되지 않습니다. 강의와 토론은 다릅니다. 강의는 어떤 주제에 대한 내 생각과 경험을 다른 사람에게 가르치는 것이지만, 토론은 어떤 주제에 대해 가장 합당하고, 가장 좋은 것이 무엇인지를 함께 찾아가는 것입니다. 물론 토론의 참여자들 중 어떤 이들은 다른 이들에 비해 지식과 경험이 뛰어나고, 선배된 입장에서 가르치기도 해야 할 때가 있기도 합니다. 기독교 교리 중 아주 중요하고 본질적인 내용에 대한 경우 사람들이 잘못 이해하고 있거나 잘 모르는 경우는 담대하고 주의 깊게 가르치기도 해야 합니다. 그러나 진리에 대한 사랑과 섬기는 마음으로 가르치는 것은 자기 자신을 중심에 두고 다른 사람들을 가르치려는 것과는 아주 다릅니다. 덕이 되지 않는 단정적인 말투는 자주 상대를 다시는 대화와 나눔의 장으로 초대하지 못하게 합니다.

셋째, **주요 개념에 대한 개념 확인** 후에 토론해야 합니다. 믿음이라는 단어는 실제로 사람에 따라 그 의미가 다른 경우가 많습니다. 어떤 사람은 성경이 말하는 의미에서의 믿음의 개념을 갖고 실제 그 믿음을 경험하며 살지만, 어떤 사람은 믿음을 수학의 확률적인 의미로 알며 살기도 합니다. 또 두 사람 모두 성경의 충분성을 믿는다고 말하지만 한 사람은 모든 영역에서 그런 신앙 고백을 하고, 또 다른 사람은 종교적인 영역에서만 그렇다고 말할 수도 있습니다. 이처럼 같은 단어를 쓰고, 비슷한 내용의 이야기를 하더라도 실제로는 아주 민감한 차이, 심지어는 전혀 다른 이해와 믿음을 갖는 경우가 종종 있습니다. 그래서 처음에는 서로 잘 이야기하다가 점점 뭔가 이상함을 느끼고, 결국은 상대를 쉽게 정죄하게 되기도 합니다. 물론 반대의 경우도 있습니다. 서로 쓰는 단어 등이 조금 다르지만 사실은 같은 내용을 말하는 경우도 있습니다.

따라서 본격적인 토론에 앞서 참여자들이 제일 먼저 해야 할 일 중 하나는 각각의 주제를 처음 제시할 때, 신학적으로 민감한 주제 등을 다룰 때는 먼저 그 주제에서 자주 사용하는 단어들이 갖는 성경적이고 역사적인 의미를 먼저 확인하는 것입니다. 그 단어나 개념이 성경에서 어떻게 쓰였으며, 역사적으로 어떻게 사용되어 왔는가를 확인하고 전체 멤버가 이에 대한 충분한 이해와 확인을 하고 나면, 토론에서 불필요한 시간이나 감정 소모 등을 꽤 줄일 수 있습니다.

넷째, 칼빈John Calvin의 정신처럼, **성경이 말하는 데까지만 말하고 침묵하는 데서는 침묵하는 것** 또한 토론에 아주 중요한 태도입니다.

불필요한 논쟁이 일어나는 주된 이유는 성경이 분명하게 말하지 않는 부분을 인간의 철학적 사고의 결과물로 결론 내리려고 하기 때문입니다. 하나님의 지식과 지혜는 무한하고 우리는 유한함을 기억하고 하나님께서 성경에 분명하게 계시하신 것들에 대해서는 깊고 넓게 공부하되, 하나님의 뜻대로 우리에게 잘 알려지지 않은 부분에 대해서는 지나치게 많은 생각을 하지 않는 것이 바른 태도입니다. 하나님께서 자신의 뜻에 따라 우리에게 어떤 것은 명확하게 성경에서 계시해 주시고, 또 어떤 부분은 그렇지 않으시는데(전 3:11) 우리가 그 뜻을 거스르는 것은 우리에게 위험한 일일 뿐만 아니라 하나님께 불경한 것입니다. 얼마나 많은 사람이 성경이 분명하게 말하는 사실에 대해서는 인간의 지적 어려움과 육적 연약함을 탓하면서, 성경이 명백하게 말하지 않은 것에 대해서는 최선을 다해 가지각색의 지적 탐구를 시도하며 진리를 어지럽히는지요!

하나님께서는 우리가 그리스도인이 되고, 그리스도인으로 사는 것에 대한 모든 것을 이미 성경을 통해 성령 안에서 주셨습니다(딤후 3:16-17; 벧후 1:3). 따라서 우리는 '내가 알고 싶은 것'이 아니라 '하나님께서 말씀하신 것'이 무엇인가라는 질문에 답해야 합니다. 겸손하게 계시된 진리에 만족하고 그것을 알고 사랑하는 일에 힘쓰는 것이 우리의 모습이어야 합니다.

이와 관련하여 특히 우리는 성경을 대할 때 첫째도 겸손, 둘째도 겸손, 셋째도 겸손해야 합니다. 왜냐하면 우리는 인간이기 때문입니다. 우리는 성경에 있는 모든 진리를 완전하게 알 수 없습니다. 만약, 성경에 있는 모든 진리를 완전하게 알 수 있다면, 그것은 성경이 아닙니다. 인간의 지식으로, 인간의 경험으로 모두 알 수 있거나 풀이할 수 있다면 그것은 성경이 아닙니다. 반대로 그것이 성경이 분명함에도 우리가 모든 것을 다 안다면, 우리는 인간이 아닐 것입니다(감히 경외함으로 말씀드립니다).

우리가 분명히 말할 수 있는 것은 우리는 성경의 모든 것을 다, 완전하게 알 수 없지만 성경에서 말하고 있는 진리 중 하나님께서 자신의 선하신 뜻에 따라 보이시기로 기뻐하시는 것들에 대해서는 우리가 참되게 알 수 있다는 것입니다. 하나님은 무한하시고, 완전하신 데 비해, 우리는 유한하고 연약하며, 불완전하기에 신비의 영역이 있는 것이 맞습니다. 그래서 우리는 끊임없이 성경이 말하는 쉬운 주제부터 어려운 주제들까지 공부해야 하지만(쉬운 주제는 평신도용, 어려운 주제는 신학자용이 아니라), 우리에게 잘 드러나지 않는 주제들을 아주 엄밀한 의미에서 어떻게든 설명해 내려고 노력하는 것은 바람직하지 않습니다. 많은 경우 바로 이 부분에서 불필요한 논쟁들이 나타나는 것 같습니다. 여기서 '어떻게든'이라는 단어를 쓴 이유는 어렵고, 신비의 영역이라고는 하지만 그렇다고 해서 아무 노력도 하지 않으면 안 되기 때문입니다. 우리는 어려운, 많이 드러나지 않은 주제들에 대해 열심히 공부하며 진리를 배워야 합니다. 하지만 성경이 말하는 데까지 말하고, 성경이 멈추는 데서는 멈춰야 합니다.

감추어진 일은 우리 하나님 여호와께 속하였거니와 나타난 일은 영원히 우리와 우리 자손에게 속하였나니 이는 우리에게 이 율법의 모든 말씀을 행하게 하심이니라(신 29:29).

먼저 알 것은 성경의 모든 예언은 사사로이 풀 것이 아니니(벧후 1:20).

측량할 수 없는 큰 일을, 셀 수 없는 기이한 일을 행하시느니라(욥 9:10).

네가 하나님의 오묘함을 어찌 능히 측량하며 전능자를 어찌 능히 완전히 알겠느냐(욥 11:7).

하나님이 모든 것을 지으시되 때를 따라 아름답게 하셨고 또 사람들에게는 영원을 사모하는 마음을 주셨느니라 그러나 하나님이 하시는 일의 시종을 사람으로 측량할 수 없게 하셨도다(전 3:11).

하나님의 말씀을 자세히 살피고 연구하고 생각하는 것은 분명 중요한 일입니다. 그것들은 영원과 관련이 있기 때문입니다. 정말 무한히 중요합니다. 하지만 모든 진리를 인간의 지식에 맞추어 반드시, 완전히 설명하려고 '어떻게든' 하는 것은 우리의 일이 아닙니다. 다만 우리가 먼저 해야 할 것은, 하나님을 하나님으로 시인하고, 우리의 우리 됨을 돌아보는 것입니다. 하나님의 무한한 거룩하심과, 무한한 선하심과, 무한한 지혜와, 무한한 지식 등을 찬양하며 예배하는 것입니다. 그리고 성경으로 성경을 보며, 성경이 말하는 데까지 나아가며, 성경이 멈추는 데서는 멈추고, 성경을 유일하고도 최고의 권위로 보며, 부지런히 할 수 있는 데까지 연구하되, 정말 오묘할 뿐 아니라, 불분명하고, 기이한 것은 인간의 지식과 경험으로 어떻게든 해석해 내려, 설명해 내려 하지 않아야 합니다.

다섯째, 불필요한 논쟁과 관련하여 우리가 **모든 토론에 앞서 항상 신앙 고백해야 할 것**이 있습니다. 바로 하나님의 절대 주권과 성경의 영감과 권위, 성경의 무오/무류성과 충분성, 이신칭의 등에 대한 것입니다. 이것들을 인정하지 않은 채, 또 성경 전체에 대한 건강한 이해 없이는 진정한 토론은 불가능합니다. 온갖 오해와 편견으로 각 개인의 마음뿐만 아니라 모임 전체의 마음도 하나가 될 수 없습니다.

먼저 우리는 하나님의 말씀을 오류 없는 완전한 것이라고 믿어야 합니다. 이 신앙 고백 없이는 결코 진리를 알 수 없으며, 성경을 온전히 이해할 수 없기 때문입니다.

그렇게 그 권위를 인정하고 나서야 비로소 성경에 계시된 하나님의 진리를 일관되게, 모순 없이 이해하고 믿을 수 있기 때문입니다. 성경을 하나님의 '오류 없는 완전한'(축자영감) 말씀이라고 믿는 것은 정말 중요합니다. 이것을 믿는 사람만이 성경을 믿을 수 있기 때문입니다. 성경의 어떤 부분은 그렇게 믿으나, 또 어떤 부분은 그렇게 믿지 못한다면 그것을 진리라고 할 수 있을까요? 그리고 대체 어떤 부분은 그렇게 해야 하고, 또 어떤 부분은 그렇게 하지 않아야 하는지를 과연 '어떻게' 알 수 있을까요?

성경은 하나님의 오류 없는 완전한 말씀입니다. 이것을 믿는다면, 다음의 것도 믿을 수 있습니다. 즉, 성경에 계시된 하나님의 진리들은 서로 모순되는 것이 하나도 없다는 것입니다. 이것을 믿는 사람만 성경을 온전히 해석할 수 있습니다. 왜냐하면 성경은 자주 모순되는 듯한, 역설적으로 보이는 듯한, 그렇게 상반되어 보이는 구절들이 종종 등장하기 때문입니다. 그러나 우리가 하나님은 **완전하신** 하나님이라고 믿는다면, 또 완전하신 하나님께서 성경을 우리에게 완전한 진리로, 충족한 표지로 주셨다고 믿는다면, 우리는 성경의 모든 구절을 대할 때 어려움을 겪을 이유가 없습니다(참되게 알 수 있다는 의미에서 바로 앞에서 한 이야기와 반대되지 않습니다). 왜냐하면 완전하신 하나님께서 자신에게 합당한 진리의 질서대로 성경을 주셨다고 믿을 수 있기 때문입니다. 하지만 많은 경우, 사람들의 의견이 다른 이유는 성경은 두 가지를 모두 다 강조하지만, 사람들은 '자신들의 이해와 경험에 따라' 어느 한 가지만을 강조하기 때문입니다.

많은 경우, 사람들이 의견을 연합하지 못하는 것은 성경은 본질적인 것과 비본질적인 것을 분명히 가르쳐 주고, 그래서 본질적인 것에는 반드시 일치를, 비본질적인 것에는 서로 배려하고 이해하며 용납할 것을 말하고 있지만, 사람들은 '자신들의 이해와 경험에 따라' 본질적인 것을 주변적인 것으로, 주변적인 것을 본질적인 것으로 강조하여 다른 사람들을 자신에게 맞추려 하고 함부로 판단하기 때문입니다.

많은 경우, 사람들이 서로의 의견을 용납하지 않는 것은 성경이 모든 시대에 적용되는 원리와, 상대적으로 적용해야 할 규칙을 분명히 제시하고 있지만 사람들은 '자신들의 이해와 경험에 따라' 하나님의 말씀을 왜곡하기 때문입니다.

그렇다면 성경에서 어떤 교리들이 일관되게 나타나는데 이에 반하는 듯한 구절이 두세 구절 있다고 할 때, 우리는 이 문제를 어떻게 해석해야 할까요? 우리가 이런 문제에 부딪힐 때 제일 먼저 해야 할 일은 진리는 하나님의 계시에 의존하고 있으며, 우리의 이성으로는 모두 다 알 수 없다는 사실을 시인하고, 경외감을 가지고, 하나님의 가르침을 겸손히 배우고 따를 것임을 먼저 고백해야 합니다. 그 다음으로, 완전하신 하나님께서 우리, 즉 교회를 위해 주신 성경은 오류 없이 충족하다는 것을 시인하고 고백해야 합니다. 그 다음, (논리적으로, 또 이성적으로 볼 때도 그렇지만) 성경에서 말하는 주되고 일관된 교리적 체계에 반하지 않게 다른 구절들을 해석하고 적용해야 합니다. 성경에서 어떤 교리에 대해 예외로 보이는, 심지어 반하는 것으로 보이는 구절들이 있다고 할 때, 상식적이고 이성적으로 생각해서, 그런 예외로 보이는, 반하는 것으로 보이는 구절들을 근거로 성경 전체의 일관된 체계를 부인하거나 수정하는 것이 합리적일까요? "예외로 보이고 반하는 것으로 보이는 구절들은 무시하자!"라고 말씀드리는 것이 아닙니다.

우리가 다른 사람들과 대화할 때를 조금만 생각해 보면, 우리는 이것을 어렵지 않게 받아들일 수 있습니다. 우리는 다른 사람들과 대화할 때나 말할 때마다 논쟁하지 않습니다. 우리는 이성적인 존재이므로 자신에게 항상 합리적인 그 무엇인가를 부여하며, 또 상대방에게 그것을 요구합니다. 그래서 필요한 것이 논리입니다. 말할 때마다 논쟁하지 않는 것은 대부분의 우리의 말은 어떤 주제를 말하든 일관성을 보이기 때문입니다. 그러다가 상대방이 우리에게 "어, 지금 한 말은 네가 지금까지 한 말들과는 다르잖아."라고 한다면 우리는 무엇이라고 말하겠습니까? 솔직히 지금까지 한 말은 다 가짜였거나 주변적인 것이었다고 하겠습니까? 우리는 "내가 말한 의미는 말야~." 라고 하면서 방금 전에 말한 그 의미가 실제로는 우리 자신이 지금까지 해

온 말을 부인하는 것이 아니라, 지금까지 얘기해 온 것 가운데 특별히 좀 더 강조해야 한다거나, 특별히 좀 더 유의해야 한다거나 하기 때문에 그런 뉘앙스로 말했다고 말하지 않겠습니까? 우리가 성경을 잘 읽지도 않고, 꼼꼼하게 연구하지도 않고, 경외감을 가지고 자신의 한계 등을 인정하지도 않고 성경이 가르치는 진리, 즉 교리에 대해 너무나 많은 말을 하는 것은 정말 어리석은 것입니다.

우리는 먼저 성경이 말하는 것이 무엇인지를 열심히, 경건한 마음으로 공부하지도 않으면서 얼마나 많이 성경에 대해 "하나님의 뜻은 이것이며, 이런 문제, 이런 주제에 대해 이러이러한 것이 성경적인 거야."라고 말하기를 좋아하는지요! 공부하지 않고, 그것을 위해 마음을 쏟거나 기도하지 않으면서 어떻게 그렇게 자신만만하게 "성경에서 말하는 것은 이렇다!"라고 담대하게 이야기할 수 있는지요! 하나님께서 우리에게 완전하고 충족한 원리, 표지를 주셨음에도, 성경에 계시된 하나님의 뜻과 방법이 무엇인지를 자세히 살피고 공부하지도 않으면서, 여러 주제와 논점에 대해 어떻게 그렇게 자신 있게 얘기하고, 자신이 가장 옳다고 주장할 수 있는지요.

우리는 다른 사람들이 그런 태도를 보인다면, 예를 들어, 우리가 책을 써서 냈는데, 누군가가 우리 책의 일부분만 보고, 자신의 생각과 경험에 맞추어 해석한 후, 우리가 써 낸 의도와는 다른 이야기들로 우리 이야기를 전하거나, 그에 대해 반박한다면 얼마나 어이없어 하겠습니까? 그런데 그 무엇보다도 중요하고, 영원한 가치를 지닌 하나님의 말씀, 진리, 그 교리에 대해 우리는 과연 어떤 태도를 갖고 있습니까? 우리는 하나님의 말씀을 참으로 하나님의 말씀으로 인정하고 있는 것일까요? 만약, 사람들 각자의 지식과 경험 등에 따라 성경을 해석할 수 있고, 그 나름대로의 진리 체계를 만들 수 있다면, 진리는 아마도 지구상에 존재하는 사람 수만큼의 숫자가 될 것입니다.

우리가 먼저 성경에 엎드리지 않기 때문에 너무나 불필요할 뿐만 아니라, 하나님 나라와 교회에 덕이 안 되는 수많은 가르침과 논쟁이 존재합니다. 따라서 우리는 먼저 말씀 앞에 서서 우리의 생각과 방법, 이해와 경험, 느낌을 모두 내려놓고, 무한하시고 완전하신 하나님을 찬양하며, 바로 그 하나님께서 우리를 올바로 인도하시기 위해, 혼란 없이 질서 있게 인도되도록 하시기 위해 우리에게 완전한 그리고 충분한 원리와 표지들을 주셨음을 시인하고 고백해야 합니다. 찬양해야 합니다. 이 사실이 얼마나 감사합니까?

만약 이것이 사실이 아니라면, 이렇게 우리가 시인하고 고백할 수 없다면 우리는 우리와 비슷한 생각이나 성향을 가진 소수를 제외한 대부분의 다른 그리스도인과는 결코 기독교의 진리를 함께 시인하거나, 함께 즐거워하거나, 함께 누리지 못할 것입니다. 사실상 교회는 존재하지 못할 것입니다.

그 다음으로, 성경에서 일관되게 이야기하는 것이 무엇인지를 먼저 자세히 살핀 후에, 우리의 지식과 경험이 그것에 부합하는지의 여부를 살피며 검증하고 분별해야 합니다. 예외적으로 보이는, 심지어 반하게 보이는 구절들도 바로 그런 맥락에서 자세히 살펴야 합니다. 왜냐하면 하나님은 완전하시며, 하나님이 주신 말씀은 완전하고 충족한 유일한 원리며 표지기 때문입니다. 우리가 이렇게만 한다면 얼마나 많은 논쟁들이 사라질까요?

여섯째, **타인에 대한 배려와 사랑**도 기본적인 전제가 됩니다. 누군가가 명백하게 잘못된 주장을 하거나, 위험한 생각을 하고 있을 때도 우리는 용납과 용서를 염두에 두고(하나님께서 우리를 기다려 주시고, 고쳐 주시고, 바르게 이끌어 주신 것처럼) 하나님께서 그에게 진리를 보이셔서 그가 진리를 붙잡을 수 있도록 기도하면서 인내하며 대화해야 합니다. 악한 마음을 품고 잘못되고 비성경적인 것을 주장하는 사람은 거의 없습니다. 대부분의 사람은 순수하고 참된 애정을 가지고 말합니다. 우리는 그런 애정과 열정을 인정해 주고 높여 주되, 그것이 진리 위에서, 진리와 함께 서 있을 수 있도록 도와주어야 합니다(언제든 우리도 그런 도움을 받는 사람이 될 수 있습니다).

토론을 위한 공부

토론에 앞서 참여자들은 예상 질문, 예상 토론 거리 등을 찾습니다. 이런 것까지 언제 다 준비하나 싶으시겠지만 그렇게 어렵거나 번거로운 것은 아닙니다. 보통은 우리가 이해가 잘 안되거나 우리가 궁금해하는 내용이 다른 사람도 이해가 잘 안되거나 궁금해하는 내용인 경우가 많습니다. 그런 내용들만 따로 체크해도 토론에 좋은 자료가 됩니다.

누구나 처음에는 토론 모임에 부담감이 있기 마련이므로 이 정도만으로도 충분합니다. 처음에 필요한 것은 모임 자체에 익숙해지는 것이어야 하기 때문입니다. 처음에는 다른 참고 서적을 봐야 한다는 부담감 같은 것 없이 교재로 삼은 책을 잘 소화할 수 있도록만 하면 됩니다.

저는 이해가 잘 안되는 부분이 있으면 상황에 따라 대처합니다. 조금 더 공부를 한 후에 이해가 될 것 같은 부분은 다음에 다시 보는 것으로 하고, 조금 더 집요하게 물고 늘어지면 되겠다 싶은 내용은 그 부분을 반복해서 읽고 생각하면서 책을 봅니다. 이런 경우는 대개 시간이 좀 걸려도 이해가 가능하게 되고, 그 내용도 기억에 오래 남게 됩니다. 한 친구는 책을 처음부터 끝까지 여러 번 읽으면서 책을 소화하려고 합니다. 그럼에도 잘 이해되지 않는 내용은 반드시 체크를 해서 모임에서 적극적으로 질문을 하고 토론에 참여함으로 해결을 합니다.

한편, 여러분이 토론에 익숙해지실수록, 그래서 배우고자 하는 열망이 더욱 많아지실수록 여러분은 토론을 위해 더욱 많은 공부를 하시게 될 것입니다. 그 주제에 대해 잘 아는 사람을 만나서 질문을 하고 대화를 할 수도 있습니다. 또 해당 주제를 다루는 여러 참고 자료(도서, 논문 등)를 열람하실 수도 있습니다.

이때, 책 자체로는 이해가 잘 안 돼서, 아니면 좀 더 타당한 근거 등을 확인하기 위해 다른 관련 도서를 찾아 공부하는 경우 깊고 수준 높은 배움이 일어나게 됩니다. 책을 그냥 쭉 읽는 것과는 달리 내가 무엇인가를 더 정확히, 자세히, 잘 알기 위해, 또 잘 몰라 이해하기 위해 다른 책들을 찾아가며 공부할 때 교재에서 다룬 내용에 대한 이해가 몰라보게 달라지며, 그렇게 공부한 경우 그 내용은 잘 잊어 버리지 않습니다.

용기

용기는 어디서나 그렇지만 토론에서는 더욱 중요한 태도입니다. 특히 용기가 필요한 상황은 첫째, **나 하나만 제외하고 다 틀렸을 때**입니다. 성경에서 너무도 명백하게 이야기하고 있는 사안에 대해 나 하나만 그것을 바로 이해하여 주장하고 다른 사람은 모두 틀리다면 우리는 외고집이다, 고지식하다, 보수적이다, 또는 그 이상의 말을 듣는 한이 있어도 담대히 말해야 합니다. 이것은 어쩌면 아주 외로운 싸움이 될 수 있습니다. 긴 시간이 필요할지도 모릅니다. 하지만 우리는 진리의 사람들임을 기억합시다.

둘째, 이것은 반대의 경우로 **내가 틀렸을 때**입니다. 내가 틀렸을 때 기꺼이 인정하는 것도 용기입니다. 우리는 틀렸다는 말 듣는 것을 굉장히 싫어합니다. 사실 여하를 떠나 그 말 자체가 우리에게 굉장히 괴롭습니다. 우리는 이 경우 쉽게 감정적이 되는데 그래서 용기가 필요합니다. 무엇보다 성경에 비추어 보고, 주위의 훌륭한 그리스도인의 조언을 잘 판단하여 우리가 틀렸다는 것이 드러나는 경우, 기꺼이 그 사실을 시인해야 합니다.

그 사실을 기꺼이 시인할 때 비로소 도약이 있을 수 있습니다. 세상에서 가장 지혜로운 사람은 자신이 틀린 부분을 인정하며, 더 옳고, 더 나은 것을 배우는 사람입니다. 그는 겸손을 배우게 되며, 계속해서 성장할 수 있고, 그래서 나중에는 다른 사람들을 겸손하게 적극적으로 돕는 스승, 선배의 역할을 할 수 있습니다. 그러나 감정적이어서 틀렸다는 말 자체를 듣기 싫어하는 사람이나, 교만하고 어리석어서 틀렸음을 받아들이지 않는 사람은 진리를 사랑하는 사람이 아니며 성장할 수도 없습니다.

따라서 우리는 잘못되었다는 것을 알았을 때 즉시 이전의 것을 버리고 진리의 가르침을 받아들여야 합니다. 그것이 신자의 마땅한 태도입니다. 그렇게 하기 위해 토론을 하는 것입니다. 우리는 "마땅히 율법과 증거의 말씀을 따를지니 그들이 말하는 바가 이 말씀에 맞지 아니하면 그들이 정녕히 아침 빛을 보지 못하고."(사 8:20)라는 말씀을 기억하며 아무 근거도 없는 자기 고집에 사로잡혀 멸망에 빠지는 사람들이 되어서는 안 됩니다.

셋째, 사실 이 부분이 가장 중요한데, **힘을 내어 싸우며 살아갈 때** 용기가 필요합니다. 토론 모임에서 배우고, 인정하고, 받아들이고, 고치는 것도 큰 용기가 필요한 것이 사실입니다. 그러나 실제 삶에서 실천하고, 고치고, 지켜 나가지 않는다면 아무 의미가 없습니다. 여러분은 하나님께서 은혜를 베풀어 주실 때 사람이 깨어져야 하는데, 그때 깨어지지 않으면 사람이 이전보다 더욱 강퍅해지는 것을 아실 것입니다. 용기도 그렇습니다. 실제 삶에서 우리가 실천하기를 주저하고, 용기 내기를 망설인다면, 우리 마음은 더욱 단단해질 수도 있습니다. 힘을 내어 배우고 깨달은 바대로 살아가는 것, 이것이 진정한 용기요, 가장 큰 용기입니다.

기다림(신중함)

갑자기 시작된 토론에서든, 지금까지 충분히 진행되어 온 토론에서든 결론을 너무 급하게, 단정적으로 내리는 것은 피해야 합니다. 성경에 비추어 아주 명백한 경우를 제외하고는 우리 생각과 지식이 언제든지 바뀔 수 있음을 기억하고 신중하고 또 신중해야 합니다.

마음에 들지 않는 상대의 의견이 언제 갑자기 내게 좋은 것으로 받아들여질지 모릅니다. 또 다수가 좋다고 생각하는 것이 항상 옳거나, 최선의 것이 아닐 수도 있습니다. 어떤 것들은 시간이 지나면서 아예 새롭게 보이기도 합니다. 어떤 경우, 내려진 결론이 틀린 게 아니라고 해도 꼭 좋은 것이라고 말하기에 어려운 경우도 있습니다. 그리고 현재의 결론이 논의될 수 있는 가장 좋은 것이 아닐 수도 있습니다. 따라서 신중하고 또 신중해야 합니다.

사람의 경우에도 기다림은 중요합니다. 성경에 따라 바르게 배운 가르침이나 내려진 결론에 대해 어떤 사람은 즉각적인 변화를 보이기도 하지만, 어떤 사람은 시간을 두고 조금씩 (그러나 분명한) 변화를 보이기도 합니다. 시간 차이는 사람마다 다르며, 즉각적인 반응을 보인다고 해서 깨달음이 항상 더 정확하다거나 믿음이 항상 더욱 좋은 것은 아닙니다. 때로는 오히려 천천히 시간을 두고 변화해 가는 것이 더 굳건한 가르침 위에 서게 되는 경우도 많습니다(저는 개인적으로 오히려 이런 경우를 더 많이 봐 왔으며, 이런 경우의 사람들이 더욱 튼실한 믿음의 사람들로 세워져 감을 보고 있습니다).

따라서 우리는 조급해서는 안 됩니다. 나는 이렇게 순간적으로 변했고,

순간적으로 나의 생각들을 고쳤는데, 왜 너는 그렇지 않느냐고 상대방을 믿음이 없거나 부족한 사람으로 몰면 안 됩니다. 하나님께서는 자신의 뜻에 따라 사람들을 각기 다르게 인도하시고 만들어 가시기 때문입니다. 우리는 하나님께서 우리 자신을 오랜 세월 참으시고, 기꺼운 마음으로 만들어 가시듯이, 우리의 친구들을 대해야 합니다.

듣기

듣기는 모든 토론에서 가장 기본적인 태도요, 기술입니다. 잘 듣는 사람이 다른 사람의 말을 잘 이해할 수 있을 뿐만 아니라, 다른 사람과 부드럽게 이야기할 수 있습니다. 건성건성 듣는 태도는 상대의 생각을 잘못 이해하게 하고, 상대를 무시하는 아주 나쁜 습성입니다. 중간에 말을 잘라먹는 태도도 (물론, 때에 따라서는 중간에 말을 잘라야 할 때도 있을 것입니다.) 상대를 무시하고, 자신의 교만을 드러내는 행위입니다.

듣기라는 태도는 책을 읽을 때와도 많은 관련을 맺고 있습니다. 듣기를 잘 못하는 사람은 책을 읽을 때 지엽적인 문제로 쓸데없는 논쟁을 많이 하기도 합니다. 또 그는 책을 읽을 때 보통 자신이 좋아하는 내용만 받아들이고 기억합니다. 나머지는 기억을 잘하지 못합니다. 하지만 듣기를 잘하는 사람은 책의 전체 내용 속에서 각 문장과 각 문단들을 잘 해석하며, 자기가 좋아하는 부분만이 아닌 모든 부분에 대해 정직하고 성실한 태도로 책을 잘 읽어냅니다.

그 누구보다 인도자의 위치에 있는 사람은 듣기를 아주 잘해야 합니다. 인도자는 모든 사람의 의견을 정확하게, 균형 있게 잘 들어야 합니다. 잘 듣지 못하는 사람은 모임에 짐이 되는데(잘 듣지 못하는 사람이 있다면 모임에 참여해서 듣는 법부터 배우는 것이 필요합니다), 특히 인도자가 그렇다면 그 모임은 결코 잘될 수가 없습니다.

기도

"기도 외에 다른 것으로는 이런 종류가 나갈 수 없느니라."(막 9:29)는 말씀처럼, 토론을 아무리 잘하고, 아무리 잘 배웠어도, 아주 특별한 교훈과 감동을 받았어도 기도가 없는 모임은 아무 의미가 없습니다. 분명 잘 배우고, 교훈과 감동을 받는 것도 하나님의 은혜지만, 그것이 우리 안에서 은혜의 열매로 나타날 수 있게 하기 위해서는 기도를 해야 합니다. 기도만이 우리의 교훈과 감동을 계속해서 마음속에 남아 있게 해 주며, 우리가 배운 일에 거할 수 있도록 해 줍니다. 우리로 하여금 진리 안에서 살아가게 해 주는 것은 기도뿐입니다.

따라서 책 읽기 전에, "하나님, 이 책이 제게 영혼의 양식이 되게 하옵소서. 이 책을 통해 제가 하나님을 더욱 잘 알고, 더욱 사랑하고, 더욱 예배할 수 있게 하옵소서. 저의 생각과 경험을 내려놓고, 하나님의 말씀을 잘 듣게 하옵소서. 그리고 하나님께 순종하는 자, 진리에 헌신하는 자가 되게 하옵소서. " 등과 같이 기도하며, 책을 읽는 중에도 자주 멈추어서 짧게라도 기도를 하고, 책을 다 읽은 후에도 기도해야 합니다. 토론 모임에 참여해서도 처음에 기도하면서 모임을 하나님께 맡겨 드리고, 필요하면 중간중간에 기도를 하고, 마칠 때는 가능하면 다같이 합심하여 짧게라도 기도하며 모임을 끝내는 것이 아주 중요합니다.

기도가 있는 책읽기와 토론 그리고 기도가 없는 책읽기와 토론은 약간의 차이가 아니라 아주 굉장한 차이를 만들 것입니다.

질문

학교에 다니는 아이들에게 부모들이 바라는 것 중 하나는 수업 중에 선생님께 질문을 많이 하고, 모르는 것은 그때그때 해결하라는 것입니다. 사실 우리는 토론에 대한 거의 모든 것을 이미 학업 중에 경험해 왔고, 우리 아이들 그리고 타인들에게 요구하고 있습니다. 문제는 항상 우리 자신입니다.

토론할 때도 우리가 가만히 앉아 듣기만 하는 것보다는 적극적으로 참여하여 질문을 하는 태도가 배움에 아주 큰 도움이 됩니다. 내가 질문한 것이기 때문에 더욱 집중해서 듣게 되며, 열정적인 배움 안에 거하게 됩니다. 당연히 이해도가 올라가고 기억에도 오래 남게 됩니다. 좋은 질문은 쓸데없는 오해와 논쟁을 줄여 주며, 우리의 사고를 정확하게 해 준다는 것을 기억합시다.

또 질문은 현재 참여자들의 논의를 정확하게 해 주기 때문에도 중요합니다. 실제 의견이 통합되지 못하는 이유, 납득할 수 없는 이유, 이해가 안 되는 이유 등을 구체적으로 밝혀 주는 것이 바로 질문입니다. 때문에 역시 용기가 필요합니다. 주로 '나만 모르는 것은 아닌가?' 하는 생각에 창피 당함을 생각해 가만히 있는 경우가 많은데, 보통 내가 모르는 것은 다른 사람도 모르는 경우가 많습니다. 용기를 내서 질문하십시오. 그러면 옆에서 사람들이 "사실, 나도 그것이 궁금했다." "그래, 그 말 한번 잘 꺼냈다."와 같은 말들을 해 줄 것입니다.

토론의 어려움

우리는 대부분 자기에게 유익이 되거나, 익숙한 것에 객관적인 판단을 잘하지 못합니다. 또 자신이 오래 연구하고 고민한 것, 애정을 많이 쏟은 것에도 쉽게 포기하지 못합니다.

대부분의 사람은 일단 어떤 주제에 어떤 모양으로든 생각의 틀이 고정되면 그때부터는 그 틀 안에서 살아갑니다. 그 틀에 아주 심각한 문제가 있거나, 다른 아주 매력적인 틀이 제시되기 전까지 말입니다. 심지어 어떤 경우에는 아무리 현재의 틀이 잘못되어 있어도 그 틀에 쏟아 부은 시간과 돈과 애정이 많고, 그 틀을 만들고, 그 틀을 지키는 데 많은 노력을 해 왔다면 절대 귀를 열지 않는 경우도 많습니다. 외부에서 아무리 성경적이고 합리적인 틀을 제시해도 현재의 틀을 맹목적으로 재해석하여 적용한 후 대화의 틀을 닫아 버리기도 합니다. 우리는 이것의 극단적인 예들을 이단들을 통해 확인할 수 있습니다.

토론이 어려운 또 다른 이유는 준비의 부족함입니다. 사실 모든 사람은 항상 토론하며 살아갑니다. 전문 연구가든 동네 아저씨든 간에 어떤 주제에 대해서든 다른 사람들과 이야기할 때는 항상 자신의 주장과 의견이 있게 마련이고, 자신의 의견에 동조하는 사람보다는 자신과 생각이 다른 사람을 더 많이 만나기 때문입니다. 그런데 이때 문제가 바로 토론에 임하는 준비의 부족함입니다. 이것은 전문 연구가든 동네 아저씨든 마찬가지인 경우가 많습니다. 해당 주제에 대한 폭넓고 객관적인 근거와 자료를 가지고 서로 토론에 임해야 하는데 그렇지 못하는 경우가 많습니다.

많은 경우 근거와 자료를 바탕으로 한 논리적인 주장이 아니라 말 그대로 우기기(떼쓰기)를 할 때가 많습니다. 자신의 근거와 자료가 부족하거나, 약점을 가지고 있을 때는 겸손하게 인정하고 다른 사람의 말에 귀를 더 기울이거나, 다음을 위해 드러난 부족한 부분과 약점을 공부하는 것이 마땅하겠지만, 많은 사람이 귀찮아하며 그렇게 하지 않습니다. 그래서 토론이 토론이 되지 못하고 감정적 우기기가 되는 경우를 우리는 많이 경험했습니다. 다른 누군가를 떠올릴 필요가 없습니다. 바로 우리 자신이 그러하니까요.

또 많은 소그룹 모임은 성경이 말하는 교리와 거의 아무 관련이 없어 보입니다. 정말 많은 모임이 교리를 별로 다루지 않습니다. 왜냐하면 딱딱하고 지루하며, 논쟁의 대상만 되기 때문입니다. 내가 불편하고, 상대방이 불편해하며, 고민하고 생각하는 것보다는 우리의 이야기를 본문에 맞추어 나누는 것이 더 편하고 쉽기 때문입니다. 그래서 소그룹 모임에서 사용하는 적지 않은 교재들은 몇 가지 가볍게 즐길 수 있는 대화 주제들로 구성되어 있습니다. 따라서 사람들은 성경이 말하는 일관된 가르침, 즉 교리 없는 교제만을 나누게 됩니다. 그리고 이 경우 사람들이 소그룹 모임을 통해 배우는 것은 단지 서로 양보하고, 서로 이해하는 것뿐입니다. 이런 모임에서의 성경 나눔은 교리를 나누는 것이 아니라 자신들의 느낌을 교환하고 공감하는 것이 대부분이기 때문에 서로가 서로에게 말씀을 선포하고, 진리에 입각하여 신앙고백을 하지도 못합니다.

사람들은 교회 안에 있으면 일단 다 진리 안에 있다고 생각하기에 '토론 나눔'이 아닌 '마음 나눔'만을 하려 합니다. 그래서 성경에서 분명히 말하는 가르침에 대한 생각이 서로 같지 않을 때, 사람들은 서로 다른 것일 뿐 누군가가 틀렸다고 생각하지 않고 그렇게 말하지도 않습니다. 사람들은 평화를 원하며, 성경도 그것을 요구한다고 합니다. 사람들은 그리스도인들 안에도 부패와 오류가 있다는 것을 이런 부분에서는 인정하려 하지 않습니다.

그래서 결국 서로 성경이 분명히 말하고 강조하는 진리 안에서 연합하지 못하고, 그 진리에 대해 서로 동의하거나 승인하지도 않습니다. 못합니다. 그리고 결국 합의된 진리의 조각, 합의된 하나님만이 존재하게 됩니다.

권위가 아니라 권위주의에 사로잡힌 사람들 때문에 토론이 어려운 경우도 많습니다. 신자에게 최고요, 절대적인 권위는 바로 하나님이요, 성경입니다. 성경적 원리입니다. 누군가가 성경에 충실하다면 그는 자신이 내세우지 않아도 스스로 권위를 갖게 될 것입니다. 그러나 "내가 이 분야에서 전문가다, 내가 이것을 십 년 이상 연구해 왔다, 잘 모르면 가만히나 있어라."라는 태도를 가지고 권위주의적으로 다른 사람들을 가르치려고만 하는 사람들이 적지 않아서 대화 자체가 안 되는 경우도 많습니다. 또 "우리 목사님, 우리

교단이 최고요 가장 성경적이다."라고 주장하면서 무조건 따라오라고 하는 경우도 적지 않습니다.

제일 큰 문제는 바로 성경을 대하는 태도입니다. 신자라는 사람들 중 어떤 사람들은 성경을 진리로, 절대적인 기준과 원리로 인정하지 않습니다. 성경에 무엇을 더한다거나, 다른 여럿 중 하나로 생각합니다. 성경이 영적인 일에서는 기준이지만, 세상적인 일에서는 세상의 전문적인 교훈과 가르침과 원리에 따라야 한다고 생각합니다. 그래서 성경의 원리를 아무리 자세하고 강력하게 도전하며 가르쳐도 이들에게는 그냥 (무시 못할) 하나의 이야기밖에 되지 않습니다.

따라서 이런 토론의 어려움이 무엇인지를 항상 염두에 두며 앞서 이야기한 토론의 기본 전제들을 먼저 잘 기억하고 배우는 것이 필요합니다. 그러면 우리는 누구를 만나든지 어떤 주제에 대해 이야기하든지 좋은 토론을 할 수 있을 것입니다.

모임 시간

"대답" 모임의 경우 매주 모이는 것을 원칙으로 합니다. 실제로는 한 달에 한 주 정도는 여러 사정상 모임을 못하는 경우가 있기도 합니다만 되도록 매주 모이도록 힘씁니다. 그리고 모임 당일 저녁 7시나 7시 30분부터 9시나 10시까지 모임을 갖습니다. 11시까지 모임을 한 적도 종종 있었지만 가능하면 이 시간을 지키려고 합니다. 보통 7시 30분에 모이게 되면 몇몇 지체는 조금 일찍 와서 개인적인 교제 시간을 갖습니다. 단순히 수다를 떠는 때도 있지만, 그날 모임에 관계된 고민이거나, 개인적인 기도 제목을 나누기도 합니다.

저는 가능하면 매주 모이는 것을 추천하고 싶습니다. 2주에 한 번이나 한 달에 한 번은 배움과 나눔을 깊이 있게 하는 데 어려움이 좀 있습니다. 조금 힘들기는 해도 매주 모이는 것이 좋다고 생각합니다. 제가 아는 몇몇 독서 모임 중에서 매주 모이는 모임들은 그렇지 않은 모임보다 조금 더 신학적이면서도 경건성을 갖춘 책을, 조금 더 인격적인 교제 가운데서 배우고 나누는 것이 더 잘 나타날 때가 많았습니다.

모임 시간은 3시간 전후가 좋다고 생각합니다. 충분한 이해와 배움 그리고 토론과 기도까지 하려면 2시간 정도로는 부족한 경우가 많았습니다("대답" 모임 외에 다른 모임들도 대체로 그랬습니다). 배움과 토론 그리고 기도는 언제나 함께 가야 합니다. 만약 배움은 있으나 토론이 없으면 이야기를 하는 당시에는 많이 배우는 것 같으나 며칠 지나면 많이 잊어 먹습니다. 그러나 자신이 주체적으로 토론 또는 나눔에 참여하게 되면 자신의 입으로 고백한 것들이 자신 안에 상당 부분 남게 됩니다. 다른 사람들의 생각을 주체적으로 검증하고 분별하면서 고민한 것들이기에 그럴 수밖에 없습니다. 또 배움과 나눔의 시간은 있으나 기도의 시간이 없다면 이것도 많은 것을 놓치는 것입니다. 머리만 커지기에 아주 좋기 때문입니다.

구성원

처음 모임을 시작하는 경우 지적인 면과 영적인 면에서 멘토의 역할을 할 수 있는 인도자(되도록 교회에서 목회자와 다수의 신자들에게 공적으로 인정된)가 있어야 합니다. 그렇지 않다면 모임이 방향성 없이 흐지부지 되는 경우가 발생하기 쉽기 때문입니다.

또 처음 모임을 시작하는 경우 되도록 많은 사람과 함께 시작하려고 하는 것보다 뜻이 맞는 사람 셋이나 넷이서 시작하는 것이 좋습니다. 처음부터 인간적인 욕심에 되도록 많은 사람과 함께 시작하려고 하다가 배가 자주 좌초되는 경험을 할 수 있습니다.

이때 교회가 이런 모임에 적극적인 지지 의사를 표명하거나 그런 분위기가 되어 있으면 공개적으로 모임을 선언하고 구성원도 공개적으로 모집하는 것이 좋습니다. 그러나 그렇지 않다면 공개적으로 모집하는 것보다는 개인적으로 사람을 찾는 것이 더 좋다고 생각합니다. 물론 이때도 모임은 당연히 외부에(특히 소속 교회에) 공개해야 합니다.

최소한 두 명은 어떤 일이 있어도 모임을 끝까지 지속하겠다는 의지를 가진, 즉 모임의 목적과 방향성을 분명히 인식하고 추구하는 사람이어야 합니다. 최소한 두 사람이 그런 태도를 가질 때 세 명이나 네 명 정도는 꾸준히 모임을 할 수 있게 됩니다.

물론 교회에서 존경받는 교역자나 선배 신자가 몇몇 신자와 함께 모임을 시작하는 경우는 모임이 좀 더 수월하게 이루어질 수 있습니다. 그러나 이때

몇 가지 염두에 두어야 할 것이 있는데 그중 하나가 교역자의 존재입니다. 사실 교역자의 존재만큼 모임에 큰 힘이 되는 것은 없습니다. 책 선정, 토론, 사전지식, 기도, 교제, 어떤 면에서나 교역자는 모임에 덕이 됩니다. 그러나 참여하는 사람들이 자신들의 생각을 나누거나 질문을 할 때 너무 조심스러워져서 생각보다 깊이 있는 나눔이 어려운 경우도 생길 수가 있습니다. 따라서 각 공동체의 상황에 맞게 교역자가 함께 참여하면서 주체적으로 인도하거나, 또는 옆에서 조력하여도 좋고, 또는 모임 외부에서 조언자로서 정기적으로 모임의 방향성 등을 점검해 주는 역할을 해 주는 것도 좋다고 생각합니다.

인도자

처음부터 너무 많은 것을 기대하거나 욕심내지 마십시오. 독서는 농사와도 같다는 것을 기억하셔야 합니다. 씨를 뿌리고 물을 주고 잡초를 제거하는 등 많은 열정과 오랜 기다림을 요구하는 것입니다. 그러나 그렇다고 너무 느긋해서도 안 됩니다. 모임의 1년 후, 2년 후, 5년 후 등을 꿈꾸면서 전체적인 독서 지도(map)를 그려 나가야 합니다. 물론 이 독서 지도는 모임의 성장 속도와 여러 환경에 따라 얼마든지 수정할 수 있습니다. 하지만 전체적인 목적과 방향성은 항상 분명해야 하며, 지체들이 지금 어디쯤에 위치하고 어디를 향해 달려가고 있으며, 무엇을 거쳐 왔는지 등을 충분히 알려 주어야 합니다.

"대답" 모임의 경우, 모임의 최종 목표는 하나님의 영광에 있습니다. 구체적으로 하나님을 바로 아는 것, 복음을 자랑스러워하는 것, 하나님을 바로 예배하는 것, 거듭난 신자로서 거룩하고 순결한 삶을 통해 하나님께 기쁨과 즐거움이 되는 것 등을 목적으로 삼고 있습니다. 그리고 그것을 위해 주로 청교도와 개혁주의 작가들의 책을 읽어 왔으며, 또 앞으로도 이들의 책을 읽어 갈 계획입니다.

우리는 이런 목표를 자주 생각하며 기회가 있을 때마다 나누었는데, 그 때문에 지체들은 이 책을 왜 읽는지, 이 책이 우리에게 어떤 배움을 줄 것인지를 거의 매번 인식했습니다.

이런 인식은 지체들을 무척 주체적이도록 만들었습니다. 그리고 그 결과는 모임의 부흥입니다. 지체들의 지인들이 이 모임을 자연스럽게 소개받게 되었고, 그중 적지 않은 수가 모임에 잠시라도 참여하여 독서 모임의 즐거움을 맛보았습니다. 되도록 정착시키기 위해 많은 노력을 하지만 꼭 당장 정착하지 않더라도 상관없습니다. 일단 진리의 씨는 뿌려졌다고 보기 때문입니다. 왜냐하면 우리 모임이 그렇게 자라 왔기 때문입니다.

"대답" 모임은 사실 2001년도에 첫 번째 모임을 시작했습니다. 그러나 몇 개월 후 흐지부지 되어 버렸고, 이후 2003년도에 다시 두 번째 모임을 시작했습니다. 이때도 3-4개월 정도 하다가 모임을 파했습니다. 지금의 모임은 2005년도 2월쯤에 세 번째로 시작한 모임입니다.

2003년도에도 모임이 잘되지 않자 분명한 사실 하나를 깨달았습니다. 사람의 열심만으로는 결코 할 수 없음을 말입니다.

그래서 세 번째 다시 시작한 2005년 공식적인 첫 모임 때는 먼저 우리가 모임에서 공부하고 나눌 프랜시스 쉐퍼의 전집에 대한 간략한 이야기를 나누었고, 모임의 필요성과 목적, 방향성, 성향 등을 이야기했습니다. 그리고 적지 않은 시간 함께 마음을 모아 간절히 기도했습니다.

우리의 힘과 능으로, 인간의 열정으로 하지 않겠다고, 하나님께서 이끄시는 대로 따르겠다고, 쉐퍼가 진리가 아니라 하나님만이 진리임을 바라볼 수 있게 해 달라고, 쉐퍼의 눈과 귀를 잠시 빌리고 싶다고, 그가 성경적인 것에는 우리 모두 기꺼이 동의할 뿐 아니라 우리도 그렇게 승인하고 우리의 신앙으로 고백하고 싶다고, 그러나 그가 마땅히 비판받아야 할 것이 있다면 주저하지 않겠다고 말입니다.

그 후 기도는 우리가 진리를 바로 배우고, 모임을 통해 하나님을 알고 예배하도록 하는 강력하고 유일한 은혜의 통로였습니다.

이렇게 시작했고 그리고 지금까지 이 경주를 달려왔습니다.

이런 역사가 있기에 용기를 내어 말씀드립니다.

실패를 두려워하지 마십시오. 그보다 몇 번 해 보고 나서 잘 안되었다고, 자신의 의도대로 잘 안된다고 생각하는 불성실함과 나약함, 이기적인 마음을 두려워하십시오. 다시 말씀드리지만 결코 실패를 두려워하지 마십시오. 첫 주 만에, 한 달 만에, 수개월 만에 모임이 중단되더라도 낙심하지 마십시오. 자리를 잡기까지 몇 년이 걸릴 수도 있습니다. 그러나 독서 모임을 사모하는 사람들이 하나님을 향해 끊임없이 자라 가기를 소망하는 마음을 품고, 책에 대한 순수하고 거룩한 열정과 의지를 갖고 있는 사람을 구한다면 하나님께서는 사랑스러운 독서 모임을 허락해 주실 것입니다.

인도자는 누구보다 책을 잘 이해하고 있는 사람이어야 합니다. 지금 보고 있는 책만이 아니라 앞으로 볼 책들을 포함해서 말입니다. 특히 저자를 잘 알고 있어야 합니다. 그래야 한 권의 책을 보더라도 지엽적인 문제에 걸려 넘어지지 않고 책을 의미 있게 나눌 수 있습니다.

또한 누구보다 모임을 품고 기도하는 사람이어야 합니다. 기도 없이는 아무 일도 일어나지 않습니다. 그것이 바로 하나님의 방법이기 때문입니다.

무엇보다 가장 중요한 것은 인도자가 책에서 말하고자 하는 것을 정말 믿고, 확신하고, 사랑하고, 선포하며 증거하는 것입니다. 이것의 정도가 더할수록 모임도 분명히 달라집니다.

참여자

참여자에게 무엇보다 요구되는 것은 겸손입니다. 독서 모임을 하다 보면 여러 사상과 저자, 책들을 논제로 삼고 대화를 하게 됩니다. 그리고 적지 않은 경우 자신에게는 무척 좋은 책이나 생각들이 그렇지 않은 것으로 드러날 때가 있습니다. 인간적으로 이런 시간들이 상당히 괴롭습니다. 사람이 자신의 생각을 바꾼다는 것이 얼마나 힘든 일입니까? 그러나 바로 그 때문에 독서 모임을 하는 것이지 않습니까? 좋은 것은 좋다고 얘기하고, 아닌 것은 아니다라고 얘기하기 위해 독서 모임을 하는 것이지 않습니까? 각 개인의 유한한 지식과 경험에서 벗어나, 그 편협하고 한계가 많은 선에서 벗어나 좀 더 균형 잡힌 시각을, 좀 더 건강한 관점을 갖기 위해 독서 모임을 하는 것이지 않습니까?

이를 위해 참여자들은 무엇보다 겸손하게 모임에 임해야 합니다. 대부분 인도자들은 지체들보다 지적, 영적으로 훨씬 깊이가 있는 사람일 것입니다. 또 훨씬 넓은 사고의 틀과 좀 더 집요한 검증틀을 갖고 있을 것입니다. 때문에 자신의 부족함을 늘 생각하면서 인도자를 따르는 것이 좋습니다. 처음에는 불편하고 불만스러울지 몰라도 나중에는 인도자의 집요한 검증틀 때문에 자신이 행복하게 변화해 가는 것을 경험하게 될 것이기 때문입니다.

물론 이와는 반대의 경우도 있습니다. 인도자의 말에 거의 무조건 "예." 하고 대답하는 사람들이 있을 수 있습니다. 하지만 인도자 또한 모임의 목적과 방향성 아래 검증틀에 걸러져야 한다는 것을 기억하십시오. 인도자의 인도와 가르침에 따르되 주체적으로 따라야 합니다. 맹목적으로가 아니라 성경적 사고 안에서 그래야 한다는 말입니다. 인간 인도자가 존재하지만 모임의 유일하고 절대적인 주인은 오직 하나님 한 분뿐이시며, 그분만이 완전하시고, 그분만이 기준이시며, 그분만이 우리의 생각과 행동을 다스리신다는 사실을 항상 명심해야 합니다. 그럴 때 지나친 의존이나 맹목적인 따름을 피할 수 있습니다.

참여자들은 모임에서 의견 다툼이 있을 때 두려워하거나 잘못되었다고 생각하지 말고 담대하게, 적극적으로 해결하려고 노력해야 합니다. 어떤 사람들은 모임에서 몇몇 사람이 첨예하게 의견 대립을 하는 경우 불안해하고, 무조건 부정적으로 생각합니다. 사랑의 공동체에 어울리지 않는다는 것입니다. 그러나 성경은 오히려 우리에게 의견 다툼이 필요하다고 말합니다.

너희 중에 파당이 있어야 너희 중에 옳다 인정함을 받은 자들이 나타나게 되리라(고전 11:19).

모임 진행

모임 전에 책을 읽어 와야 한다는 것은 너무나 당연한 것이겠죠?

모임의 전 구성원들은 책을 미리 읽으면서 각자 나름대로 정리를 하는 것이 좋습니다. 따로 책 여백이나 연습장에 정리를 하면 더할 나위 없이 좋겠지만, 그게 부담이 된다면 머릿속으로 책의 논리 전개를 그려 본다거나 중심 문장 등을 되뇌어 보는 것으로도 충분합니다. 자기가 준비하고 애쓴 만큼 모임에서 얻는 것이 많아진다는 것은 당연한 이치입니다.

발표자의 경우 그날의 모임 내용을 미리 유인물에 따로 정리를 하여 지체들에게 나눠 주는 것이 좋습니다. 그러면 책의 내용이 한눈에 들어와서 진행이 좀 더 수월해지는 등의 이점이 있기 때문입니다. 그러나 혹 상황이 여의치 못하거나 책에 따라서는 그냥 책 그 자체로 진행을 해도 상관없습니다.

따로 유인물을 가지고 진행을 하느냐 그렇지 않느냐는 그리 중요한 것이 아닙니다. 지체들이 그날그날의 본문이 말하는 내용이 무엇인지 대략적으로라도 이해하고, 또 자신들이 왜 그 책을, 그런 내용을 현재 배우려고 하는지, 고민하는지 등을 마음에 품고 모임에 임하는 것이 중요합니다. 이렇게 지체 각자가 분명한 이해 아래 모임에 참여하게 되면 발표자가 혹 미숙하더라도 유쾌한 모임이 가능합니다.

"대답" 모임의 경우, 처음 2년 정도는 발표자가 따로 있어도 발표자와 참여자가 구분이 잘 안 되는 경우들이 자주 있었습니다. 그러나 그렇다고 해서 그것 때문에 어려움을 겪거나 힘들어하지 않았습니다. 왜냐하면 다같이 배워 나가고 있다고 생각했기 때문입니다. 그리고 발표자와 참여자라는 것은 사실상 그날의 역할뿐이라는 것을 잘 알고 있었기 때문입니다.

지금은 지체들이 발표자가 되어서 모임을 인도할 때 담대하고, 진행도 자연스럽게 합니다. 첫술에 배부를 수 없다는 속담은 우리에게 많은 위로와 용기를 주었습니다.

우리는 먼저 크게 이해 중심의 배움, 나눔 또는 토론 그리고 기도라는 세 가지의 큰 순서 아래 모임을 진행했습니다.

---

1. 기도로 시작하기
2. 지난주 복습과 현재 진도가 갖는 의미 등을 점검
3. 배움(책에서 말하고자 하는 것이 무엇인지를 이해)
4. 토론(책을 통해 깨닫게 된 것 등을 자신의 고민이나 다른 논제와 함께 묶어 나눔)
5. 기도로 마무리하기

상황에 따라 2는 생략하거나, 아주 짧은 시간에 이루어질 수 있으며, 3, 4는 동시에 진행할 수 있습니다(지금도 대부분은 동시에 진행합니다).

이것은 하나의 예일 뿐입니다. 모든 독서 모임이 따라야 할 모델이나 교과서가 아닙니다. 독서 모임의 정도는 없기 때문에 각 모임에서 이렇게 또는 저렇게 수단과 방법을 취하면서 자신의 색깔을 찾아가면 됩니다.

그러나 어떤 순서와 단계로 모임을 하든 꼭 있어야 하는 중요한 것이 있습니다. 그날 함께 공부한 것에 대해 반드시 우리의 영혼으로, 우리의 삶으로 고백할 수 있도록 하나님의 인도하심과 도우심을 구하는 것입니다. 그것은 간절한 기도회가 될 수 있을 것입니다. 또 그날 함께 공부한 것 중에서 복음의 위대한 것들을 특별히 맛보았다면, 가만히 있을 수 없는 경우 찬양을 여러 곡 부르면서 하나님을 높이는 것입니다. 이런 것들이 모임을 건조하지 않게, 실천적으로 만듭니다.

마지막으로 말씀드립니다.

방법론은 이차적인 것입니다. 그것은 사실 그렇게 중요하지 않습니다. 하나님을 알고자 하는 간절한 열망이 있다면 말입니다. 하나님을 알고자 하는 간절한 열망이 덜할수록 방법과 형식에 의존하게 됩니다(물론, 방법과 형식은 무척 중요한 것입니다!). 따라서 무엇보다 지체들 한 사람 한 사람이 마음과 힘을 다해 하나님을 사모하고 모임을 사모해야 합니다.

모임을 처음 시작하게 되면 정말 많은 것이 문제로 드러날 것입니다. 무척 어수선한 분위기, 딱딱한 진행, 수박 겉핥기식의 서툰 나눔. 그러나 시간이 지날수록, 하나님 앞에서 점점 더 깊이, 많이 고민할수록 모임은 분명 자랍니다. 하나님을 아는 지식과 인격 등 모든 부분에서 조금씩 조금씩 자랍니다. 그러면서 방법과 형식 또한 자라게 됩니다.

서평과 시험

"대답" 모임처럼 시험을 보는 것을 추천해 드리고 싶지만, 이것이 부담되신다면 서평으로라도 대신할 것을 권합니다. 사람은 글로 써 보기 전까지는 자기 생각을 정확히 알지 못한다고 합니다. 책을 끝낼 때마다 간단하게나마 서평을 쓰도록 함으로써 지체들 각자가 다시 한 번 진리와 진리에 대한 자신의 마음과 행동을 선포하고 점검해 볼 수 있도록 시간을 갖는 것은 정말 중요한 일이며, 거기에는 많은 유익이 있습니다.

시험을 보든 서평을 쓰든 보통 이 과정을 통해 사람들은 다시 한 번 책을 읽게 되고, 전에는 보지 못했던 많은 것을 발견하게 됩니다. 전에는 이해가 안 되던 것들이 놀랍도록 깨달아지며, 여기저기 흩어져 있던 생각의 단편들이 한 줄에 꿰어지는 경험도 자주 하게 됩니다.

"대답" 모임의 경우, 한 권의 책을 본 후 그에 대한 시험 문제는 10문제 내외로 제시되었고, 시험 문제를 내는 것과 채점은 계속해서 한 명이 담당해왔습니다. 그러나 각 모임의 상황에 따라 돌아가면서 문제를 내거나, 외부에서 문제를 공급받는 것도 괜찮을 듯싶습니다.

중요한 것은 무엇으로든 자신이 무엇을 얼마나 알고 있는지, 제대로 이해하고 있는지, 어떤 고민들을 하게 되었는지 등을 정리할 수 있는 기회를 갖는 것입니다. 네, 그것은 정말 '기회'입니다. 경험해 보시면 압니다.

책 선정

책 선정이야말로 가장 중요한 문제가 아닐까 합니다. 책 선정은 모임의 목적과 방향성에 따라 내용이나 무게가 완전히 달라질 수 있습니다. "대답" 모임의 경우는 지금까지 프랜시스 쉐퍼와 조나단 에드워즈의 책들을 서너 권씩 보았고, 마틴 로이드존스의 교리 강좌도 2년 반 동안 공부했습니다. 성경에 충실한 개혁주의 도서들 중 교리서와 경건 서적을 적절히 섞어 깊고 폭넓은 공부를 해 나가려고 합니다.

어떤 독서 모임들은 한 번은 유명한 고전을, 한 번은 베스트셀러를 선택하여 모임을 합니다. 『기독교 강요』와 『웨스트민스터 소교리 문답』을 가지고 공부를 한 모임도 있습니다. 또 일정 기간을 주제별로 공부하는 모임도 있습니다. 교회사를 공부한다고 했을 때, 먼저 교회사에 대한 입문서 한두 권정도를 나누고 나서 전체적인 흐름을 어느 정도 꿰뚫게 해 주는 두꺼운 책한 권, 그리고 논점 위주로 된 책 한두 권 정도 해서 교회사에 대한 기초적인 배움을 공부하는 것입니다.

이렇게 모임에 따라 그 목적과 방향성을 충분히 고려하여 책을 선정하면 됩니다.

일단 모임을 처음 시작하는 경우 1년 정도는 큰 부담이 없는 양서들을 선택하여(모임에서 책을 잘 아는 사람이 없는 경우는 추천을 받는 등의 도움을 얻어) "독서 모임이 이런 것이구나", "이렇게 독서 모임을 하는 것이구나." 하고 배울 수 있게끔 보는 것도 좋습니다.

그리고 2년차부터는 본격적으로 한 가지 주제, 또는 한 명의 저자, 또는 이런저런 방법들을 섞어서 각 독서 모임만의 독서 지도(map)를 그리고 그에 맞게 진도를 나가면 됩니다.

만약 모임이 이제 막 시작되었으며, 적극적인 인도자도 없다면 여러 독서법 책들이 추천하는 독서 계획표 등을 따라 독서 모임을 해도 좋습니다. 많은 모임이 처음은 이렇게 독서법책 안의 독서 계획표나, 지인들의 조언을 받아 몇몇 책을 추천받고 시작합니다. 그리고 그렇게 계속 읽어 나가다 보면 각각의 모임에 따라 책을 평가하고 선택하는 일에 자연스러워집니다.

그러다가 일정한 독서 이후에는 책이 소개하는 책을 읽게 됩니다. 이 말은 이런 것입니다. 독서 모임에서 어느 한 권의 책을 봅니다. 그런데 그 책이 많은 지체에게 지적으로만이 아니라 영적으로도 큰 유익을 줍니다. 그러면 지체들은 곧 그 저자의 책이 계속 읽고 싶어집니다. 또는 그 책과 같은 주제의 책이 읽고 싶어집니다. 또는 그 책에서 특별히 언급한(본문에서든 각주에서든) 책이 보고 싶어집니다.

저는 로이드존스를 통해 조나단 에드워즈를 만나게 되었고, 에드워즈를 통해 청교도들을 만났습니다. 그런 식으로 청교도와 개혁주의 책들을 많이 소개받았고 읽게 되었습니다.

독서 모임에 적합한 책은 교리적으로 튼튼한 경건 서적과 건전한 신학 서적(꼭 신학생들이나 목회자들만 보는 책이 아닙니다.) 등입니다. 이런 책 중에서도 책을 고르고 또 골라야 합니다. 한 권의 책을 봐도 건강하게 자랄 수 있는 좋은 책을 봐야 성장합니다. 수고하도록 하는 책을 봐야, 땀을 흘리게 하는 책을 봐야 열매를 따 먹을 수 있습니다. 책 자체가 주는 무엇이 없으면 모임은 얼마 못가서 멈추어 버립니다. 어디서나, 아무 때든지 얻을 수 있는 교훈과 감동을 맛볼 수 있는 정도를 바란다면 모임을 아예 시작하지 않는 것이 낫습니다. 그런 마음으로 모임을 하게 되면 거의 아무도 모임에 애착을 갖지 않기 때문입니다. 정말이지 실제로 영혼을 울리고 깨우치는 배움과 은혜가 없으면 독서 모임에 애착이 거의 생기지 않게 됩니다.

책 선정과 관련하여 한 가지 더 말씀드리면, 한 권의 책을 가지고 정독을 하면서 토론 모임을 해 나가는 것도 좋지만, 필요에 따라서는 어떤 한 주제에 대해 여러 권의 책으로 공부하면서 토론 모임을 해 나가는 것도 아주 좋습니다. 물론 후자의 경우는 전자에 비해 훨씬 더 깊고 폭넓은 공부를 할 수 있다는 것이 장점입니다. 만약 '칭의' 교리를 주제로 잡았다면, 우리는 칭의와 관련된 책들 중 가장 성경적이며, 가장 건전하고, 그러면서도 너무 복잡하지 않고, 어느 정도의 노력만 있으면 어렵지 않은 책을 '교과서'로 삼고 그외 함께 볼 좋은 책들을 참고서로 삼아 공부할 수 있을 것입니다.

다만, 해당 주제에 대해 여러 권의 책을 함께 보며 집중하여 공부하는 것은 어느 정도 기초가 없이는 금세 지루하고, 중간에 포기하기가 쉬워집니다. 또 신학적으로 민감한 사항들을 자주 이야기할 수밖에 없으므로(그러나 그 누구도 단지 어려운 일이라는 이유로 언제까지나 미뤄서는 안 됩니다.) 최소한 모임의 인도자는 해당 주제를 오래도록 고민하고 열정적으로 공부한 경우에야 수월할 것입니다.

토론의 유익

토론 모임을 통해 얻은 것 중 하나는 말에 담긴 의미 이해입니다.

책에서 말하고자 하는 바를 분석하고 평가하면서, 또 중요한 문장 하나의 의미를 이야기하면서, 우리는 어떤 단어, 또 어떤 문장에 담긴 실제 의미, 단어나 문장이 가리키는 방향, 범위, 목적, 숨은 의도, 내포된 전제 등이 무엇인지를 자연스럽게 배워 갔습니다. 이것은 아주 재미있고 신나는 일이었으며, 독서를 더욱 재미있게, 배움을 더욱 즐겁게 만드는 일이었습니다.

또 다른 유익은 나 자신이 어떤 사람인지 그리고 다른 사람이 어떤 사람인지를 알게 되는 것입니다. 사람들은 평상시에는 어떤 주제에 대해 보통 막연한 생각만을 가지고 있습니다. 그러다가 그 주제가 여러 사람이 모인 자리에서 공론화되거나(그것이 단지 수다 떠는 자리일지라도), 공적인 토론 모임에서 이야기될 때는 우리는 그 주제에 대해 정말로 어떻게 생각하고 있는지 즉, 그 주제에 대한 이해와 가치 판단 등을 더욱 정확하게 알게 됩니다. 그래서 가끔 이야기가 길어지고 깊어지면 종종 이런 이야기를 하거나 듣게 되기도 합니다. "네가 그런 사람인 줄 몰랐다."

어떤 주제에 대한 이해가 아주 극단적이거나, 가치 판단이 비도덕적이며, 무엇보다 성경을 근거로 하지 않는 경우가 아닌 한, 우리는 상대방이 우리와 생각이 조금 다르든, 생각이 비슷하든 서로를 잘 알게 됩니다. 생각이 같게 되면 더욱 친밀해집니다. 생각이 조금 다른 경우에도 서로 함께 하려고 더욱 노력한다면 두 사람의 마음의 연합은 더욱 커질 수 있습니다.

이쯤에서 성향에 대한 이야기를 해야겠습니다.

사람은 지적이고 의지적인 존재기 때문에 누구나 성향이 있습니다. 무엇을 보고 인식하고, 가치를 매기며 평가하고, 또 마음이 끌리며, 추구하는 그런 성향 말입니다.

정도와 모양면에서 여러 성향이 있겠지만, 저는 그런 모든 성향 중에서 최고의 성향, 가장 덕스럽고 보편적인 성향이 있다고 믿습니다. 하나님의 형상대로 지음 받은 인간에게는 하나님이라는 궁극적인 가치, 최고의 덕, 최상의 아름다움을 갈망하는 성향이 있다고 생각하기 때문입니다.

물론 이것은 타락 이후 부패한 인간에게서 자연적으로 나타날 수 있는 것은 아닙니다. 하나님께서 신적이고 영적인 빛을 비추어 주서야만, 중생한 사람만이 그 성향을 가질 수 있고, 그 성향을 추구할 수 있습니다.

저는 여기서 이 성향이라는 것의 개념, 본질과 같은 것들을 얘기하려는 것은 아닙니다. 여기서 하고 싶은 이야기는 '동행에서의 성향' 이야기입니다.

사람은 같은 성향을 가진 사람끼리 만나게 되어 있습니다. 이것은 정말로 그렇습니다. 우리는 생각이 비슷한 사람, 취미가 비슷한 사람, 어떤 것을 기뻐하고 즐겁게 여기는 것이 같은 사람과 함께 하기를 좋아하고, 또 그렇게 됩니다. 그것은 무척 자연스러운 것입니다.

이것은 신앙에도 마찬가지입니다. 우리가 하나님의 영광을 맛보고, 점점 더 많이, 온전히, 신적인 빛 아래서 그분을 알아갈수록 우리는 우리와 같이, 또는 우리보다 더욱 그런 성향을 가진 사람들과 더욱 함께 하고 싶어하며, 함께 하게 됩니다. 그런 사람들을 귀히 여기며, 탁월하게 생각합니다. 우리는 그들을 통해, 그런 만남을 통해 하나님께 더욱 자라 갑니다.

그런 사귐은 참으로 아름답고 덕스러운 것입니다. 사람들 사이의 차이는 단지 미미한 정도에 불과할 뿐입니다.

정말 중요한 것은 바로 그런 가장 참되고 덕스럽고 영광스러운 그 성향은 바로 하나님의 은혜로 그 사람들의 연합과 친밀, 서로에 대한 호의와 섬김을 더욱 온전히 묶어 주고 인도하며 이루어 가게 해 준다는 것입니다.

부패한 우리 안에 성령의 중생하시는 역사가 시작되면, 우리는 새사람을 입고, 또 새사람이 되어 가는 과정 가운데 하나님의 선과 아름다움, 그분의 거룩과 열정 등을 맛보게 되고, 더욱더 그것을 추구해 갑니다. 하나님을 원인으로 하는 바로 그런 것들은 하나님으로부터 우리에게 직접적으로 주어지는 것이며, 우리 안에서 이차적으로 발산되는 것이기도 합니다. 우리는 하나님으로부터 직접적으로 주어진 것은 말할 것도 없고, 다른 사람 안에서 하나님으로 말미암아 이차적으로 발산되는 바로 그런 아름다움과 덕과 선과 사랑 등을 마찬가지로 기뻐하고 탁월하게 여기며 가치 있게 평가하고 나누고자 하게 됩니다. 왜냐하면 그것은 본질적으로 하나님께 속해 있는 것이며, 하나님을 영화롭게 하는 것이기 때문입니다(하나님의 것을 누리고 기뻐하는 것은 하나님을 영화롭게 하는 것입니다).

따라서 바로 이 성향의 정도가 더욱 탁월할수록, 우리는 더욱더 기뻐하며, 그것을 더욱 추구하고, 그런 성향을 가지고 더욱 자라 가는 사람들을 더욱 사랑하게 됩니다. 그들과의 연합은 자연적인 연합이 아닙니다. 그것은 참으로 거룩하고 덕스러운 신적 사랑의 연합입니다. 그렇기에 이런 연합, 이런 함께함, 즉 예수 그리스도를 통해 거룩해지며, 하나님만을 추구하고, 하나님만을 사랑하며, 하나님께서 보는 시각으로 세상을 바라보고, 바로 그 사랑과 은혜로 피조된 세계와 특별히 하나님의 사람들을 사랑하는 것은 우리에게 가장 아름다운 영광이 됩니다. 이것은 그 자체가 신적인 것이기에 자연적인 것과는 전혀 다릅니다.

예를 들면, 저는 천국에 갔을 때 우리가 지상에서처럼 교제할 것이라고 생각하지 않습니다. 저는 저 천국에 그런 의미에서의 교제가 있을 것이라고 생각하지 않습니다(조심스럽게 말하지만 이것은 전적으로 저 개인적인 생각입니다). 거기에는 하나님을 향한 예배와 찬양만이 있을 것이라고 생각합니다. 그곳에서 우리는 영원히 하나님만 바라보고, 하나님만 예배하고, 하나님만 기뻐하며 사랑할 것입니다.

하나님을 향해 예배하고 찬양을 하는 모든 피조물은 서로 특별한 교제를 하지 않음에도 서로를 더욱 기뻐하고 사랑스러워할 것입니다. 가장 영광스럽고 가장 탁월한 교제는 가장 덕스럽고, 가장 가치 있으며, 가장 아름답고, 가장 영광스러운 대상, 내용, 주제에 대해 같은 마음을 갖고, 같이 추구하며, 같은 행위를 하는 것에 있다고 생각하기 때문입니다(전 이것이 성도 간의 교제라고 생각합니다).

우리는 이것을 경험적으로도 분명히 잘 알고 있습니다.

우리는 교제를 위해 많은 프로그램을 추진하고, 많은 행사를 합니다. 물론 그것들이 어느 정도는 우리가 서로를 아는 데 도움을 주기는 하지만, 우리가 하나님을 향해 함께 연합하여 자라 가고, 서로 안에 있는 하나님의 것들로 서로를 더욱 사랑스럽게 여기고, 서로 안에 있는 하나님의 것들을 기뻐하게 하는 데는 거의 아무 유익도 주지 못하지 않습니까?

진정한 연합은 자연적인 아름다움에 큰 영향을 받지 않습니다. 우리는 영적인 존재기 때문입니다. 육체를 갖고 있어서 자연적인 아름다움을(물론 자연적인 아름다움이 무가치하거나, 그것들이 하나님께로부터 나온 것이 아니라고 말씀드리는 것은 아닙니다. 신적인 아름다움에 비교했을 때 신적인 아름다움이 탁월하고 커서 자연적인 아름다움은 상대적으로 가치가 아주 작다고 말씀드리는 것입니다.) 그 나름대로 보고, 또 인정하는 것이 인간에게 의미가 있는 일이 맞지만, 그것은 근본적으로 하나님과 교제하며, 또 하나님을 경외하고 예배하며 살도록 창조된 영적인 존재인 인간에게 가장 본질적인 것은 아닙니다. 자연적인 아름다움은 우리를 진정으로 묶어 주고 자라게 해 주지 않습니다.

하나님의 형상을 따라 창조된 인간은 자연적인 아름다움과는 비교할 수 없는 영적이고 신적인 아름다움들을 승인하고, 추구하고자 하기 때문에 자연적인 아름다움에는 큰 영향을 받지 않습니다(물론 이 얘기는 거듭난 신자를 전제로 한 얘기입니다. 거듭나지 않은 자연인의 경우는 자연적인 아름다움을 최고로 승인하고, 또 그것을 추구하기 위해 자신의 열정을 불사르기 때문입니다. 그럼에도 그런 자연인들에게조차 자연적인 아름다움은 절대적인 것이 될 수도, 최종적인 것이 될 수도 없습니다. 그들 또한 영적인 존재기 때문입니다. 그래서 하나님을 만나지 못한 사람은 모든 아름다움의 원인이요, 작용이요, 최종 목적인 신적인 아름다움을 알 수 없고, 그렇기에 그는 아름다움의 가치와 의미를 사실상 모르는 것이며, 그것을 누릴 수도 없기에 무가치하고 비참한 삶을 살게 됩니다).

우리가 분명하게 고백하는 것은 이것입니다. 하나님을 더욱 온전히 경배하고, 성경을 사랑하고, 성경 안에 계시된 교리들을 마음에 받아들이고, 그것들이 참으로 그렇다고 생각하며, 하나님의 영광과 하나님의 아름다움과 하나님의 선하심과 거룩하심과 하나님의 위대하심과 전능하심과 완전하심 등을 맛보면 맛볼수록 그것을 함께 알고, 느끼고, 경험하고, 추구해 가는 바로 그 사람들에게 이전에는 알 수 없었던, 이전에는 생각도 못했던 어떤 마음이 우리 안에 생긴다는 것입니다.

왜냐하면 우리는 하나님의 형상을 따라 지음 받은 영적인 존재기 때문입니다. 우리는 하나님께서 승인하시고, 가치 있게 여기시는 것을 승인하고 가치 있게 여깁니다. 그렇기 때문에 당연히 최고의 가치, 최고의 아름다움, 최고의 존재이신 하나님 자신을 가장 탁월하게 승인하고, 가장 위대하게 평가하는 것이 우리의 마땅한 태도입니다.

따라서 하나님을 갈망하고 추구하며 하나님을 향해 자라는 이 성향의 정도에 따라 사람들은 더욱 연합하게 되든지, 그렇지 않든지 하게 됩니다. 물론 이 말은 항상, 꼭 모든 경우, 모든 사람에게서, 성향이 비슷한 사람끼리만 영적 연합이 이루어지고 자라 간다는 말은 아닙니다. 성향이 더욱 많이 나타나는 사람과 그렇지 않은 사람과의 영적 연합도 그것 못지않게 분명 자라 간다고 생각합니다. 그러나 같은, 비슷한 애정, 열심의 성향을 갖고 있는 사람에 비해서는 그 정도가 훨씬 덜할 것이라고 생각하는 것이 합리적일 것입니다.

하나님은 당신의 형상대로 인간을 창조하셨고, 그 안에 하나님께서 인간과 공유하실 수 있는 속성들을 주셨습니다(예를 들어 그분은 우리에게 인격을 주셨습니다 - 우리를 인격적인 존재로 창조하셨습니다 -그분의 인격(무한)과 우리의 인격(유한)에는 차이가 있지만, 인격이라는 고리로 연결되어 있으며, 그렇기에 교제할 수 있고, 예배할 수 있습니다). 부패한 인간은 자연적으로 그것을 회복할 수 없고, 나타낼 수도 없고, 생각할 수도 없습니다. 다만, 하나님의 구원하시는 은혜의 사역을 통해 중생한 사람들은 하나님의 인도하심과 이루어 가심으로 그런 것들을 점점 더 맛보면서 하나님을 영화롭게 하며 살아가게 됩니다.

여기까지는 이 세상에서의 이야기입니다. 하나님께서 우리의 모든 행복과 유익과 선과 기쁨과 즐거움과 아름다움과 사랑이 되시는 바로 저 천국에서는 이곳과 차원이 다를 것입니다. 저 천국에서 하나님은 우리에게 자신의 아름다움과 덕과 사랑과 행복과 유익과 즐거움과 기쁨과 탁월함 등을 영원토록 나누어 주실 것입니다. 무한히 나누어 주실 것입니다(이 말은 우리가 무한한 존재로서 받는다는 말이 아닙니다. 하나님께서는 무한하시기 때문에 자신의 것을 우리에게 다 주셨다고 말할 수 있는 순간은 결코 오지 않을 것이라는 말입니다).

그곳에서 성도들은 지상에서는 이런저런 이유로 제한되었던 성향의 정도가 결코 그 어느 것에도 제한당하지 않고 하나님을 향해 무한히 자랄 것입니다. 지상에서와는 비교할 수 없을 만큼 강하고 분명하고 완전하게 하나님의 영광과 아름다움 등을 맛보게 될 것이고, 모든 성도는 이 일에서 앞서거니 뒤서거니 하지 않고 함께 열정적으로 계속해서 자랄 것이며, 그것은 이차적으로 성도의 연합을 더욱 의미 있고 가치 있게 만들어 줄 것입니다. 성도들은 서로를 더욱 사랑하고, 더욱 기뻐하며 즐거워할 것입니다. 그러나 역시 그 사랑과 아름다움 등의 모든 일차적 원인과 근본과 내용과 목적은 유일하신 삼위일체 하나님뿐이십니다. 왜냐하면 영원하신 삼위일체 안에 있는 사랑과 거룩과 아름다움과 선만이 영원하고 무한한 가치가 있으며 궁극적이고 최종적이며, 최선이고, 최상이며, 최고기 때문입니다.

동행(독서 토론 모임을 비롯해 진리 안에서의 우리의 모든 만남과 교제)은 바로 이런 성향을 기본으로 합니다. 동행은 이런 성향으로 이루어집니다. 어떤 성향, 어느 정도의 성향이냐에 따라 동행의 방향성과 동행의 단단함과 동행의 성장 속도가 달라집니다.

하나님을 향한 참된 성향이 서로에게 많을수록 우리는 서로를 더욱 기꺼이 용납하고, 용서하며, 서로를 깊이 아끼고 사랑할 것입니다. 존경하고 예우하며, 높일 것입니다. 예수 그리스도께서 교회를 위해 자신을 주심같이, 초대 교회 성도들이 성령의 충만함에 따라 서로의 필요를 채우고, 아낌없이 자신과 자신의 것을 나눈 것처럼 서로 그렇게 연합할 것입니다.

우리는 그런 것들을 기대하고, 또 추구해야 합니다. 그것이 하나님께 영광이 되기 때문입니다. 하나님께서 주신 것들로 하나님께서 원하시는 삶을 사는 것, 그럼으로 하나님의 것들이 유일하게 우리 소망이 되며, 우리 삶의 원리임을 보이는 것, 그것이 하나님께 영광이 되기 때문입니다.

그러나 참된 성향이 이렇기 때문에, 만약 우리 마음에 부패가 많고, 더럽고 사악한 것들, 즉 교만과 게으름과 악의 등이 많으면, 우리는 그만큼 다른 사람들과 연합하기가 어렵게 됩니다. 우리가 아무리 선한 의도를 갖고 있다 할지라도, 바른 지식이나 바른 믿음을 따르지 않는다면, 역시나 다른 사람들과 연합할 수 없습니다. 참된 성향은 목적과 수단이나 방법에서 모두 영적이고 신적이어야 합니다. 그렇지 않은 성향, 즉 게으르고, 이기적이며, 교만하고, 나의 유익을 위해 상대방과 대상을 고르고 제한하는 것(때로는 무지한 것까지) 등의 성향은 결과적으로 관계를 파괴합니다. 그리고 궁극적으로 자기 자신을 파멸시킵니다.

이 외에도 토론의 유익에는 여러 가지가 있습니다. 겸손을 배울 수 있고, 잘 듣는 태도를 배우고, 용기를 갖는 것 등도 모두 토론의 유익에 해당합니다. 이런 것들은 혼자서는 배우기가 무척 어렵기 때문입니다.

그러나 저는 다시 한 번 '성향'을 강조하고 싶습니다. 거의 모든 토론의 유익들은 성향으로 수렴되었다가 다시 성향에서 발산됩니다. 거룩한 겸손과 참된 용기는 성향을 갖게 하며, 그 성향은 겸손과 용기를 더욱 단단하게, 건강하게 만들어 줍니다.

사실 여기서 이야기한 토론에 대한 태도와 방법은 토론에서뿐만이 아니라 개인이 책을 읽을 때도 필요한 태도와 방법입니다. 이런 태도와 방법은 혼자 읽을 때든 그룹으로 함께 책을 읽을 때든 우리로 하여금 책을 더욱 잘 읽고, 책에 담긴 좋은 것들을 더욱 잘 우리의 것으로 만들도록 해 주며, 혹 생각이 다른 사람들과 치열하게 토론할지라도 서로를 존중하며, 이기기 위해서가 아니라 더욱 온전하고 아름다운 그리스도인의 삶을 살아가도록 도와줄 것입니다.

지금까지 보신 것처럼, 또 지금까지 말씀드린 것들을 기초로 독서 모임이 건강하게 운영된다면 많은 유익이 있습니다. 설교와 말씀을 더욱 사랑하게 됩니다. 생각 없이 "아멘!" 해 왔던 또는 단지 감정적으로 좋은 이야기로 동의했던 진리들을 믿음으로 "예!"와 "아멘!" 하며 감격해합니다. 모임을 기대하면, 그렇게 기도하며 하나님의 인도와 은혜를 구하면 하나님께서 도우실 것입니다.

"대답" 모임의 지체들은 모임을 통해 정말 많은 주제를 함께 배우고 고민했습니다. 지체들은 자신들의 질문만이 아니라 이 시대의 질문들을 함께 고민했습니다. 스스로 질문을 던지고 대답을 하면서 지체들은 성경 지식, 진리 지식의 나눔의 즐거움을 나누어 왔습니다.

지체들은 종종 해이해졌다가도(주로 주변 사람들 때문에 다시 하향평준화되기 때문입니다.) 모임에 와서는 교만과 게으름, 안이함, 무딘 열정 등을 회개하고 마음을 다시 잡으며 모임이 존재함으로 기뻐했습니다.

지체들은 목마른 사람이 심한 갈증을 해결하기 위해 물을 벌컥벌컥 마시듯이 진리 탐구에 빠졌습니다.

여러분! 좋은 독서 모임에 참여하고 싶지 않으십니까? 좋은 독서 모임을 통해 변하고 싶지 않으십니까? 자라고 싶지 않으십니까? 꼭 참여하십시오. 그래서 영양 많고 달콤한 많은 열매를 맛보십시오!

마지막으로 전에 "대답" 독서 모임 카페에 한 자매가 올렸던(그러나 우리 모두의 고백도 되는) 글로 2부를 마무리하려 합니다(어린 나이에, 정말 솔직하게 쓴 글이니 조금 가볍게 느껴지더라도 이해해 주십시오. 그 당시에도 그렇고, 지금도 그렇고 저희에게는 아주 소중한 고백입니다).

우리 "대답은 있다" 모임은 또 하나의 생명체와도 같아요.

한 사람 한 사람이 이 모임을 구성하고 있는 기관이 되고 이 기관들이 모여서 "대답은 있다"라는 개체가 되지요.

(사람을 구성하고 있는 것이 세포 – 조직 – 기관 – 기관계 – 개체, 기관은 위, 장, 뭐 이런 거, 기관계는 소화계, 호흡계, 개체가 사람)

제가 이 모임을 2005년부터 했던가요? 그때는 정말 어렵기만 했는데, (지금은 쉽다는 얘기가 결코 아니지만) 그때는 단어 자체도 너무 너무 어려웠어요. 모두들 조심 조심, 말도 제대로 못했었는데 이번 주 우리 모임 보셨어요?

궁금한 건 이제 지체하지 않고 물어보고, 모두가 "아!" 하고 이해할 수 있고, 이해 못해도 부끄럽게 생각하지 않고 이해될 때까지 물어보는 우리 보셨어요?

그리고 그렇게 나누는 대화 자체를 한번 차근히 생각해 보면 "와~."

정말 대단하지 않아요? 아~ 벅차 또 벅차!

이렇게 활발한 나눔을 하고 돌아가는 길에 "와~ 정말 많이 성장하고 성숙했구나!" 하고 느끼게 되었어요. 개체가 자라는 건 장이 되는 나도 함께 자라는 거죠? 위가 되는 너도 함께 자라는 거고요~. 그래서 내가 이 모임에 속해 있다는 것 자체가 말로 다할 수 없는 복이고 기쁨인 거 있죠?

우리가 자라고 있어요~. 우리 모임이 자라고 있어요~. 하나님께서 물을 주시고 양분을 주시고 따스한 햇볕을 주시고 계시답니다.

우리는 키도 커지고 몸무게도 늘고, 머리의 지식도 늘어 성숙한 어른으로 되어 갈 겁니다. 저는 정말 정말 기대가 돼요.

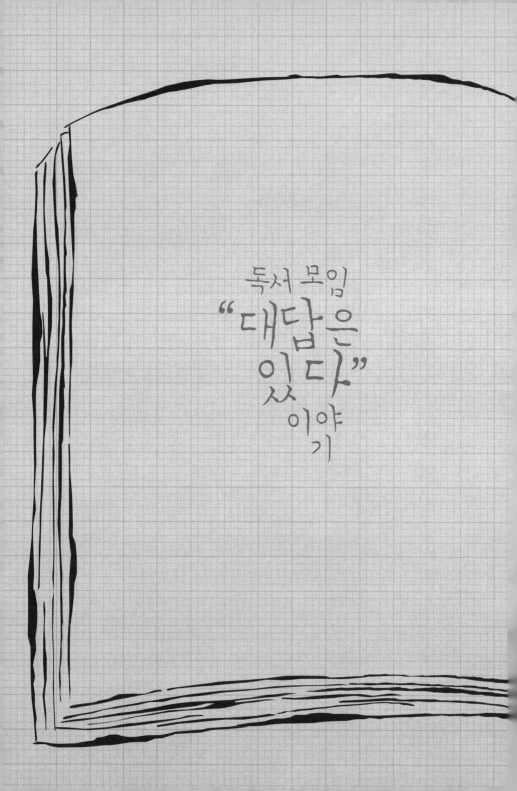
독서 모임
"대답은
있다"
이야
기

3부

더 나은 독서를 위한
독서법

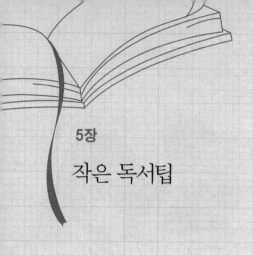

5장

작은 독서팁

독서팁 1 - 책을 읽기 전

독서의 열매는 오랜 시간을 필요로 한다

독서에서 얻을 수 있는 열매는 패스트푸드가 아니라 농작물과 같습니다. 따라서 독서의 열매를 얻기 위해 우리는 오랜 시간을 기다림으로 보내야 합니다. 우리 영혼에 관련된 독서(이 글에서 말하는 독서는 신앙 서적 읽기만을 의미합니다.)는 기술적이고 실용적인 것이 아니라 신앙과 인격과 성품, 성향에 대한 것이기에 단기간에 그 결과가 나타나지 않습니다. 독서는 정말이지 오랜 시간을 요합니다. 흔히 사람들은 독서를 농사에 비유하곤 합니다. 그처럼 독서는 당장 눈에 무엇인가가 보이는 것이 아닙니다. 독서에는 꾸준한 인내와 노력이 필요합니다. 그런 수고로움으로 열매가 열리는 것이 독서입니다. 때문에 독서의 결과에 결코 조바심 낼 필요는 없습니다. 우리가 겸손하고 성실하기만 하다면 독서의 결과는 반드시 무슨 일을 내고야 말 것입니다.

독서는 실로 마라톤과도 같습니다. 이 마라톤에서는 1등, 2등과 같은 기록은 아무 의미도 없습니다. 각자의 코스도 다르고, 완주 거리도 다릅니다. 우리가 해야 할 일은 꾸준히 달리는 것이고, 완주하는 것입니다.

15도

흔히 하는 말처럼 두 번 읽을 필요가 없는 책은 한 번 읽을 필요도 없습니다. 무작정 이 책 저 책 많이 읽는 것은 좋은 것이 아닙니다. 정말 좋은 책은 쉽게 책장이 넘어가지 않는 책입니다. 생각을 정말 많이 유발시켜서 도저히 진도가 나가지 않는 것입니다. 처음에는 답답하고 암울할지 몰라도, 그런 생각의 생각들이 결국 나중에 다른 책들을 읽을 때 엄청난 연상 효과를 가져와 우리의 지성을 성장시킵니다. 저는 삶에 대한 태도 중 하나로, '15도'라는 말을 씁니다. 어렵다고 읽지 않으면 우리는 늘 그 수준일 수밖에 없습니다. 눈높이보다 약간 높게 목표를 두면 크게 부담도 되지 않을 뿐만 아니라 어느 정도의 성취감도 맛볼 수 있기 때문에 좋은 자극이 됩니다. 끊임없이 자라 갈 수 있도록 자신을 채찍질하고 격려하기 위해 자신의 수준에서 15도 각도의 크기를 갖고 있는 책을 읽는 것이 유익합니다.

독서 계획표(독서 통장)

저는 독서 계획표(독서 통장)를 만들어 사용하고 있습니다. 사람마다 다르긴 하겠지만 누구나 독서를 할 수 있는 시간에는 한계가 있습니다. 읽고 싶은 책은 많은데 시간만이 아니라 돈이나 다른 열정도 고려해야 합니다. 따라서 가장 합리적인 시간에, 유한한 돈으로 가장 좋은 책들을 읽을 필요가 있습니다. 이것을 위해 독서 계획을 세워 책을 읽는 것은 많은 유익이 있습니다. 독서 통장이라는 이름을 가진 엑셀 파일로 만든 제 독서 계획표는 제게 지도(map)와도 같습니다. 지식적, 경험적 한계가 많기는 하지만 나름 자문을 구해서, 또 지금까지의 경험을 최대한 이용하여 앞으로 매년 이러이러한 주제로, 이러이러한 책들을 읽어야겠다는 지도를 만든 것이기 때문입니다. 몇몇 주제에 대해서는 개론 수준의 책과 보다 깊은 내용의 책을 순서대로 나열해 놓았습니다. 20년 후에는 꽤 멋진 보물 지도가 되어 있을 독서 계획표를 기대해 봅니다.

주제별로 추천 도서들을 입력한 후, 나름대로 다시 한 번 여러 자료들을 뒤적여 우선순위로 읽을 것, 정말 꼭 읽을 것과 그렇지 않은 것들을 고르기도 합니다. 독서 계획표에 따라 100퍼센트 읽어 온 적은 없으며, 또 앞으로도 그럴 테지만(독서 계획표대로만 읽는 것도 어떻게 보면 문제가 있겠죠), 대략 독서 계획표에 따라 50-70퍼센트 정도 책을 읽는다면, 그렇지 않을 때보다 체계적이고 효율적으로 공부를 하며 책을 읽을 수 있다고 생각합니다. 개인적으로 저는 2015년 정도까지는 여러 분야의 기초 세우기라는 목표를 가지고 독서하려 합니다. 성경 개관, 조금 더 들어가서 성경 각 권에 대한 개관 그리고 성경 신학 입문서, 하이델베르크 교리 문답이나 웨스트민스터 신앙 고백서와 같은 여러 신앙 고백서, 교리 입문서, 교회사 개론서 여러 권. 이런 식으로 각 주제별 그리고 분야별로 땅을 깊게 파기 위한 넓이의 땅을 확보(땅을 깊게 파기 위해서는 어느 정도는 처음에 넓게 파야 합니다.)하는 것입니다. 그 이후에는 본격적인 독서를 할 수 있을 것입니다.

제가 가장 관심 갖는 주제는 당연 성경입니다. 그래서 성경을 꾸준히 통독하면서 성경 전체와 성경 각 권의 개론을 공부할 생각입니다(그렇게 하고 있습니다). 여기에 성경 연구 방법, 성경 해석학에 대한 기본적인 책들도 몇 권씩 보면서 성경 전체에 대한 성경적인 이해, 성경 공부를 위한 바른 성경 해석 등을 먼저 배울 생각입니다. 이와 동시에 저는 가정에서 가족과 함께 할 성경 생활하기를 꿈꾸며 실천중입니다. 말씀대로 성경을 주야로 묵상하며 다 지켜 행하기 위해 가정 예배를 통해 또 가족 전체의 성경 공부 시간을 통해 성경을 읽고 연구하려 합니다.

얼마 전에 결혼한 저는 무엇보다도 가정을 말씀 위에 세우고, 하나님만이 우리 가정을 다스리시는 주인이 되시도록 하는 것에 가장 큰 부담을 갖고 있습니다. 그래서 결혼 첫날부터 기회가 되는 대로 아내와 함께 가정 예배를 드리기 시작했습니다. 처음에는 창세기를 보았고, 이후에 마태복음을 하다가, 요즘에는 교리 공부를 하고 있습니다. 아내에게 더 유익이 많은 시간이어서 요즘 서로 감사해하고 있습니다. 제 꿈은 제가 잘 공부해서 10년마다 가정 예배 시간을 통해 우리 가정이 창세기부터 요한계시록까지 말씀을 잘 배우고 순종하는 것입니다. 이렇게 하면 현재 3살, 1살인 두 딸이 말을 어느 정도 알아들을 때부터 결혼하기 전까지 가정 예배 시간을 통해 성경 전체를 대략 두 번 정도 보게 됩니다. 성경을 각 개인이 공부하는 것도 좋고, 교회에서 강해 설교를 듣는 것은 더욱 좋지만, 가정에서 아빠가 평생에 걸쳐 성경 전체를 들려주는 것도 나름 의미가 있지 않을까요?

가끔 사람들과 독서 이야기를 하다가 이런 저의 독서 생활(계획)을 얘기하면, 사람들은 놀라고 당황스러워하기도 합니다. 또 저보고 목회자냐, 신학생이냐라고 묻기도 합니다. 저는 목회자도 신학생도 신학자도 아닙니다. 다만 하나님을 사랑하는 것이 곧 성경을 사랑하는 것이라고 믿을 뿐이며, 좋은 신앙 서적을 읽지 않으면 하나님의 영광을 위해 살아갈 수 있는 많은 기회를 잃어버리게 될 뿐만 아니라, 하나님의 진리를 잘못 이해하고 잘못 실천할 수 있다고 생각할 뿐입니다. 무엇보다 가정 예배와 신앙 서적 읽기를 통해 저 자신이 엄청난 신앙의 유익을 누려 왔기 때문에 그것을 더욱 사랑할 뿐입니다.

이런 계획과 목록들은 제가 되도록 시간을 낭비하지 않고, 체계적으로 성경을, 진리를 공부하고 이해하고 받아들이도록 도와줄 것입니다. 다시 한 번 말씀드리지만 인생은 짧고, 읽어야 할 책들은 너무 많습니다. 때문에 독서를 하기 전에 책을 어떻게 읽을 것이며, 어떤 책들을 읽을 것인가를 정말 신중하게 생각해야 합니다. 최소한의 시간에 최대한의 효과를 누리기 위해서는 독서하는 방법을 배워야 하고(자기만의 독서법이 있어야 하고), 좋은 책을 고를 줄 알아야 합니다(자기만의 독서 계획표가 있어야 합니다). 마지막으로 여러분이 아직 상당한 독서가가 아니라면 여러분의 멘토와 함께 계획을 짜는 것이 제일 좋습니다. 그렇지 않으면 여러분은 편식으로 영적 건강을 잃을 지도 모릅니다.

작가 편향적 독서

독서가 아직 습관이 안 된 분들은 처음에 작가 편향적 독서를 계획하는 것도 좋습니다. 무엇을 어떻게 시작해야 할지 잘 모르는 상황에서 이것저것 봐야 한다는 부담감이 덜하고, 일단 자기와 코드가 맞는 어느 한 저자가 좋아지기 시작하면 독서에 흥미를 붙일 수 있기 때문입니다. 친구들도 자기와 비슷하고, 더 마음 맞는 친구가 있듯이, 나를 세워 주며 유익을 주는 친구가 있듯이, 작가도 그렇습니다.

저는 조나단 에드워즈, 프랜시스 쉐퍼, 마틴 로이드존스, 김남준 목사님 등과 같은 분들을 좋아합니다. 이분들은 소위 저와 코드가 맞으며, 이분들을 통해 저는 복음을 알게 되었습니다. 평생 작가 두 명 정도를 완전히 섭렵해 보는 것도 의미 있는 일일 것입니다. 그 사람이 복음적인 면에서 건강하고, 널리 인정받는, 어느 한 쪽으로 치우쳐 있지 않고 지성과 경건에 뛰어난 사람이라면 더욱더 좋습니다. 저자 한 사람을 꿰뚫어 가는 기분은 정말 즐거운 일일 뿐만 아니라, 이 책 저 책 잡기식으로 책을 읽어 가는 것보다 열 배 이상의 시너지 효과를 누릴 수 있는 기쁨도 있습니다(깊이에서 말입니다).

저는 네 명의 저자의 책 약 100여 권을 평균 두 번씩 읽었습니다(다섯 번 이상, 열 번 이상 읽은 책들도 꽤 됩니다. 아주 즐거운 경험입니다). 다른 작가들도 그렇게, 또 그 이상 할 계획입니다. 어정쩡한 책 수십 권보다 이들의 책 한두 권이 더 귀하고 유익하다고 생각하기 때문입니다. 여러분도 먼저 한 사람의 저자를 만나 그를 정복해 보십시오.

독서에 대해 계속해서 도움을 구하고 정보를 수집해야 한다

여러분이 초보 독자(초보 독자는 말할 것도 없지만)가 아니라고 해도 남들에게 독서에 대해 '할 말이 생기기 전까지는'(혹 어감이 안 좋더라도 양해바랍니다.) 책 선정을 할 때, 계속해서 믿음의 선배들에게 조언을 구하는 것이 좋습니다(물론 할 말이 생겨도 마찬가지겠지만, 그렇지 않을 때는 더욱). 우리 앞서 존재하는 모든 선배의 유형들은 바로 이런 면에서 우리에게 최고의 선물이 됩니다. 그들은 우리가 자신들이 저질렀던 실수를 하지 않도록 지도해 줄 수 있으며, 자신들이 누렸던 기쁨들을 소개해 줍니다. 그들에게 기꺼이 도움을 요청하고, 또 순종하십시오.

특히 여러분을 정말 잘 알고 있는 사람에게 독서 지도를 요청하십시오. 여러분의 지성, 감정, 의지, 영적인 면 모두를 감지할 수 있고, 여러분을 깊이 사랑하는 멘토에게 요청하십시오. 그보다 더 여러분에게 세세한 관심을 쏟아 줄 수 있는 사람은 없습니다. 시간을 아끼십시오. 책을 사랑하고, 지성의 중요성을 정말 잘 아는 사람일수록 그의 경건도 뛰어나며(기독교 역사가 보여줍니다), 그렇기에 책 한 권도 매우 신중히 선택해 줄 것입니다.

또한 다른 사람들의 서평을 적극 활용할 필요가 있습니다. 각 출판사의 홈페이지, 갓피플과 생명의말씀사와 같은 온라인 기독 쇼핑몰 그리고 각각의 포털사이트에 있는 블로그나 카페 등과 같은 곳에서 다른 사람이 써 놓은 서평을 참고하는 것도 책을 선별하는 데 큰 도움이 됩니다. 읽고 어떤 것들을 어떻게 느꼈으며, 무엇이 주된 내용인지를 각자의 가치관에 따라 서평을 썼기 때문에 여러 사람의 이야기를 종합하면 책의 가치와 주제와 내용을 파악하는 데 많은 도움이 됩니다. 물론 이런 서평들은 우리가 책을 다 읽고 나서, 또 책을 읽는 도중에도 도움이 될 수 있습니다. 책을 정리할 때도 도움이 될 것이고, 책을 읽는 도중 혹 우리가 던져야 할 질문을 위해, 또 잘 이해 안 되는 것을 해결하기 위해서도 다른 사람들의 서평은 자주 유용하게 쓰일 수 있습니다.

책을 선정하는 과정에서 한 가지 더 말씀드리자면, 베스트셀러는 단순히 참고용으로 생각하시라는 것입니다. 많이 팔리는 책이 꼭 좋은 책은 아닙니다. 베스트셀러는 대개 현재 사람들의 관심 분야가 무엇인지를 확인하는 데만 유익할 뿐입니다. 꼭 읽고 싶다면 당장 사지 말고, 1년이 지난 후에 다시 생각해 보십시오. 그때도 살 만한 가치가 있다고 느껴지면 구입하십시오. 그것이 대부분의 베스트셀러를 정직하게 판단하는 좋은 방법입니다(물론 어떤 책들은 말 그대로 너무 탁월해서 베스트셀러가 되기도 할 테고, 그런 경우는 주저 없이 구입해야 하겠지만 말입니다).

스테디셀러도 무조건 다 좋은 것은 아닙니다. 물론 스테디셀러는 베스트셀러와는 달리 훨씬 무게가 있고, 검증된 책들임에는 틀림없습니다. 그럴지라도 그 책들이 성경에 충실하며, 하나님께만 영광을 돌리고, 신자에게 복음적인 위로와 도전을 주고 죄에 대한 회개를 요청하는지 등을 당신의 멘토와 함께 신중히 검토해 보시기 바랍니다. 베스트셀러든 스테디셀러든 항상 검증이 필요합니다. 아무리 강조해도 지나치지 않은 '인생은 짧고, 읽어야 할 책은 너무 많다'는 단순한 진리 때문에라도 말입니다.

책은 삶으로 쓴 것

책은 종이가 아니라 삶입니다. 가볍게 볼 수 없습니다. 많은 사람이 '책은 책일 뿐이다. 하나의 이론일 뿐이다.'라고 생각합니다. 그러나 책은 저자들이 삶으로 쓴 것입니다. 때문에 책은 매우 실제적입니다. 책을 이론이라고 생각하는 사람들은 실제로 그렇게 살 의지가 별로 없거나, 교만하기 때문입니다. 역사상의 위인들은 모두 다른 사람의 말에 귀를 잘 기울이고 책을 사랑했던 사람들이었습니다. 그들은 그 가치와 실제성을 잘 알았던 것입니다. 그러니 책은 한 위대한 선배의 이야기를 듣는다는 겸손한 태도로 읽어야 합니다.

독서팁 2 - 독서 중에 유익한 팁

책을 '더럽게' 보십시오

'어떤 의미에서' 책을 깨끗하게 보겠다는 것은 자신의 머릿속에 아무것도 채워 넣지 않겠다는 것과 같습니다. 책을 읽을 때는 깨끗하게 보면 안 됩니다. 말 그대로 깨끗하게 본 것은 읽지 않은 것과 똑같을 때가 많습니다. 깨끗하게 보면 우리 머리도 그대로 깨끗한 상태로 남아 있게 됩니다(한 달 전, 아니 2주 전에 읽은 책들을 생각해 보십시오). 좋은 신앙 서적을 읽을 때는 반드시 공부를 하면서 읽어야 합니다. 밑줄을 치는 정도가 아니라 중요한 부분은 모서리를 접고, 여백에는 자신의 생각과 느낌을 조금씩이라도 써 놓는 것이 좋습니다. 특히 좀 더 연구하고 묵상해야겠다 싶은 부분들에 대해서는 따로 독서 카드 같은 것을 만들어서(저는 한글 파일로 된 독서 노트가 있습니다.) 사용하면 좋습니다(독서 메모 시 비교, 반론, 동의, 통찰, 다른 책의 어디와 연결, 추가 질문 등을 써 넣으십시오).

우리의 독서 카드가 산술급수적으로 늘어갈수록, 우리의 사고력은 기하급수적으로 자라 갈 것입니다. 물론 이렇게 하려면 책 읽는 속도가 무척 더디고, 때로는 얼마나 귀찮은지 모릅니다. 그러나 책을 많이 읽고, 지식을 자랑하려는 게 우리의 목표가 아니라 책을 통해 바른 지식을 잘 배우고, 또 변화되는 것이 우리의 목표임을 기억하시면서 천천히, 꾸준히 실행해 보십시오. 때문에 책을 절대 빨리 읽으려고 하지 마십시오. 처음 다섯 권, 열 권까지는 이렇게 하는 것이 무척 어렵고, 옮기고 적고 생각해야 할 내용들도 많아서 부담이 많이 될 수도 있습니다. 하지만 이것이 정말 제대로 쌓여 간다면 이 일 자체가 점점 수월해질 뿐만 아니라, 생각해야 할 내용도, 옮겨야 할 분량도 줄어들 때가 많아집니다. 사고력이 자라기 때문에 나타나는 당연한 결과입니다(물론 사고력이 사람에 따라 적어야 할 것, 생각해야 할 것이 이전보다 훨씬 더 많이 늘어나기도 하겠지만 나중에는 그런 현상을 사랑하게 될 것입니다!).

책을 '더럽게' 봐야 내용이 오래 남습니다. 특히 문득문득 생겨난 발상들은 그 순간뿐(오, 이런 일이 얼마나 자주 있는지요!)일 때가 많습니다. 바로 적지 않으면 거의 다시는 떠오르지 않습니다. 때문에 공부하는 독서에서 최적의 태도는 펜과 노트를 항상 옆에 두는 것입니다. 기록이 기억을 지배하도록 하십시오. 많이 읽고 많이 쓰십시오.

너무 쉽게 읽히는 책은 중간에 덮어도 좋다

너무 쉽게 읽히는 책이라면 읽지 마십시오. 중도에 덮어도 무방합니다. 사람은 너무 쉬운 일에는 아무 성취감도 맛보지 못합니다. 너무 쉬운 책들은 거의 아무것도 우리에게 주는 것이 없습니다. 읽는 순간만 잠시 달콤하고(쉽게 이해하고 받아들이니까), 자기 위안만 될 뿐입니다. 독서를 하는 과정에서도 앞서 말씀 드린 15도 태도를 생각하십시오. 책의 내용이 우리를 어느 정도는 고민하게 해야 합니다(물론 머리를 식히기 위한 독서도 존재할 것입니다. 그러나 우리는 지금 믿음을 자라게 하는 신앙 서적 읽기에 논의를 제한하고 있습니다). 그래야 우리 안에 배움과 성장이 있게 됩니다.

신앙 서적의 권위와 건전한 비판적 태도

저자가 아무리 권위 있는 사람이라도 그의 모든 사상에 따르지 마십시오. 먼저 그것이 성경적인지 아닌지를 판단하는 것이 중요합니다. 저자도 인간입니다. 완벽하지 않습니다. 실수할 수 있습니다. 따라서 우리는 오로지 하나님 한 분께만, 그분의 뜻과 의지에 부합하는 성경적인 사고에만 순종해야 합니다. 끊임없이 비판하면서 읽으십시오. 질문을 많이 하십시오. 토를 많이 다십시오. 과연 그러한가 아니한가 하는 의심을 많이 해 보고 증거도 직접 찾아보십시오. 그러나 너무 지엽적인 문제로 열정을 낭비하지는 마십시오.

소모적인 논쟁을 피하십시오. 찬성할 땐 찬성 의견을, 반대할 땐 반대 의견을 내십시오. 이와 반대로 비판은 잠시 접어 두고 저자의 입장에서 읽어 보는 것도 필요합니다. 왜 그 책을 써야만 했는지에 대해 여러분이 먼저 저자의 입장을 고려해 보지 않는다면 여러분은 소모적인 논쟁은 피할 수도 없을 뿐 아니라, 결국 책이 전해 주고자 하는 진의를 놓칠 수도 있습니다.

속독보다는 정독, 다독보다는 다회독

토머스 홉스Thomas Hobbes는 "만일 내가 다른 사람들처럼 많은 책을 읽었다면 나도 다른 사람들처럼 무식할 것이다."라고 얘기했다고 합니다. 책을 생각 없이 읽고 소화하는 과정을 거치지 않으면 아무 소용이 없다는 뜻일 것입니다. 독서의 목표는 책을 많이 읽는 것이 아닙니다. 지식을 뽐내기 위함도 아닙니다. 하나님을 알고, 그분의 뜻을 이루고자 책을 읽는 것입니다. 그래서 속독이나 정독보다는 몇 번이고 되씹는 정독과 다회독으로 책을 읽어야 합니다.

책을 읽고도 변화되지 않는 이유는 책을 체화하지 않고 그냥 읽어 내기만 하기 때문입니다. 책의 내용을 우리 것으로 만들기 위해서는 밥을 꼭꼭 씹어 먹듯이, 하나의 단어, 하나의 의미라도 결코 빠뜨리지 않고 다 내 것으로 만들겠다는 열정으로 책을 독파해야 합니다. 그냥 쭉 한 번 읽어 버리는 독서로는 안 됩니다. 시간이 좀 더 걸리더라도 좋은 책을 천천히, 여러 번 읽을 때 우리 안에 열매가 자랍니다.

물론 이미 읽었던 책에서 정보를 얻기 위한 것이나, 말 그대로 정보를 얻기 위해 보는 책을 위해서는 속독이 필요할 수 있습니다. 그러나 경건을 목적으로 한다면 속독은 거의 너무 나쁜 방법입니다. 정말이지 속독은 단지 정보를 얻기 위해, 잡지나 정보지를 읽을 때만 필요합니다. 성경과 경건 서적을 읽을 때는 최대한 천천히 읽어야 합니다. '어떻게 천천히 읽을 것인가?'를 고민해야 합니다. 저는 다독(물론 저는 많은 책을 읽을 생각입니다. 여기서 말하는 다독의 의미는 분명한 목적과 의식이 없이 무작정 "나 몇 권 읽었어~."라고 결과에만 만족하는 의미 없는 독서를 말합니다.)과 속독이 영혼의 적이라고 생각합니다. 그것은 제게 해충과도 같습니다. 그것들은 생각하지도 않았으면서 생각한 양, 나의 것도 아니면서 나의 것인 양 착각하게 해 줍니다(이것을 확실하게 알 수 있는 방법이 있습니다. 책을 읽고 난 6개월 후에 질문해 보면 됩니다). 말과 행동이 다른 사람들의 독서 습관이 바로 분명한 목적 없는 다독과 속독입니다.

물론, 대부분의 책들은 한두 번 정도 읽는 것으로 그 책이 주고자 하는 것, 우리가 얻고자 하는 것을 취할 수 있을 것입니다. 그러나 우리가 고전이라고 부를 수 있는, 명저라고 말할 수 있는 좋은 책들은 한두 번의 회독으로 책을 소화한다는 것이 어려운 경우가 많습니다(물론 사람마다 차이가 있겠지요). 좋은 책은 그 깊이와 넓이가 우리의 지식과 경험을 초월합니다. 저자가 오랜 세월을 거쳐 집중적으로 연구하며 씨름하고 실천적으로 살아온 내용을 편안한 의자에 앉아 단 한 번 쭉 읽은 것으로 소화하려는 것 자체가 '부당한 욕심'입니다. 그러니 좋은 책일수록 한 번에 모든 것을 다 이해하려고 하지 마십시오. 한두 번의 회독으로 책을 소화하겠다는 과도한 욕심은 실제로는 책을 소화하지도 않았으면서 소화한 것처럼 만드는 교만의 선봉입니다.

고전 또는 명저의 경우, 1회독 시에는 가벼운 마음으로 숲을 본다는 생각으로 읽으십시오. 2회독 시에 좀 욕심을 내어 읽으시되, 최소 3-4회독은 하셔야 의미를 찾으실 수 있습니다(다시 말씀드리지만 개인의 사전 지식과 독서 능력에 따라 다릅니다).

도서의 성격을 주의하며 읽어야 한다

너무 당연한 이야기지만, 도서의 성격 즉, 책이 문학서인지, 신학서인지 등의 구분을 항상 주의하면서 읽어야 합니다. 성경의 각 권을 읽을 때 시편을 역사서로, 창세기를 단지 문학으로 읽으면 안 되는 것처럼 말입니다. 신앙 서적도 마찬가지입니다. 그 책을 쓴 본목적과 의도를 항상 기억하며 읽어야 합니다. 예를 들어, 『내려놓음』과 같은 수필 형식의 책을 읽을 때는 개인적 신념과 보편적 신학을 구분할 수 있어야 합니다. 우리는 보통 이런 구분 없이 책을 읽다가 마음에 감동을 주는 어떤 명제들을 '진리'로 규정해 버릴 때가 많습니다. 물론 교리와 신학 서적을 읽을 때도 주의해야 합니다. 그렇다면 일반적인 경건 서적들, 즉 교리적인 치밀함보다는 삶 자체에 강조를 많이 두는 신앙 서적을 읽을 때는 더욱더 조심해야 하지 않을까요? 우리도 모르는 사이 개인적인 신념이나 경험이 우리에게 진리로 오인될 가능성이 더 많기 때문입니다.

수험생처럼 공부하면서 읽어야 한다

고시 시험을 준비하는 사람, 공무원 시험을 준비하는 사람, 수능 시험을 준비하는 사람들의 특징(특히 합격생들의 특징)은 한 권의 책을 여러 번 반복해서 본다는 것입니다. 한 과목에 대한 비슷한 책이 여러 권 있는 경우에는 그중 자기에게 맞는 한 권의 책을 '교과서'로 택한 후, 그 책을 중심으로 다른 책들은 참고삼아 공부를 합니다. 교과서로 택한 책을 여러 번 반복하며 공부하면서 다른 책들에서 좀 더 도움이 될 만한 내용들이 있는 경우는 그것들을 따로 떼어 교과서에 첨가하는 식입니다. 이렇게 '단권화'를 하는 동시에 계속해서 책을 다회독합니다. 시험장에서 문제를 봤을 때, '아, 이 문제는 어느 페이지 가운데쯤에 있다!'라는 생각이 들 정도로 말입니다. 그 정도로 공부해야 시험에 합격할 수 있기 때문입니다(합격자들은 보통 7회독을 기본으로 한다고 합니다).

신앙 서적을 보는 이유는 저들처럼 어떤 시험에 합격하기 위해서는 아닙니다. 그러나 저들처럼 공부하지 않는다면 우리는 책을 많이 읽었다는 기억 외에는 거의 아무것도 건질 수가 없을 것입니다. 우리는 고3 수험생처럼 책을 읽어야 합니다. 줄치고, 요약하고, 보충하고, 쟁점 사안에 대해 다른 책들을 참고하여 관점을 넓히고, 계속하여 반복하여 보고, 질문하고, 자신의 언어로 다시 풀어 써 보고, 친구들에게 설명해 봄으로써 자신이 얼마나 알고 또 이해하고 있는지, 확신하는지, 자기 것으로 만들었는지 시험해 보아야 합니다. 이렇게 보지 않으면 정말 한 달만 지나도 책을 읽고 무엇을 배웠는지 거의 기억하지 못하게 됩니다. 물론 모든 책을 다 이렇게 읽어야 하는 것은 아닙니다. 목적에 맞게 이렇게 읽어야 합니다. 신앙 전기를 읽는데 이렇게 읽을 필요는 없습니다. 신앙 전기의 목적은 주로 우리에게 도전과 격려를 주는 것에 있기 때문입니다. 수필 형식의 경건 서적들도 마찬가지입니다. 그러나 교리를 다루고 있는 신학 서적의 경우는 한두 번 읽어서는 소화할 수 없습니다. 신학 서적들의 목표는 우리에게 성경에 계시된 하나님의 진리들을 체계적으로 우리에게 전해 주는 데 있기 때문에 수험생들이 시험을 앞두고 공부하는 것처럼 공부하면서 읽어야 합니다.

독서팁 3 - 다 읽고 나서

반드시 서평을

서평을 쓰십시오. 자신의 표현으로 고백해야 자기 것이 됩니다. 자신의 생각과 느낌을 자기 언어로 표현해야 자기 것이 됩니다(보너스로 서평을 통해 표현력도 생기고, 서평을 쓰기 위해 어쩔 수 없이 읽기 능력도 향상됩니다). 글로 남겨야 오래 남습니다. 물론 서평 쓰는 일은 오랜 시간과 많은 에너지를 요합니다. 하지만 서평을 꾸준하게 쓰는 사람들은 말합니다. 서평을 쓰지 않으면 책을 읽은 것이 아니라고! 서평을 쓰는 사람과 그렇지 않은 사람의 독서 생활과 그 열매를 자세히 관찰해 보시면 이 말의 의미를 아실 수 있습니다. 그러니 여러분이 책을 통해 무엇을 배웠는지, 무엇을 다짐하고, 무엇을 느꼈는지, 어떤 변화가 시작되고 또 시작되려 하는지를 기록하십시오. 여러분이 다른 사람들에게 무엇을 나누어 주고 싶은지, 다른 사람들에게 알리고 싶은 것은 무엇인지 기록하십시오. 바로 여러분의 언어로 여러분의 마음을 가장 솔직하게 표현해 보십시오. 처음에는 표현도 서툴고 글의 양도 많지 않을지 몰라도, 나중에는 짧게 쓰는 것이 어려워질 것이고, 더 좋은 표현을 찾느라 머리를 돌리는 자신을 보며 웃고 있는 날도 있을 것입니다.

적어도 세 명 이상과 나누라

그리고 적어도 세 명 이상과 나누십시오. 제가 책을 오래 기억하는 방법 중 최고, 최선의 방법이 바로 이것입니다. 저는 좋은 책을 읽고 나면 그 즈음에 만나는 거의 모든 사람에게 책 내용과 제가 깨달은 것, 다짐한 것, 지켜 나가기 시작한 것들을 이야기합니다(당연히 오래 기억할 수밖에 없고, 동역자들은 계속해서 저를 자극할 것이기 때문에 많은 부수적인 유익을 누릴 수 있습니다). 이렇게 하면 대화하는 가운데 많은 것들이 정리가 되기도 하며, 상대방의 질문과 반론, 조언 등에 따라 더 풍성한 배움의 유익을 얻기도 합니다. 이것은 특히 서로가 같은 책을 읽고 만나서 이야기할 때 더욱 효과적입니다.

요약과 정리도 큰 도움이 된다

또 누군가에게 가르치고자 하는 마음으로 책을 읽고 요약하고 정리하는 것도 좋습니다. 우리는 온전히 이해하고 있는 것만을 타인에게 전할 수 있습니다. 책을 소화하는 가장 분명한 방법 중 하나가 바로 이것, 누군가에게 가르치고자 하는 마음으로 책을 읽고 요약하고 정리하는 것입니다. 가르침의 경험을 한 모든 사람이 동의하듯, 우리는 가르치려고 준비할 때 정말 많은 공부를 하게 되며, 또한 실제 가르칠(무엇인가를 전해 줄 때) 때 우리 스스로가 더 많이 배운다는 것을 알고 있습니다. 이것은 꽤 힘든 일이기는 하지만 수고로움에 비해 얻는 열매를 생각할 때는 얼마나 해 볼 만한 일인지요! 정말 최고의 배움은 나누고 가르치는 것입니다!

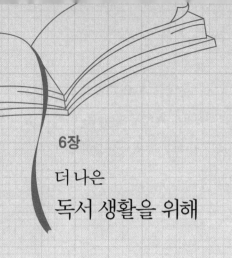

6장

더 나은
독서 생활을 위해

사탄은 우리가 책 읽는 것을 싫어합니다. 우리의 사고가 깨지고 확장되는 것을 두려워합니다. 우리가 마음과 뜻과 힘을 다해 하나님의 말씀을 알려 하고, 하나님을 알기 위해 여러 좋은 신앙 서적을 읽는다는 것은, '아담이 타락하기 전의 하나님과 이 피조된 세계에 대한 참된 지식'에 가까워지는 길이기 때문입니다. 그래서 사탄은 먼저 우리로 하여금 책을 안 읽게 하려고 합니다. 다음으로 읽긴 읽되 제대로 안 읽게 합니다. 다음으로 책을 제대로 읽되 무력감에 빠지게 합니다. 많은 사람이, 세상이 예수 그리스도를 생각하듯, 교훈이나 감동에 집중하게 하는 것입니다. '살아 있는 영원한 진리'에서 살짝 벗어나서 말입니다.

우리는 무엇을 위해 책을 읽습니까? 많은 사람이 하나님이 우리에게 진정 근본적으로 원하시는 것과 우리가 주의하여 고쳐야 할 것들을 염두에 두지 않고 읽습니다. 많은 사람은 그저 감동받아 우는 것으로 만족하거나 '지적으로 확장된 어떤 느낌'을 가지고 책을 덮으며, 그것으로 며칠을 삽니다. 그리고 '새로운 자극'을 찾아 다른 책을 집어 듭니다. 기억합시다. 하나님 앞에서 우리는 개선되어야 할 존재가 아니라 '거듭나야 할 존재'입니다. 하나님 앞에서 철저히 무너지고, 깨져야, 그때야 비로소 참 우리의 모습을 가질 수 있습니다. 그때야 우리는 하나님을 온전히 사랑하고, 예배할 수 있습니다. 이 모든 것을 위해 책을 제대로, 온전히 읽을 때 책은 우리에게 많은 도움을 줍니다.

독서할 수 있는 환경 만들기

저는 책을 항상 가지고 다닙니다. 무게(내용의 무게)를 두고 읽어야 할 책은 집이나 도서관 등에서 봐야 하지만, 그렇지 않고 가볍게 읽을 수 있는 책들(200페이지 전후의 얇은 책이나 소책자가 특히 좋더군요. 그리고 바로 본서와 같은 책들)은 출퇴근할 때, 특히 약속이 있을 때나 어디 접수하러 갈 때 가지고 다닙니다(은행, 병원, 미용실 등에서 기다리는 동안 잡지와 만화를 보기보다는 내 영혼의 강건함을 위해 소책자 등을 가지고 다니는 것이 유익합니다). 지하철에서 따분하게 시간을 보내는 죄를 짓지 않을 수 있으며, 약속을 잘 지키지 않는 사람들을 만날 때는 더욱 좋습니다. 항상 책을 가지고 다니십시오. (정말!) 언제 어디서 보게 될지 모릅니다. 또 더 의식이 많이 가기 때문에 더 읽으려고 노력하게 됩니다. 책 한 권 무겁다는 이유로 자신의 게으름을 방어하지 마십시오. 가방 속에 책 말고 뭐가 들어가야 할까요? 취미와 외모에 쏟는 시간과 돈과 정성의 1/5만 투자해도 영혼이 살찝니다. 책 한 권 없이 하는 가벼움으로 삶 전체를 가볍게 하지 맙시다.

독서할 수 있는 시간 만들기

반드시 자신만의 독서 시간을 만드십시오. 여러분이 숨을 쉬며, 물을 마시고, 밥을 먹으며, 운동하고, 오락하며, 머리에 왁스를 바르고, 얼굴에 화장을 하는 시간처럼. 그 시간들이 반드시 존재하는 것처럼! 아침에 일어나서 20-30분이라든가, 점심 때 15-20분, 저녁 시간 때 40분. 이런 식으로 여러분이 시간을 낼 수 있는 가장 최적의 시간대와 시간을 설정하고 스케줄 일람에 체크하고, 주위에 알리고(무척 효과적입니다. 그 사람이 여러분을 주시하고 있으므로) 당장 실천하십시오. 누군가가 뱀이 하와에게 했던 것처럼 당신을 유혹하면 당장 내쫓으십시오!

독서 계획표(독서 통장) 만들기

저는 엑셀 프로그램을 이용하여 독서 계획표를 만들어 사용하고 있습니다. 도서명과 지은이, 옮긴이, 출판사 그리고 회독수를 표시할 수 있게 했으며, '회독수 표시란'에는 책을 읽은 기간까지 적습니다. 엑셀 프로그램을 사용하면 메모 기능을 이용하여 책에 대한 간단한 정보 등도 적을 수 있습니다. "이 책은 이러이러한 점이 부족하다. 이것을 보완하기 위해서는 누구의 어떤 책을 함께 보는 것이 좋다." 등의 내용도 적어 놓습니다.

서평(독후감) 쓰기

책을 읽었으면 글쓰기에 도전합시다. 표현하는 만큼 우리에게 자극이 됩니다. 서평은 친구들에게 책을 소개한다는 마음으로 쓰면 됩니다. 책을 쓸 것도 아닌데 좀 부족하면 어떻습니까? 처음부터 쉬운 일은 없다는 것에 위로를 받고 꾸준히 쓰다 보면 사고력이 정확해지고, 논리적으로 자라 가게 됨을 삶에서 확인할 수 있을 것입니다. 보통 대부분의 사람은 책을 읽는 것보다(책 읽는 것도 얼마나 힘든데요!) 글을 쓴다는 것에 더 많은 부담감을 가지고 있습니다.

> 독서는 사람을 충실하게 만들고, 회의는 준비된 사람을 그리고 글을 쓰는 것은 정확한 사람을 낳는다. 어떤 책은 맛봐야 하고, 어떤 책은 삼켜야 하고, 극소수의 책만이 씹어 소화해야 할 것들이다.
> - 프랜시스 베이컨 Francis Bacon

그럼에도 글을 써(보아)야 하는 이유는 베이컨의 말처럼 글을 쓸 때 생각이 더욱 정확해지기 때문입니다. 생각과 느낌과 경험은 말로 하는 것보다 글로 표현하면 더욱 정확해집니다. 한 번 내뱉은 말을 계속 기억해 가면서 다음 말을 한다는 것에는 한계가 있지만, 글은 그렇지 않기 때문입니다. 또 말보다 글을 쓸 때 우리는 더욱 바르고 좋은 문장을 생각하게 되기 때문입니다. 또 대부분의 사람이 실제 글을 쓰기 시작할 때 비로소 자신이 무슨 생각을 하는지 알게 되기 때문에라도 우리는 책을 읽고 생각을 정리할 때 글로 정리하는 습관을 길러야 합니다. 그렇게 하지 않으면 생각은 무척 순간적일 뿐일 때가 많거나, 완전히 뒤죽박죽이 될 것입니다. 이것은 특별히 어떤 주제를 정하고 나서 그것을 생각만 할 때와 생각을 글로 적어 볼 때를 비교하면 알 수 있습니다.

글쓰기가 주는 또 하나의 유익은 우리가 글을 쓸 때 책에 대한 글의 이해도가 자란다는 것에 있습니다. 내가 무엇을 알고 있는지, 또 알게 됐는지, 얼마나 이해하는지를 알 수 있으며, 책을 읽을 당시에는 정리가 되지 않거나 이해 안 되었던 것들이 글을 쓰는 과정에서 정리가 되고, 이해되는 일들도 자주 생깁니다.

서평 쓰기가 주는 또 하나의 유익은, 우리가 동일 저자 또는 동일 주제로 글을 몇 번 쓰다 보면 어느새 그것에 대한 자기 나름대로의 관점이 생긴다는 것입니다. 이것은 무척 중요한 일입니다. 그렇게 쓰다 보면 나중에는 어떤 저자나 주제에 대해서든 자연스럽게 수필 한 편쯤은 가볍게 쓸 수 있게 됩니다.

책을 읽고 글을 쓰는 것은 매우 중요합니다. 우리는 아는 만큼만 자신을 통제할 수 있습니다. 그렇지 않으면 다른 사람들의 생각에 우리의 삶을 맡겨야 합니다. 우리가 의식하든 그렇지 않든, 인정하든 그렇지 않든 그렇습니다. 둘 중 하나일 수밖에 없습니다. 때문에 책을 읽으며 사고를 자극해야 하고, 글을 씀으로 다른 사람의 생각과 본인의 생각을 구별할 수 있어야 합니다. 그리고 자신만의 생각을 정립해 나가야 합니다. 우리 삶을 타인에게 맡길 수는 없는 노릇 아닙니까?

서평 쓰기 방법

서평(사실 요즘은 서평과 독후감의 차이가 거의 사라진 듯해서 여기서도 이 둘을 구분하지 않겠습니다.)을 쓸 때 왕도가 있겠습니까마는, 일반적인 방법 하나를 말씀드리자면, (1) 저자는 누구며(무엇에 관심이 있는지, 역할, 성과 등) (2) 왜 이 책을 썼는지에 대한 내용이 처음에 나와야 합니다. (3) 그 후에 전체 내용을 요약하고, (4) 자신의 감상을 짧게 정리한 뒤, (5) 주요 쟁점을 비평하면 됩니다. 저자가 누구인지에 대한 정보와 그가 왜 이 책을 썼는지(써야만 했는지)를 이해한 후에 책을 읽고 자신의 생각을 정리하는 것은 책을 잘 읽는 것과 더불어 좋은 서평 쓰기의 기본이자 전부라고 해도 과언이 아닙니다. 그리고 나중에 언제라도 다시 봤을 때 금세 책 전체의 내용을 확인하기 위한 '전체 내용 요약하기'는 각 챕터별로 짧게 요약해도 좋고, 단순히 전체 내용을 두세 문단의 줄거리로 정리해도 좋습니다. 자신의 감상을 정리하는 부분에서는 책 전체에서 받은 감상도 좋겠고, 특별히 큰 교훈과 은혜를 받은 부분에 대한 감상도 좋을 것입니다. 그리고 마지막으로 책에서 말하는 중심 사상에 동의하면 어떠어떠해서 동의한다고, 반대한다면 어떠어떠해서 반대한다고 성경적인 사고에 근거한 우리의 주장을 기술하면 됩니다. 저는 이 부분이 가장 중요하다고 생각합니다.

대략적으로 말씀드렸지만 정말 서평 쓰기에는 왕도가 없습니다(형식도 방법도). 글은 많이 써 봐야 늡니다. 정말 그렇습니다. 자꾸 써 보지 않으면 머리와 가슴과 손은 굳어지고 많이 쓰면 쓸수록 더 잘 쓰게 됩니다. 만약 서평을 처음 쓰기 시작하는 것이라면 50자 서평, 100자 서평, 200자 서평식으로 늘려가는 것도 좋은 방법입니다. 왜냐하면 처음부터 저자는 누구인데, 이 책에서 주장하는 것은 무엇이고, 나는 그것에 대해 이러저러하게 생각한다와 같이 쓰려고 하면 질식하게 될지도 모르기 때문입니다.

서평 쓰기 실제

실제 글을 쓸 때 제일 처음 부딪히는 어려움 중 하나는, 처음부터 완성된 서두로 시작하려는 것입니다. 이 문제는 생각보다 심각합니다. 거의 대부분의 사람이 서두부터 쓰다가 서두를 완성해서 쓰는 것이 너무 힘든 일임을 깨닫고 아예 글을 포기하기 때문입니다. 저도 그런 성향이 강한데, 이런 성향이 좀 부끄러운 일임을 얼마 전에 알게 되었습니다. 탁월한 작가들도 처음부터 서두를 완성해서 써 나가는 사람이 많지 않다는 사실을 알게 되었기 때문입니다. 실제 서두는 거의 맨 나중에 쓰는 것이 일반적이라고까지 합니다. 처음부터 한 문장, 한 문장을 완성해서 쓰려고 하면 엄청난 스트레스를 받기 때문에 꼭 처음부터 '완성'을 해야겠다는 부담감을 떨쳐 버리고 '글이 써지는 대로' 쓰는 것이 좋은 것 같습니다.

그렇다면 글을 이렇게 써 보면 어떨까요? 일단, 책을 읽고 난 후 여러분이 갖게 된 생각과 느낌의 조각들이 있을 것입니다. 그러면 문장이 되든 안 되든 그것들을 쭉 나열하는 것입니다. 단어 하나일 수도 있고, 불완전한 문장일 수도 있습니다. 상관없습니다. 그냥 쭉 나열합니다. 머릿속에 생각으로 가지고 있는 것과 일단 쭉 나열해 보는 것과는 차이가 있음을 보시게 될 겁니다. 그리고 이제 쓰면 됩니다. 이때도 전체를 당장 완성하려고 할 필요는 없습니다. 그냥 비슷한 내용을 담고 있는 생각, 느낌들을 한데 모은다는 생각으로 이어 주면 됩니다. 이렇게 하면 몇 개의 문장, 또는 문단이 생깁니다. 마지막으로 전체를 다듬으면 괜찮은 글 한 편이 나옵니다.

여기서 한 가지 주의해야 할 사실이 있습니다. 하고 싶은 말을 모두 해야겠다는 생각을 버려야 한다는 것입니다. 자신이 생각할 때는 좋은 내용이어서 꼭 넣고 싶을 수 있으나 글 전체적으로는 별로 어울리지 않는 내용들이 간혹 나옵니다. 아까운 마음이 들더라도 과감해야 합니다. 실제 저자들은 자신의 원고 중 많은 양을 버린다고 합니다. 그래서 저도 자주 버립니다. 참 많이 버립니다. 아까운 마음이 들기도 하지만 그것이 그렇지 않을 때보다 좀 더 괜찮은 글을 만들어 주는 것 같습니다.

서평을 쓸 때 유의해야 할 점

서평을 쓸 때 유의점은, 글이 간증이나 요약이 되어서는 안 됩니다. 책에 대한 명확한 이해 없이 책의 어떤 특정한 부분에 감동받은 것으로 책 전체에 대한 글을 쓴다면 너무 아쉬운 일입니다. 또 그 감동이 책 전체에서 주고자 했던 것과 상반될 위험도 있기 때문에 주의해야 합니다. 또 요약식의 글도 별로 바람직하지 않습니다. 서평은 저자의 생각을 단순히 요약하는 것이 아니라 자신의 생각이어야 합니다. 그래야 의미가 있습니다.

또 한 가지 유의점은, 비판적 태도입니다. 보통 사람들은 책을 읽을 때 자신과 맞는 생각에 줄을 칩니다. 자신과 맞는 이야기에는 맞장구를 치고, 그렇지 않은 내용에는 고개를 갸웃거리며 물음표를 그려 넣습니다. 그리고 서평을 쓸 때 자신과 맞는 부분은 칭찬을 하고, 맞지 않는 부분은 그냥 아쉽거나 싫다고 쓰는 경우가 많습니다. 보통 누구나 그런 것 같습니다. 자기에게 맞는 저자, 내용에 대해서는 칭찬 일변도적 태도가 나오지만, 그렇지 않은 경우는 거의 반사적인 부정적 비판이 나오기 십상입니다. 그래서 서평을 쓰기에 앞서 가장 중요한 태도 중 하나가 책을 정말 잘 읽는 것입니다. 나와 맞느냐, 내가 좋아하느냐, 지금 내가 하는 일에 어떤 영향을 미치느냐를 떠나서 생각할 수 있어야 합니다. 그것이 과연 성경적이고, 합리적인가를 생각해야 하며, 그에 맞게 칭찬하고 비판해야 하는 것입니다. 내가 기준이 되어서는 안 되며, 오직 성경만이 기준이 되어야 합니다. 그렇지 않으면 왜 책을 읽습니까? 대체 독서를 통해 무엇을 배울 수 있겠습니까? 단지 속좁은 내 생각이 맞다고 다시 한 번 자기 확인만 한 것밖에는 아무것도 아니지 않습니까?

상상 독서법

책을 잘 읽는 방법으로 상상 독서법이 있습니다. 책 제목이 기억이 안 나는데, 저는 그 책에서 저자가 책을 읽을 때 자신이 전도자나 설교자가 되어서 청중에게 소리내어 말하는 것처럼 읽는다는 부분을 읽고 큰 자극을 받았습니다. 그 저자는 무엇보다 그렇게 읽으면 자신이 선포하고 고백하는 내용에 자신이 감동을 받는다고 말했습니다. 그래서 저도 그때부터 두 가지 상상 독서법으로 책을 읽기 시작했습니다. 여러분 중에 이런 상상 독서법을 활용하시는 분도 계시겠지만, 혹 모르고 계신 분들을 위해 간단하게 소개해 드립니다.

먼저, 나 자신이 저자(설교자)가 됩니다. 내 앞에 세상을 데려다 앉힌 후 저자와 같은 심정으로, 저자가 책을 통해 간절히 말하고 싶어한 것들을 선포하는 마음으로 읽습니다. 실제 소리를 내어 읽기도 합니다. 소리를 내서 읽든 그렇지 않든 평상시보다는 책 읽는 속도가 조금 느려지겠지만 얻는 것은 그에 비례하여 많아집니다. 그렇게 타는 듯한 마음으로 사랑 안에서 진리를, 진리 안에서 사랑을 스스로에게, 세상에게 선포합니다.

이번에는 책을 읽을 때 저자를 강단에 세웁니다. 그리고 독자인 나는 첫째 줄 중간에 앉아서 저자를 바라봅니다. 그리고 그가 선포하는 메시지를 잘 듣습니다. 그와 나와의 둘만의 모임이기에 내 영혼을 울리거나, 기도 외에는 아무것도 할 수 없는 등의 자극을 받으면 주저하지 않고 책을 덮은 후 기도합니다. 또 찬양합니다. 그리고 계속해서 저자를 초청하여 그가 책 안에 담으려고 했던, 즉 행간의 의미를 읽어 내려고 애씁니다.

이 두 가지 방법을 사용하되, 전제가 있습니다. 책을 읽기 전 책을 가슴에 품고 이렇게 기도합니다. "하나님, 이 책이 단순히 글자와 추억으로만 제 안에 남지 않기를 원합니다. 이 책을 읽을 때 저자를 통해 말씀하시는 하나님의 마음을 온전히 알게 하옵소서. 책을 통해 하나님만 바라보고, 하나님만 추구하게 하옵소서. 책을 통해 깨닫고 느낀 것들을 그대로 살아내게 하옵소서. 오직 하나님의 영광을 위해 이 책이 내 안에서 체화되게 하옵소서. 책을 읽는 만큼 내 영혼이 그리스도 예수를 닮게 하옵소서. 성령께서 이 모든 일을 책임져 주옵소서. 예수님의 이름으로 기도합니다, 아멘."

믿음과 은혜는 거룩한 열정으로 추구하지 않고는 결코 쉬이 맛볼 수 없습니다. 책을 많이 읽어도 변화되지 않는 이유는 기도하며 읽지 않기 때문입니다. 다른 모든 일과 마찬가지로 독서도 기도가 생명입니다. 책을 읽기 전, 읽으면서, 다 읽고 난 후, 하나님의 도우심과 은혜를 간절히 구하면서 지적 유희를 위해서가 아니라 우리 자신과 세상의 구원, 무엇보다 하나님의 영광을 위해 책을 읽는다면 책은 반드시 우리에게 맛있는 열매를 선물해 줍니다. 책을 읽는 목적이 결코 다독이 아니라면, 지식을 뽐내기 위한 것이 아니라면, 논쟁을 위한 것이 아니라면 가끔은 상상 독서법을 이용해 보시면 어떨까요?

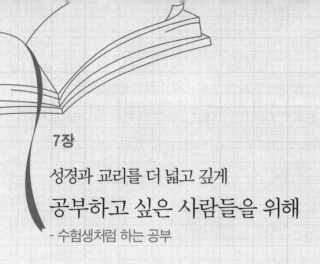

7장

성경과 교리를 더 넓고 깊게

공부하고 싶은 사람들을 위해
- 수험생처럼 하는 공부

　이번 장에서 이야기하는 내용은 성경과 교리를 열심히 공부하고 싶은 마음과 열정은 있는데, 어떻게 체계적으로 공부하며 정리해야 하는지 잘 모르시는 분들에게 도움이 될 것입니다. 저는 학창 시절에는 건강상의 이유로 공부에 집중하지 못했습니다. 군 제대 후 신앙 서적을 본격적으로 읽기 시작하면서 독서 방법을 배우기 시작했고, 20대 후반 수험 생활을 하면서 더 깊고 효과적인 독서 방법 또는 공부 방법을 배우게 되었습니다.

　이번 장에서는 바로 이 방법들을 이용해 성경 공부, 독서하는 법을 나누려고 합니다. 학창 시절의 공부법, 또는 수험생의 공부법을 가지고 하는 이야기기 때문에 내용 자체는 어렵지 않습니다. 다만 수준 있는 독서 방법이기 때문에 더욱 실천이 중요합니다.

　이하의 글에서 저는 독서와 공부를 때론 같은 의미로 사용할 것입니다. 많은 경우 공부는 기본적으로 바로 독서 그 자체일 때가 많기 때문입니다.

개론적인 이야기를 조금 하겠습니다. 성경과 교리를 더 집중해서 공부하고자 하는 사람은 분명한 목표가 있을 것입니다. 성경 전체에 대한 이해를 깊게 하고 싶다든지, 성경 중에서도 몇몇 부분, 즉 복음서라든가 창세기라든가 로마서, 시편 등을 집중해서 공부하고 싶다든지, 성경 교리 전체 또는 주제별 교리에 대한 이해를 심화하고 싶다든지 하는 구체적이고 분명한 목표와 이유가 있을 것입니다. 이렇게 구체적이고 분명한 목표를 세운 사람들이 집중해서 공부할 때는 '절실함', '집중', '반복'이 일반적인 독서를 할 때보다 훨씬 더 중요하며, 이것들은 그 중요성만큼 독서의 효과를 두드러지게 합니다.

절실함, 집중, 반복

절실함은 내가 지금 왜, 무엇을 위해 공부를 하려 하는가에 대한 목표와 관계있습니다. 목표가 분명할수록, 이유가 구체적이고 현실적일수록, 또 필요를 요할수록 절실함은 그에 비례하여 커집니다. 이 절실함은 정도에 따라 독서에 대한 세부 계획이나 성취도가 달라지기 때문에 무척 중요합니다.

또 절실함의 정도에 따라 **집중력**에도 차이가 납니다. 상급 학교 진학을 위해서든, 입사 및 자격증 취득을 위해서든 여러분은 특정한 주제에 대한 집중적인 공부를 한 번쯤은 다 해 보셨을 것입니다. 따라서 제가 굳이 장황하게 설명드리지 않아도 집중력에 따라 성취도가 얼마나 다른지를 잘 아실 것입니다. 같은 시간을 공부해도 얼마나 집중하느냐에 따라 공부할 수 있는 분량과 이해하는 내용의 양과 깊이가 다릅니다.

절실함과 집중력(집중력을 다른 말로 풀어 말하면 '얼마나 독한가'가 될 것입니다.)은 분명한 목표를 설정하여 공부하고자 하는 사람에게 자연스럽게 생기는 것이기는 하지만, 한편으로는 그것을 지속적으로 마음에 품고 실천하지 않으면 안 되는 중요한 공부 자세입니다.

집중과 관련하여 **반복**은 그야말로 모든 공부의 왕도라고 할 수 있습니다. 어떤 지식이든 내 것으로 만들기 위해서는 반복해서 공부해야 합니다. 한 권을 여러 번 보는 식의 복습도 좋고, 상황에 따라서는 같은 주제를 다루는 비슷한 책 여러 권을 연이어 보는 식의 반복도 좋습니다. 사람마다, 상황에 따라 반복의 형태는 다르겠지만 중요한 것은 반복만이 내 것으로 만들 수 있는 거의 유일하고도 최고의 방법입니다.

계단식으로 오르는 성취도

시험 하루 전 또는 몇 시간 전에 집중해서 공부하면 성적을 어느 정도 향상시킬 수 있는(사람마다 차이는 있겠지만) 몇몇 암기 과목을 제외한 대부분의 과목은 평상시 꾸준한 학습이 시험 성적의 기초가 됩니다. 우리가 하려는 것은 언제, 어디서, 어떤 상황에 처하게 되더라도 우리 평생에 모든 영역에서 하나님의 뜻을 바로 알고, 하나님의 뜻에 따라 하나님을 바르게 예배하며, 하나님의 뜻에 따라 살며, 하나님의 뜻을 온전히 선포하고 변증하는 데 있으므로 벼락치기식의 공부법은 아무 의미가 없습니다. 우리가 날짜나 시간을 정해 놓고 문제 상황이나 사람을 만나는 것은 아니기 때문입니다. 이처럼 일반적으로 공부라 함은 평상시에 실력을 꾸준히 쌓는 것을 의미하는데, 사실 학습 성취도, 또는 실력이 늘어 간다는 것을 눈으로 확인한다는 것이 쉽지가 않습니다.

여기서 알아야 할 중요한 것 한 가지는 성취도나 실력은 보통 계단식으로 올라간다는 것입니다. 그러니 공부를 어느 정도 오랜 시간 많이 했는데도 크게 나아진 것같이 느껴지지 않는다고 해서 낙심하거나 목표를 수정하지 마십시오. 우리가 꾸준히 성실하게만 공부를 한다면 어느 순간 지식이 질서 있게 정리되고 이해가 껑충껑충 뛸 때가 있는 것을 경험할 수 있습니다. 독서는, 공부는 우리가 좋은 방법과 성실함을 가지고만 계속 나아간다면 결코 우리를 배신하지 않습니다.

이제 일반적인 공부법을 이야기한 후, 그것을 바탕으로 우리의 공부법을 이야기하겠습니다.

기본서를 중심으로 하자

이번 내용은 가장 기본이 되는 내용으로 교리 공부 또는 주제별 공부를 하고자 하시는 분들에게 더 맞는 글이지만 성경 공부를 하시는 분들에게도 유익합니다.

일반 수험 준비에서 시작과 끝은 기본서입니다. 실제 시험장에서 기억나는 것은 문제집보다는 기본서입니다. 기본서란 해당 주제(과목)에 대해 가장 잘 정리되어 있는, 본인에게 가장 맞는 책을 학습자가 교과서로 선택한 책입니다. 기본서를 중심으로 공부한다는 말은 이 교과서격 책을 중심으로 다른 참고 도서, 문제집을 공부한다는 말입니다.

고등학생이 보는 교과서와 참고서를 예로 들겠습니다. 교과서는 해당 주제에 대한 가장 필요한 내용을 오랜 시간 연구하고 검증하여 정리한 책입니다. 보통 핵심만 담기 때문에 개념과 큰 흐름 등을 파악하는 데는 교과서가 좋습니다. 하지만 제가 고등학생이었을 때만 해도 여러 이차 보조 자료, 참고 자료가 있어야 교과서에서 말하는 내용을 풍성하게 공부하고 보충할 수 있었습니다. 교과서는 보통 국가가 지정하고 검증한 몇몇 기관(회사)에서 서로 크게 다르지 않게 만들기 때문에 어떤 회사의 책을 선택하더라도 상관이 없습니다.

요즘 교과서는 워낙 잘 만들어져서 따로 참고서가 필요 없을 정도지만, 그럼에도 참고서는 그 나름의 특징과 강점이 있어서 교과서와 함께 계속해서 학생들이 이용하고 있습니다. 참고서는 각각의 회사에서 자사의 교과서를 중심으로 만들게 되는데, 이때 교과서와 차별화된 내용과 구성이 실리게 됩니다. 더 자세하고 방대한 이차 자료(사진, 도표, 그림 등)와 중요 개념들 간의 비교와 대조, 암기하는 법, 이해와 암기 확인을 위한 여러 구성이 강점입니다.

사람들마다 차이가 있어서 어떤 사람은 교과서를, 어떤 사람은 좋은 참고서를 선택하여 기본서를 삼게 됩니다. 대개 교과서는 큰 흐름을 중심으로,

참고서는 세세한 학습을 위해 구성되어 있기 때문에 자신의 스타일을 고려하여 선택합니다. 일단 교과서든 참고서든 기본서를 정하게 되면, 나머지 책은 모두 기본서를 중심으로 참고 도서가 됩니다.

교과서를 중심으로 말씀드리면, 학생은 교과서를 기본서로 삼아 공부합니다. 그는 선생님의 칠판 필기를 따로 노트(따로 언급하지 않았지만 사람에 따라 노트를 기본서로 삼을 수도 있습니다.)에 정리하기도 하겠지만, 필기 사항, 특히 선생님의 강조 사항을 교과서에 자신만의 표현과 필기법으로 옮겨 정리합니다. 참고서를 보면서 미처 교과서를 볼 때나 수업을 들으며 정리하지 못한 개념, 암기법 등을 교과서에 따로 메모하거나 포스트잇 등을 이용하여 교과서에 정리합니다. 여러 문제집을 풀면서 배우고 깨닫게 된 문제 해결 방법, 더 깊은 이해 등도 마찬가지 방법으로 정리합니다.

물론 모두 교과서에 다 옮겨 적지 않아도 되며, 사실 그러기에는 한계가 많습니다. 그런 경우 참고 메모를 정리하면 됩니다. 즉, 갑신정변과 갑오개혁을 비교하고 대조하는 좋은 자료와 문제들이 여럿 있을 때는 교과서의 갑신정변과 갑오개혁 각 페이지에 어느 참고서 어디, 어느 문제집 어디를 보라는 표시만 해 두어도 좋습니다. 물론 구체적인 이유를 함께 적으면 더 좋습니다.

평상시에 이렇게 기본서를 중심으로 다른 참고 도서들을 이용하여 꾸준하게 정리하며 학습하면, 시험을 앞두고서는 기본서만 봐도 충분한 것입니다.

이것이 바로 기본서를 중심으로 공부한다는 것입니다. 대학수학능력시험이 끝난 후 성적 우수자의 인터뷰나 공무원, 행정 고시 등의 합격 수기 등을 보면 "교과서 한 권만 보았다", "책 한 권만 보았다."라는 말을 자주 듣는데, 이것이 바로 기본서를 보았다는 말입니다.

단권화

조금 전 기본서를 중심으로 공부하는 것을 설명하면서 한 권의 책을 선택하여 기본서를 만드는 방법을 이야기했는데, 바로 이와 같이 해당 주제에 대한 여러 권의 비슷비슷한 책이 있을 때, 그중 한 권을 선택하여 기본서로 만드는 작업을 '단권화'라고 합니다. 기본서를 만드는 단권화 작업은 시간을 아껴 주고 학습 효율을 높여 주는 중요한 작업입니다.

영문법을 공부한다고 했을 때, 또는 서유럽사를 공부한다고 했을 때 내용 구성과 수준 등이 비슷비슷한 책이 세 권이라면 세 권 모두를 다 봐야 할까요? 그냥 일반적인 지식을 습득하기 위해서는 세 권 중 아무거나 한 권을 선택하여 보면 될 것입니다. 그러나 만약 단지 흐름을 이해하여 알고 싶다거나, 일반적인 지식을 갖추는 것이 아니라 더 전문적인 공부를 해야 한다면 (단순히 개인의 관심이든, 다른 사람을 가르치는 것이든) 단권화 작업을 하는 것이 유익이 많습니다.

물론 시간이 충분히 있어서 세 권 모두 각각 여러 번 정독하며 정리할 수 있는 시간이 있다면 세 권 모두 봐도 좋을 것입니다(때에 따라서는 그렇게 해야만 하는 경우도 있을 수 있습니다). 그 후 가장 마음에 드는 책을 골라 기본서로 정하고, 나머지 책들을 기본서에 담아도 될 것입니다. 그러나 우리는 많은 경우 그렇게까지 하기에는 시간이 많지 않습니다.

따라서 먼저 세 권을 어느 정도 비교하고 분석해 본 후 자기에게 가장 잘 맞는 책을 기본서로 정합니다. 그런 후에 다른 책들에 있는 좋은 내용들(어떤 특정한 주제, 개념 등에 대해 정리가 더 잘 되어 있거나, 혹은 기본서로 택한 책에는 없는 내용 등)을 기본서의 해당 본문 여백에 써 넣거나, 포스트잇 등을 활용하여 한 권으로 단권화합니다. 이때 먼저 기본서를 2-3회독 이상 하는 것이 좋습니다. 그런 경우에는 다른 책들을 정독하지 않고 훑어 읽기만으로도 기본서로 정한 책과 다른 도서들과의 비교나 대조가 가능하여 단권화하기 위한 자료 정리가 훨씬 더 쉬워지기 때문입니다.

참고서 하나 다 본 후, 다른 참고서 보지 않는 것이 찜찜해서 다른 참고서 하나 더 사서 보고, 또 다른 참고서나 문제집 보고, 이렇게 한 권씩 끝내는 것은 많은 문제를 접해 보는 등의 장점도 있겠지만, 시간 낭비가 많고, 사실 정리라는 측면에서는 생각보다 정리가 잘 안 되는 경우가 많습니다. 그냥 한 번씩 보고 지나간 정도에 불과할 때가 많습니다.

그러니 교과서나 참고서 한 권을 기본으로 해서 그것을 단권화하는 것이 가장 좋습니다. 학교에서 보는 시험이든 선생님들이 나눠 주는 문제들이든, 친구들과 이야기하다가 얻게 된 것이든, 모두 그 한 권에 집어넣는 것입니다. 찜찜해서 해치우기식으로 여러 권의 책을 필요 이상으로 보는 것은 시간과 효율면에서 낭비입니다.

기본서 한 권을 7-10회독 하기

국가 고시나 공무원 시험을 준비하여 합격한 수험생들의 수기에서 공통적으로 말하는 것은 기본서를 만들어서 공부를 했으며, 평균 7-10회독 정도 보았다는 것입니다.

단권화한 기본서의 가치는 바로 복습에 있습니다. 웬만해서는 빠져나갈 여지를 주지 않게끔 정리된 책을 완전히 소화할 수 있도록 반복해서 보고 또 보는 것입니다. 이 정도로 다회독하게 되면 책을 거의 외우게 됩니다. 시험을 치를 때 이 문제는 어느 부분 오른쪽 페이지 상단에 나온다고 말할 수 있을 정도로 말입니다.

고승덕 변호사의 경우 11권이나 되는 펀드 매니저 책을 6번 본 후 A4 두 장 안에 (글씨를 작게 해서) 모두 압축 요약하여 정리했다고 합니다. 그리고 자신은 11권이나 되는 책 전체를 더 볼 필요 없이 그 두 장만 보면 된다고 말했습니다. 기본서로 정한 책을 집중하며 다회독 하게 되면 회독수가 늘어날수록 다음 읽을 때 보지 않아도 될 내용이 늘어나기 때문에 가능한 얘기입니다.

물론 무조건 여러 번 읽기만 하면 자동적으로 되는 것은 아닙니다. 기술이 하나 필요한데, 그것이 바로 목차 공부입니다. 특정 단원이나 장을 떠올렸을 때 그에 해당하는 하위 제목들이 떠오르고, 각각의 하위 제목들도 그들이 포함하고 있는 중요 개념들을 떠올릴 수 있도록 목차 공부를 하면 책 전체의 구성에 대한 이해도를 높이는 것은 물론이요, 세세한 내용들도 더 쉽게 잘 기억할 수 있습니다.

따라서 책을 읽을 때는 항상 목차, 전체적인 흐름 등을 기억하며 읽어야 합니다. 그래야 논리적으로 차곡차곡 이해가 되고 정리가 되며 오래 기억할 수 있습니다. 많은 연구 결과처럼 우리 머리는 지식을 저장할 때 방을 구성해서 저장합니다. 따라서 방을 먼저 잘 정리하고 구분한 후에 개별 지식을 각 방에 알맞게 넣어 놓으면 더 많은 지식을 좀 더 질서 있게 정리할 수 있고 필요할 때 꺼내어 사용할 수 있습니다.

다회독 방법

이처럼 목차 전체를 항상 염두에 두면서 책을 읽되 처음 책을 읽을 때는 세세히 따져 가며 읽기보다는 큰 흐름을 잡는다는 생각으로 최대한 빠른 시간 안에 전체를 봅니다. 그렇지 않고 처음부터 자세하게 따져 가며 읽게 되면 금방 지칠 수 있기 때문입니다.

최대한 빠른 시간 안에 책을 보게 되면 책 전체가 한눈에 들어오게 되며, 이 책에 어떤 내용들이 담겨 있는지 감이 조금이라도 잡히게 되어 자신감이 생깁니다.

밑줄을 긋는 등의 일은 1회독 때는 하지 않는 것이 더 좋습니다. 어느 정도 아는 주제라면 상관없겠지만, 잘 모르는 주제를 공부하는 경우라면 무엇이 더 중요하고 무엇이 덜 중요한지를 잘 알지 못하므로 불필요한 일이 될 수 있기 때문입니다. 물론 주요 개념 정리 등에 대한 내용은 따로 표기를 하는 것이 필요합니다. 밑줄을 긋는 등의 작업은 2-3회독 때 해도 충분합니다.

2회독부터는 중요한 것을 따로 체크하면서 책을 봅니다. 처음 통독 시에는 이해가 안 되어도 흐름을 알기 위해 그냥 쭉 읽으며 넘어 왔지만, 2회독은 정독을 하는 것으로서 이해를 우선으로 해야 합니다. 줄도 치고, 포스트잇이나 여백을 활용하여 자신의 생각도 적어 넣습니다. 이때 개념과 정의들은 서로 비교하고 대조하면서 정리를 반드시 해야 합니다.

특히 어려운 개념을 이해했을 때는 그것을 어떻게 이해했는지까지 적어 놓으면 다음에 다시 볼 때 놓치지 않을 수 있어 아주 좋습니다. 우선 이해를 해야 외우는 것도 수월해진다는 것을 기억하십시오.

3회독부터는 2회독 때 정리한 것을 중심으로 더 집중해야 할 부분은 세세하고 깐깐하게 이해하며 암기하고, 나머지 부분은 가볍게 읽기만 해도 충분합니다. 그리고 가능하면 이때부터 참고 도서들을 함께 보며 기본서를 탄탄하게 만들어 가는 것이 좋습니다.

이런 식으로 회독수를 늘려 가면 점점 더 보지 않아도 될 부분이 많아지며, 지식도 질서 있게 잘 정리되어 갑니다.

교리 공부를 이렇게

교리 공부가 일반적인 지식을 위한 공부와 똑같지는 않지만, 공부의 원리는 대부분 비슷하기 때문에 교리 공부(마찬가지로 성경 공부도 비슷하게)도 이렇게 하면 됩니다.

먼저 기본서를 정합니다. 신론, 기독론, 구원론, 종말론과 같이 각 주제만 담겨 있는 단권으로 공부를 하든, 이런 큰 주제들을 모두 묶어 좀 더 전체적으로 공부할 수 있는 종합 서적(흔히 '조직 신학'이라고 이름 붙은)으로 공부를 하든 기본서를 정합니다. 단권이든 종합 서적이든 자문을 구하고 정보를 얻어 기본서 후보군을 추린 후 조언을 받으면서 직접 비교하여 기본서를 정합니다. 이때 신학교에서 현재 교과서로 사용하고 있는 도서도 좋겠지만, 담당 목회자가 추천하는 각자의 수준에 맞는 도서가 더 좋을 것 같습니다.

그리고 단권화하며 공부를 합니다. 사실 단권화를 완전히 끝낸 후 기본서만을 본다는 것은 어려운 일입니다. 잘 모르는 내용에 대해 단권화 작업을 하기가 어려울 뿐 아니라 기본서를 만들 때 참고할 도서들이 한두 권이 아니기 때문입니다.

그래서 단권화 작업은 일단 기본서로 정한 책을 전체적으로 통독한 후부터 계속 된다고 보는 것이 맞는 것 같습니다. 오랜 시간 수많은 참고 도서를 단권화 작업하며 보았다면 몰라도 말입니다.

저자의 경우

저는 기본서를 만드는 방법과 앞에서 잠깐 언급한 노트를 만드는 방법 두 가지를 사용하여 공부하고 있습니다.

노트를 만드는 것은 시간이 가장 많이 걸리는 일임에도 저에게는 가장 매력적이고 가장 효과적인 방법입니다. 다른 어떤 방법보다 노트에는 저의 언어로 저의 신앙 고백을 담아 정리할 수 있기 때문입니다.

노트를 만든다고 해서 종이 위에 펜으로 글을 쓰는 것은 아니고 실제로는 한글 워드 프로그램을 이용하여 정리를 합니다. 제 컴퓨터 하드에는 보물(Gem)이라고 명명한 폴더가 있습니다. 그 폴더에는 성경별 그리고 주제별로 파일이 있는데, 제가 일정 기간 해당 주제에 대해 공부한 내용을 정리한 파일도 있고, 이런저런 책을 보다가, 또 누군가와 대화하다가, 또 묵상 중에, 무엇보다 성경을 공부하면서 배우고, 떠오르고, 공부한 생각들을 그때그때마다 정리한 파일도 있습니다. A4 한 장이 안 되는 파일부터 수십 장에 이르는 것까지 다양한데, 이것은 정말 저의 보물입니다.

이해와 복습

자신의 말로 표현할 수 있어야 그것을 아는 것이라고 말할 수 있습니다. 책을 덮었을 때 말로 표현할 수 없는 것은 자기 것으로 소화하지 않았기 때문입니다. 다른 이들에게 어느 정도 온전히 설명할 수 있어야 공부를 잘, 제대로 한 것입니다. 이해했다는 것은 이처럼 책을 덮고 다른 사람들에게 설명할 수 있다는 말과 같습니다.

이해를 돕기 위한 방법에는 여러 가지가 있습니다.

하나는 공부한 내용을 잘 아는 사람에게 부탁하여 그에게 설명한(말로든 글로든) 후 정확히 이해하고 있는지, 불분명하거나, 이해가 모자라거나 하는 부분 등을 점검받는 것입니다. 여러 사람이 함께 책을 읽고 나누는 대화나 토론도 있으며, 시험도 좋은 방법입니다.

요컨대, 어렵다고 넘어가거나, 무작정 외우지 말고, 계속해서 알 때까지, 확실히 소화할 때까지 공부해야 자기 것이 됩니다.

아무리 이해했다 하더라도 암기하지 않으면 잠시 후에 다 잊어 먹게 됩니다. 그래서 암기해야 하는데 암기의 최고는 반복입니다. 어떤 면에서 예습은 그리 중요하지 않습니다. 수업이나 강좌를 들을 때 선생님 또는 교수님의 말씀을 잘 이해하는 것이 중요합니다. 그것만으로도 충분합니다. 대신 수업 후 복습을 할 때는 정말 철저히 해야 합니다. 특히 그날 공부한 것은 반드시 그날 복습해야 합니다. 그러면서 자기가 수업 시간에(또는 독서 토론 모임에서) 이해했던 것을 여전히 이해하고 기억하고 있는지, 또는 혹시 수업 시간에는 이해했지만, 복습 당시에는 이해를 못한 것이 있다면 그것은 무엇인지, 혹은 무엇을 놓치고 있는지, 더 공부해야 할 것은 무엇인지, 어디가 취약한지 등을 점검해야 합니다. 이것은 독서를 할 때도 마찬가지입니다.

복습만 잘해도 2-3회독의 효과가 있기 때문에 복습은 시간 사용에도 그렇고, 능률면에서도 아주 좋은 수단입니다. 복습의 효과를 잘 아는 사람들은 최고의 공부 기술은 바로 반복이며, 복습이라고 한결같이 이야기합니다. 즉, 공부한다는 것은 복습한다는 말과 거의 같습니다.

그날 공부한 것은 그날 복습

그날그날 외울 것을 종이에 써서 집중해서 반복적으로 외우는 것도 좋습니다. 그 이후에도 계속 사용할 수 있고, 또 일단 한 번 써 본다는 것 자체가 학습에 많은 도움이 되기 때문입니다.

또는 그날 공부한 것들을 생각하여 써 보는 것도 좋습니다. 기억이 나지 않으면 찾아서 적고, 표시를 합니다. 그렇게 해서 기억해서 쓴 것과 기억하지 못해서 쓴 것을 구별하고, 기억하지 못한 것들을 집중적으로 반복하여 공부합니다.

어떤 방법으로든 복습은 하루 마무리 시간에 그리고 그 다음날 그날의 공부를 시작하기 전에 하는 것이 효과적이라는 것은 잘 알려진 사실입니다.

집중력

수험생들을 보면 한 자리에서 3-4시간 많게는 6-8시간 이상을 자리에서 일어나지 않고 집중해서 공부하는 사람들이 있습니다.

고승덕 변호사는 수험 공부를 할 때 하루에 500페이지씩을 봤다고 합니다. 그만큼 집중해서 공부했으며, 그만큼 다른 사람에 비해 같은 기간에 여러 번 봤다는 얘기입니다. 이는 목표를 구체적으로 세워서 공부할수록 집중할 수 있는 힘이 커진다는 것을 잘 보여 주는 얘기입니다. 목표를 막연하게 세우면 집중력도 떨어지고 목표를 달성하기도 어렵습니다. 막연한 목표는 막연한 결과를 가져올 뿐입니다.

흔히 공부는 오랜 시간이 아니라 집중력이라고 말합니다. 그래서 보통 공부량은 시간과 집중력에 비례하는데, 같은 시간이라면 얼마나 집중하는가에 따라, 또 같은 집중력이라면 얼마나 오랜 시간 공부하느냐에 따라 공부량이 달라집니다. 여기서 특히 집중력이 중요한 이유는 물리적인 시간이야 사람마다 같지만, 집중력은 사람에 따라 2배에서 심지어는 5배까지 차이가 나기 때문입니다.

이왕 목표를 잡고 하는 공부 또는 독서라면, 확고한 의지를 가지고 짧은 시간을 하더라도 집중해서 하는 것이 좋습니다.

하나님을 아는 공부, 신학 공부는 모든 성도의 권리요, 의무입니다.

성경은 하나님을 아는 것이 힘이요 기쁨이라고 말합니다.

하나님께서 우리에게 은혜를 베푸셔서 성경을 크게 사랑하고, 깊이 공부할 수 있기를, 하나님께서 우리에게 복 주셔서 날마다 하나님을 아는 참된 지식이 자라 가 우리가 장성한 믿음의 사람이 될 수 있기를 기도합니다.

글을 닫으며
- 기독교 전문 도서관, 독서 학교

저에게는 2005년부터 꿈이 하나 있습니다. 한국에 기독교 전문 도서관을 만들어 그곳에서 평생 열심히 공부하며 교회를 위해 제가 할 수 있는 일로 봉사하는 것입니다. 모든 성도가, 또 모든 구도자가 하나님을 아는 지식에서 온전하고 건강하게 자라 갈 수 있도록 좋은 양서를 소개하고, 책들을 서로 비교하며 연결시켜 놓는 것입니다. 가령 누군가가 어떤 한 권의 책을 읽다가 무엇인가가 궁금해졌다면 그 주제를 건강하게 공부해 볼 수 있는 독서 지도(map)를 그려 놓는 것입니다. 즉 어떠어떠한 책들을 어떤 단계로 읽어 나가면 좋다는 식 말입니다. 교리를 담고 있는 신학적인 책들을 중심으로 해서 되도록 건강한 경건 서적들까지 말입니다. 또 한편으론, 양서마다 좀 더 생각해 볼 만한 문제, 좀 더 확장해서 고민해 볼 만한 것 등을 책별로 자료를 만들어서 비치하는 것입니다. 그리고 이런 것들을 온라인에 공개하는 것입니다. 그렇게 해서 사람들이 그냥 책장을 다 넘기고 나서 "아 잘 읽었다", "좋았다."라고 말하는 것에서 멈추지 않고, 단 한 권의 책을 읽더라도 깊이 있게 사고하게 하고, 성경적인 검증을 거치도록 하게 하는 것입니다. 그리고 더 나아가 더 많은 책을 읽고 싶도록 말입니다. 모두가 신앙의 위대하고 아름다운 진리를 찾아 발견하고 탄성을 지르며 기뻐하는 일로 행복하면 얼마나 좋을까요? 개인적이면서도 무엇보다 성경적인 각자의 보물 지도를 따라 각 개인이 평생을 독서 마라톤에 임하면 어떨까요? 전 생각만 해도 행복합니다.

몇 가지 생각 중에 이런 것이 있습니다. 어떤 사람들은 어떤 계기로 교회사에 대한 공부를 좀 더 해 보고 싶어할지도 모릅니다. 또 어떤 사람들은 예수 그리스도의 신성과 인성에 대해, 또 누군가는 삼위일체에 대해 공부하고 싶어할 것입니다. 이처럼 해당 주제에 대한 독서 지도, 즉 안내도를 만들고, 각각의 책이 주는 장점과 단점을 최대한 자세하게 쓴 것과 간략하게 쓴 것을 함께 비치하여 먼저 간략하게 쓴 것을 사람들이 참조하게 하여 도움을 받게 하고, 나중에 책을 읽으면서나, 후에 책을 다 읽고 나서 자세하게 쓴 것을 참고로 하여 공부하게 한다면 좋지 않을까 하는 것입니다. 입문서로는 어떤 책들이 어떻게 좋은지, 각자의 신학 배경이나 환경에 따라 이 책 또는 저 책을 선택하는 것이 좋다든지, 또 본격적인 교과서격 책으로 어떤 책을, 또 그와 함께 참고서로서 어떤 책을 보면 좋은지 등을 독서 지도에 그려 놓고 사람들로 하여금 안내를 받도록 한다면 더 많은 사람이 독서에 쉽게 발걸음을 내딛지 않을까요? 이런 독서 지도는 저 혼자로서는 평생 해도 불가능할 것입니다. 그럴지라도 저는 오늘도 꿈을 꿉니다. 저는 편저자의 책을 통해 많은 도움을 받았고, 그래서 이런 생각을 하게 되었습니다. 평전이나 몇몇 전집 형태의 책과 같이 본문 앞에 본문에 대한 중요하고 상세한 개관과 시대 설명 등이 있는 책 등은 독자로 하여금 많은 유익한 정보들을 얻을 수 있도록 할 뿐만 아니라 제대로 공부할 수 있도록 자극합니다. 물론 사람에 따라 수준을 달리하여 정보를 제공할 필요도 있겠지만 말입니다. 또 모든 책을 이렇게 할 필요는 없습니다. 하지만 이런 필요가 있는 책들을 건강하고 성경적인 목회자와 신학자분들의 도움을 얻어 자료화한다면 성도들에게 큰 유익이 될 것으로 믿습니다. 소위 전문가만 좋은 정보를 얻는 것이 아니라 아무나 원한다면 마음껏, 기꺼이 공부할 수 있도록 하는 것입니다.

기독교 전문 도서관의 또 다른 목표로서, 독서 학교를 운영하는 것도 생각해 보았습니다. "대답" 모임과 같은 독서 토론 모임 등을 소개하고, 독서 모임을 시작할 수 있도록 돕는다거나, 여러 교리 등을 배울 수 있도록 강좌를 개설하는 것입니다. 신론, 성경론, 기독론, 구원론과 같은 큰 주제로 나누어도 괜찮겠고, 웨스트민스터 신앙 고백서와 같은 과정을 만드는 것도 좋을 것 같습니다.

또 독서 학교를 학기제로 운영하는 것도 생각해 보았습니다.

4/4 : 진도 - 전반기/후반기(예를 들어 전반기 4개월은 구원론 기초, 후반기 4개월은 구원론 심화)

2/2 : 강화나 보완 또는 심화하는 기간

1월 또는 3월부터 시작되는 4-2-4-2 학기제가 그것입니다. 만약 3월부터 시작한다고 했을 때 4(3-6월)-2(7-8월)-4(9-12월)-2(1-2월)에서 두 개의 4개월 과정은 각각 1, 2학기가 되고, 두 개의 2개월은 방학이 될 수도 있고, 이전 학기에서 배운 것을 더욱 보충하거나 심화하는 계절 학기가 될 수도 있습니다.

경우에 따라는 4개월 이전의 1개월은 4개월 동안 다룰 주제에 대한 예습을, 4개월 이후의 1개월은 4개월 동안 다룬 주제에 대한 보완과 복습을 진도로 삼아도 좋을 것 같습니다. 아니면 아예 한 학기의 4개월을 나누어서 1개월은 전체적인 예습, 3개월은 진도를 나가는 것도 괜찮습니다. 또 학기 때는 교리 서적이나 영적 거장들의 책을 주로 다루고 중간 2개월 때는 학기 때 많이 못 읽은 경건 서적을 읽는 것도 좋을 것 같습니다. 아니면 독서 학교에서 진행하는 것을 4/4학기에 국한하고, 2/2 때는 방학으로 하여 4/4학기 때는 독서 학교의 인도에 따라 조금 힘들게 공부하게 하고, 2/2 방학 때는 각자가 조금 여유를 가지면서 자신이 조금 더 강화하거나 보완하고 싶은 주제를 공부한다거나, 머리를 식히거나 하게 해도 좋을 것 같습니다.

4-2-4-2 학기제가 좋은 이유

많은 책을 보면서 공부하고 배우는 것도 좋겠지만, 사실 체계적으로 정리하면서, 연구하면서 책을 보지 않는 한 내 것이 되는 것은 쉽지 않습니다. 수험생들을 보십시오!

일반 경건 서적이야 서평 하나씩 써 가면서 한 번씩만 읽는 것으로 해도 무방하겠지만, 신학 서적(교회사 포함)과 같은 경우라든가, 전작 독서 대상으로 삼은 신앙 위인의 책들을 체계적으로 보려고 할 때에는 4-2-4-2 학기제가 좋습니다. 이 독서 학교에서는 "대답" 모임에서 보는 시험을 참고하여 전국에 있는 독서 모임 중에서 시험을 치르는 모임에게 도움을 줄 수 있게끔 좋은 양서들에 대한 시험 문제와 모범 답안을 작성하여 제공해 주는 역할도 하면 좋을 것 같습니다. 그냥 무작정 책만 많이 읽으면 이것저것 주워들은 것은 많아서 책을 읽을 때 이해는 혹 쉬울지 몰라도, 여전히 내가 남에게 전할 수 있는 이야기는 별로 없고, 내 사고도 충분히 자라지 않으며, 내게 남는 것이 정말 없습니다. 학교에서 시험을 보는 이유를 생각해 보십시오. 그렇게 정리하고, 반복해서 보고, 여러 문제를 푸는 과정을 통해 (겨우) 습득하지 않습니까? 하나님의 말씀을 공부하는 것도 그래야 합니다. 반복과 집중적인 연구를 해야 합니다.

전 오늘도 꿈을 꿉니다.

이 책이, 이 꿈의 시작입니다.

독서 모임에 좋은 책

독서 모임을 할 때 어떤 책을 읽으면 좋을까요? 각 모임의 목표에 따라, 또 구성원들에 따라 다르겠지만 제가 여기서 제일 먼저 추천해 드리는 책은 감히 모든 그리스도인에게 기본이라고 말할 수 있는 책입니다. 만약 제가 독서 모임을 처음 시작한다면 주저 없이 선택하고 싶은 책, 바로 『기독교 강요』입니다.

『기독교 강요』는 역사적 가치나 내용의 가치에서 기독교 최고의 고전이요 명저라고 할 수 있습니다. 그것은 이 책이 종교개혁 당시 성경에 충실한 바른 교리를 정리하여 신자들을 안내함으로써 교회가 진리 위에 튼튼히 서는 데 크게 이바지했기 때문입니다. 또한 이후의 모든 조직 신학서, 교리서들은 지금도 『기독교 강요』에 큰 빛을 지고 있음을 볼 때도 『기독교 강요』와 같은 책은 없다 하겠습니다.

어떤 분들은 제가 『기독교 강요』를 너무 높여 말하여 조금 불편해하실지도 모르겠습니다. 그러나 여러분이 이 책을 한 번만 천천히 읽어 보시면 제가, 또 역사적으로 왜 기독교가 이 책을 사랑해 왔는지 분명히 알게 될 것입니다. 이 책을 읽으면 저자 존 칼빈이 아니라 하나님만 바라보게 되기 때문입니다. 진리에 대한 열정이 불꽃처럼 타오르고, 성경에 대한 사랑으로 가슴이 벅차오르기 때문입니다. 성경에 계시된 하나님의 모든 아름답고 영광스러운 진리들 때문에 기쁘고 행복해서 하나님을 찬양하지 않을 수 없기 때문입니다. 성경에 충실한 진리로 안내받음으로 신자에게 주시는 참된 위로를 누릴 수 있기 때문입니다. 이 모든 것으로 말미암아 하나님께만 영광 돌리게 되기 때문입니다(칼빈은 진정 세례 요한과 같은 사람임이 분명합니다. "그는 흥하여야 하겠고 나는 쇠하여야 하리라"[요 3:30]).

『기독교 강요』는 어떤 사람들이 생각하는 것처럼 딱딱하게 쓰인 고루한 교리책이 아니라 진리에 대한 참된 신앙 고백이 담겨 있는 경건 서적입니다. 또한 성경의 핵심을 분명하고도 명쾌하게 정리한 교리서입니다. 온갖 이단과 시간의 시험을 이겨 내고 오늘날에도 여전히 시의적절하며 타의 추종을 불허하는 탁월하고 감동적인 내용으로 우리에게 기독교 진리의 아름다움과 달콤함을 전해 주고 있기에 다른 어떤 기독교 서적보다도 더욱 사랑스러운 작품입니다.

- 『기독교 강요』(초판, 라틴어 직역) 문병호 역
- 『기독교 강요』(최종판, 전3권) 원광연 역
  - 상권(1, 2권), 중권(3권), 하권(4권)

『기독교 강요』는 초판 이후 몇 차례 증보된 책인데, 우리에게는 초판과 최종판의 내용으로 잘 알려져 있습니다. 칼빈은 서문에서 기독교 강요를 쓴 목적을 크게 두 가지로 이야기하고 있습니다. 하나는 기독교(개신교) 신앙의 진실함을 변호하는 것이며, 다른 하나는 성도들을 바른 진리로 가르치고 양육하는 것입니다. 이 두 가지 목적은 오늘을 사는 우리에게도 역시나 중요합니다.

저는 『기독교 강요』가 종교개혁 당시 그리스도인들을 하나님께로 바로 인도하고, 그들이 참 성도다운 삶을 살아갈 수 있도록 도운 것처럼 오늘 우리에게도 큰 배움과 도전과 위로를 주리라 확신합니다.

독서 모임에서 이 책을 보려 한다면 한 책에 4개월 정도를 배정하면 좋습니다(우리나라에서 출간된 최종판은 4권 3책으로 출간되어 있습니다). 모임을 쉬지 않고 계속한다면 1년 동안 볼 수 있겠고, 조금 느긋하게 본다면 1년 반동안 볼 수 있을 것입니다. 아니면 시간을 좀 더 집중해서 투자할 수만 있다면 한 달에 한 책씩 3-4개월 동안 올인하는 것도 좋습니다.

최종판이 아닌 초판의 경우라면 6개의 챕터를 한 주에 하나씩 공부하여 1-2개월 동안 공부할 수 있습니다.

어떤 책을 어떻게 보든 가장 중요한 것은 이해입니다. 먼저 본문에서 이야기하고자 하는 내용이 무엇인지, 왜 이 이야기를 하고 있으며, 왜 이것이 중요한 것인지 등을 정확히 분석하고 이해하는 것입니다. 그리고 나서 우리 자신과 교회 그리고 이 시대에 적절하게 적용하면 됩니다.

모임에서 『기독교 강요』를 정복하신다면 이후 어떤 책을 봐야 할지, 어떤 책이 우리에게 생명과 경건에 속한 모든 것을 주는 성경에 충실한지 쉽게 판단할 수 있을 것입니다. 그리고 나면 교리서든 경건 서적이든 우리 영혼을 살찌게 하는 좋은 도서들을 선정하는 데 어려움이 없을 것이라고 생각합니다.

『하이델베르크 교리문답』이나 『웨스트민스터 신앙 고백서』와 같은 책들도 아주 좋은 책들입니다.

저희 가정은 여건이 허락되는 대로 주일에는 『하이델베르크 교리문답』을, 평일에는 『웨스트민스터 소교리 문답』을 배웁니다. 이후에는 『도르트 신조』와 『웨스트민스터 대교리 문답』, 『웨스트민스터 신앙고백서』와 같은 책들도 볼 생각입니다.

교리 문답이 좋은 이유는 질문과 대답으로 이루어져 있기 때문입니다. 고대부터 문답법은 가장 좋은 공부법 중 하나였습니다. 좋은 질문은 좋은 답을 이끌어 내기 때문입니다. 정확한 질문은 정확한 대답을 만들어 내기 때문입니다. 질문에 답을 할 때마다 왜 이 내용이 중요한지, 왜 이런 단어를 썼는지를 깊이 생각하며 답을 하면 정말 많이 배우게 됩니다.

"당신은 무엇을 믿습니까?" "저는 이것을 믿습니다."라고 할 때, '무엇'을 믿는가가 바로 교리입니다. 따라서 교리 문답은 내가 무엇을 믿고 있는지, 또 알고 있는지를 분명하게 해 주어 신앙 성숙에 큰 도움이 됩니다.

또한 이 교리 문답서들은 교회가 무엇을 가르쳐야 하며, 성도가 무엇을 알고 신앙 고백 해야 하는가를 성경 전체에서 체계적이고 종합적으로 정리한 것입니다. 역시 고난과 시련을 통해 만들어진 것이기 때문에 내용의 가치와 아름다움이 아주 실제적이고 뛰어납니다.

- 『도르트 신조 강해』 코르넬리스 프롱크 저(그 책의 사람들 역간)
- 『하이델베르크 요리 문답 강해』 김헌수 저(성약)
- 『웨스트민스터 소요리 문답 강해』 최낙재 저(크리스챤다이제스트)
- 『웨스트민스터 신앙 고백 해설』 R. C. 스프로울 저(부흥과개혁사 역간)

세상 사람들도 자기가 좋아하고 사랑하는 일에 열심을 냅니다. 사랑하고 모든 것을 바칩니다. 우리는 비교할 수 없는 진리를 알고 그 안에 거하기 위해 비교할 수 없는 열정과 사랑을 바쳐야겠습니다.

("그 책의 사람들"은 출판사 카페[cafe. naver. com/thepeopleofthebook]를 통해 독서 모임에 대한 여러 정보와 자료들을 독자 여러분과 나누고자 합니다.)

"대답은 있다"의 오늘

현재 "대답은 있다" 모임은 2009년에 김병재 형제가 독립하여 "대답은 있다 화성 모임"을 시작하면서 두 개의 모임으로 모이고 있습니다.

제가 속해 있는 기존의 모임은 지난 6월까지 로이드존스의 교리강좌 시리즈 전체를 다 공부한 후 이번 9월부터 다시 프랜시스 쉐퍼의 책으로 공부를 시작했습니다. 이번에 보기 시작한 책은 『여호수아서와 성경 역사의 흐름』(전집 2권인 『기독교 성경관』에 포함되어 있습니다.)입니다. 우리는 이 한 권의 책을 12월까지 보면서 성경 자체에 더 관심을 가질 수 있기를, 성경의 흐름을 더 잘 이해할 수 있기를 소망하고 있습니다.

우리는 앞으로도 이 모임을 통해 진리를 잘 배우고, 우리가 이 즐겁고 복된 교제 안에서 하나님을 향해 자라 가기를 기도합니다.

(이어지는 글은 "대답은 있다 화성 모임"의 대표 김병재 형제의 글입니다.)

　기존 "대답은 있다" 모임에 있던 제가 화성에 있는 개척 교회로 가게 되었습니다. 기존 모임도 교회 공동체와 지역을 중심으로 모였기에 화성에서도 동일한 필요성을 갖게 되었고, 그래서 고민과 기도 끝에 신앙에 대한 진지한 고민과 의지가 있는 사람들이 모여 2009년 6월에 첫 모임이 독립하여 시작되었습니다.

　모두 화성의 같은 교회 공동체에 속한 사람들이었으며 대학생부터 젊은 직장인까지 다양한 사람들이 모였습니다. 물론 기존 모임과 같이 이번에도 모임을 만들기 전에 지역 교회의 담임 목사님과 청년부 목사님께 이 사실을 알렸습니다. 무엇인가 음지에서, 자기들끼리만의 모임이 아닌 교회 공동체 안에서 이뤄지는 모임이 되기를 바라는 마음 때문이었습니다.

　우리 모임도 처음부터 몇 가지 전제를 분명히 했습니다.

　첫째, 대답은 있다 모임은 교제 중심의 모임이 아니다.

　둘째, 모임은 중요하다. 하지만 모든 일을 뒤로 할 만큼 우선순위를 두진 말자.

　셋째, 모임은 하나님을 예배하기 위한 모임이다.

　첫째 전제는 기존 안산 모임의 선례로 인한 것이었습니다. 교제가 중심이 아니더라도 깊은 신앙의 고민을 나눔으로써 더 깊은 교제가 일어난다는 것을 우리는 이미 경험했기 때문입니다.

　둘째 전제는 의무감으로 참석하는 것을 방지하기 위함이었습니다. 물론 모임에 어느 정도의 의무감은 필요하지만 대부분의 청년이 지역 교회나 선교 단체로부터 느끼는 의무감은 상당히 무거운 것이었습니다. 우리는 처음부터 그런 버거운 의무감을 경계했습니다. "대답은 있다" 모임을 통해 진정한 유익을 얻는다면 굳이 우선순위를 두지 않아도 알아서 참석하게 되는 것도 이미 경험했기 때문입니다.

셋째가 가장 중요한 것인데, 이도 기존 안산 모임의 목적의 연장선이었습니다. 지식을 쌓기 위함도, 지적 유희를 느끼기 위함도, 다른 이와 교회를 비판하기 위함도 아닌, 오직 하나님을 예배하기 위함이 모임의 가장 중요한 목표이자 우리가 가장 우선적으로 의도하는 바였습니다. 물론 하나님을 예배하는 목적을 위해 지식과 비판의식, 지적 유희조차도 훌륭한 도구가 될 수 있음도 언급했습니다('도구'입니다! '목적'이 되면 큰일나겠지요).

1년 정도(2010년 6월까지)의 기간은 저희 집에서 모였으며 후에는 지역 교회의 장소를 빌려서 모였습니다. 매주 월요일 7시에 모였으며 저녁을 먹고 시작했습니다. 본격적인 시작 시간은 7시 30분 정도였으며 거의 9시 30분까지 2시간 정도 모임을 했습니다. 1년 정도는 매주 발제자를 선정하여 의무적으로 발제문을 작성하도록 하고, 그것을 서로 나누게 했습니다. 그 후에는 발제자만 선정하고 발제문은 원하는 사람만 작성하도록 했습니다.

모임이 교제 중심이 아니더라도 멤버들의 생일은 챙겼으며 책을 한 권 끝낼 때마다 저녁을 먹으며 교제하고 다음 책에 대해 논의하는 시간을 가졌습니다. 후속책은 인도자인 제가 정하긴 했지만 멤버들의 상황과 필요에 따라 바꾸기도 했습니다.

시작부터 일정 기간의 목적은 개혁 신앙의 대표적 저자들을 만나(아닌 사람도 있습니다), 그들의 말과 신앙을 통해 개혁 신앙에 대한 전체적인 틀을 아는 것이었습니다. 현재까지 이런 작업을 해 왔으며 이후로 저희는 조금 더 깊은 책 나눔을, 한 권의 책을 긴 시간 나누며 숙고할 수 있는 시간을 충분히 가질 계획입니다.

지금까지 저희가 본 책을 간략하게 말씀드리겠습니다.

첫 번째 책은 존 스토트John Stott의 『기독교의 기본진리』였습니다. 이 책은 신앙에 대한 모든 것을 처음부터 다시 시작하자는 생각으로 선택했습니다. 교회에 출석한 지 오랜 기간이 지났다고 해도 기독교의 기본조차 부족한 대부분의 우리에게 이 책은 안성맞춤이었습니다.

두 번째 책은 데이비드 웰스David Wells의 『용기 있는 기독교』였습니다. 웰스의 시리즈 전체로 시작할까 했지만 처음 모임을 시작한 멤버들이 버거울 듯하여 다음과 같은 목적을 가지고 이 책을 선정했습니다.

1) 웰스 시리즈의 전체를 간략히 정리할 수 있도록 하며, 개인적으로는 시리즈 전권을 보게 하는 동기부여를 위해

2) 『기독교의 기본진리』를 통해 진리의 기초를 배웠다면 그 기초를 어떻게 적용할 것인가를 『용기 있는 기독교』를 통해 배우는 것이 목적이었습니다.

세 번째 책은 김홍전 목사님의 『중생자의 생활』이었습니다. 『용기 있는 기독교』로 그리스도인이 사회와 교회를 어떻게 바라봐야 하는지 조금 맛본 멤버들이 이런 관점을 가지고 자기 자신을 먼저 돌아보기를 원했습니다. 김홍전 목사님의 신학적 깊이와 건전성을 생각한다면 이 책보다 더 적당한 책은

없었습니다. 내용도 내용이지만 멤버들이 흥미롭게 본 것은 김홍전 목사님이 쓰시는 국어의 '고어들'이었습니다. 멤버들은 마치 인자한, 때로는 호통치시는 할아버지 앞에서 공부하는 느낌을 받았습니다.

네 번째 책은 C. S. 루이스C. S. Lewis의 『영광의 무게』였습니다. 저자의 신학적 견해들은 동의할 수 없는 부분이 많았지만 그럼에도 이 책을 선정한 것은 저자의 사유방식 즉, 깊은 사고를 배우기 위함이었습니다. "신앙은 지성을 포함한다."라는 명제가 이 책의 목표였습니다. 머리 아프게 본서를 읽은 멤버들은 때론 머리가 시원해지는 경험을 하기도 했습니다.

다섯 번째 책은 로이드존스의 『하나님 나라』였습니다. 이 책 같은 경우가 멤버들의 상황을 고려하여 선정한 책입니다. 물론 로이드존스의 저서는 모두가 다 성경에 충실한 복음 설교들이어서 무엇을 봐도 좋지만(또 반드시 봐야 할 책이라고 생각하지만), 당시 우리가 소속된 청년부에서 '하나님 나라'에 대한 연속 설교가 있었던 기간이었기에 우리에게 알맞은 책이라 생각했습니다. 후에 알게 된 것이지만 청년부 목사님께서도 이 책을 참고하여 설교하셨다고 하셔서 멤버들과 함께 뿌듯함을 감출 수 없었습니다.

여섯 번째와 일곱 번째 책은 김은수 목사님의 『개혁주의 신앙의 기초』 1권과 2권이었습니다. 본격적인 교리 공부를 위해 시작했던 본서는 웨스트민스터 소교리 문답에 대한 간단한 해설서였기에 기본기를 다지기에 적당한 책이었습니다. 다만 매우 간단하게 작성된 책이었기에 빠른 시간 안에 진도가 끝날 수밖에 없는 것이 아쉬움이었습니다. 세 권으로 구성된 본서의 마지막 3권은 멤버들 나름대로 읽도록 했습니다. 책 자체는 참 좋은 책이었으나 독서를 하고 깊이 있게 나누기에는 너무 간단한 설명만 나온 책이었기에 더 이상은 모임에서 나누지 않았습니다.

마지막 여덟 번째 책은 라일John Charles Ryle의 『거룩』이었습니다. 이 책은 저의 의도로 시작하게 되었으며 현재(2011년 9월)도 진행 중입니다. 저는 최근 개혁 신앙을 공부하는 많은 사람이 가지고 있는 잘못된 버릇, 일종의 '버릇없음'이 우리 안에도 있을까 걱정되었습니다. 진리는 진리기 때문에 어떤 면에서는 '편협'한 것이 당연하지만 그런 편협성이 구원과 직결되지 않은 어떤 신학적 견해를 용납하고 포용하지 못하는 혈기의 편협성으로 나타나는 큰 죄를 제 안에서 종종 보았기 때문이었습니다. 책을 나누고 있는 요즘 멤버들도 '참된 신앙은 인격을 포함한다'는 것을 깨닫게 되었고, 하나님께서 특별히 자신 안에 있는 죄를 바라보게 하시는 은혜를 베풀어 주셨습니다. 저와 멤버들 모두 죄를 직면하는 경험을 하게 되었습니다.

이 책을 본 후에는 프랜시스 쉐퍼의 『그리스도인의 표지』를 생각하고 있습니다. 쉐퍼의 책도 『거룩』과 마찬가지로 그리스도인의 참된 표지를 사랑으로 보고 있기에 더 큰 깨달음의 지식을 통해 삶이 변하기를 간절히 바라고 있습니다.

개혁주의 도서를 통해 기독교의 참된 신앙에 들어온 저로서는 지역 공동체에 저처럼 좋은 개혁주의 도서를 통해 같은 은혜를 얻는 지체들이 많아지기를 간절히 소망하고 있습니다.

감사한 것은 이런 소망이 현재 멤버들 가운데서 조금씩 생겨나기 시작한 것입니다. 기존의 안산 모임에서와 같은 일들이 화성에서도 일어나기 시작했습니다. 특별히 한 자매는 『거룩』을 읽으며 "죄에 대한 직면이 참 힘들지만 감사하고 행복하다."고 고백했습니다. 그런 고백을 듣는 제가 얼마나 행복할지는 이 글을 읽는 여러분이 더 잘 아실 것입니다.

혹자는 성경이나 읽을 것이지 너무 책에만 집착하는 것이 아니냐는 말도 합니다. 독서 모임을 기대하고 계획하고 있는 많은 사람이 갖는 걱정도 이와 같을 것이라고 생각됩니다. 이것은 당연한 걱정이며 반드시 해야 할 걱정입니다. 그렇기 때문에 독서 모임에 참여하는 멤버들에게 성경을 읽고 연구하는 것은 기본입니다. 하지만 모임의 취지 자체가 '독서 모임'이기 때문에 성경 읽기와 연구에 대한 시간을 모임 중에 따로 잡아 두진 않습니다(물론 독서 모임은 성경을 제대로 읽기 위한 목적이 있지요). 그래도 멤버들이 지속적으로 성경을 읽을 수 있도록 서로가 격려하며, 가끔씩 책(성경 66권 중 한 권)을 정하여 전체적인 윤곽과 세부적인 내용에 대한 공부 자료를 서로 나누도록 하고 있습니다. 이런 시간은 책이 한 권 끝나고 책걸이식으로 시간을 낼 때 따로 나눔의 시간을 갖기도 합니다. 나누는 책이 연속 설교나 강해서일 경우 해당 본문을 지속적으로 읽고 책을 통해 성경 연구에 도움을 받는 방법도 참 좋습니다.

올 초부터는 교회 초등부 전도사님이 모임에 참여하게 되었습니다. 이는 모임을 인도하는 저에게나 멤버들에게 큰 힘이 되는 일입니다. 신학을 공부한, 그것도 동일한 공동체의 교역자가 모임을 함께 한다는 것은 그동안 마음속으로만 그려 왔던 일이었기 때문입니다. 이런 일련의 일들은 지역 교회를 사랑하는 마음으로 이어지기에 충분했습니다. 잘못된 지식으로 교만하

게 되는 일이 있기 전에 그런 지식들이 지역 교회를 사랑하는 마음으로 이어

진다면 얼마나 값진 일일까요?

지금도 부족한 것이 많은 모임이지만, 독서 모임을 통해 하나님께서 부어

주시는 이해할 수 없는 은혜들에 우리는 감격합니다. 이후로 또 어떻게 하

나님께서 모임을 이끌어 가실지 우리는 알 수 없으나 아무쪼록 하나님께서

기뻐하시는 모임이 되기를 간절히 소망합니다. 이런 소망을 품는 사람이 더

많아지기를 바라며, 특별히 지역 교회 안에서 이런 모임들이 생겨나기를 간

절히 소망하며 기도합니다.

참고 도서

[교재]

옥성호, 『심리학에 물든 부족한 기독교』, (서울: 부흥과개혁사, 2007).

로이드존스, 마틴, 『성부 하나님과 성자 하나님: 로이드존스 교리 강좌 시리즈 1』, 임범진 옮김(서울: 부흥과개혁사, 2007).

_____, 『성령 하나님과 놀라운 구원: 로이드존스 교리 강좌 시리즈 2』, 임범진 옮김(서울: 부흥과개혁사, 2007).

_____, 『영광스러운 교회와 아름다운 종말: 로이드존스 교리 강좌 시리즈 3』, 임범진(서울: 부흥과개혁사, 2007).

_____, 『회개』, 강봉재 옮김(서울: 복 있는 사람, 2006).

루이스, C. S. , 『고통의 문제』, 이종태 옮김(서울: 홍성사, 2002).

에드워즈, 조나단, 『구속 사역을 통해 영광 받으시는 하나님』, 백금산 옮김(서울: 부흥과개혁사, 2005).

_____, 『놀라운 부흥과 회심이야기』, 백금산 옮김(서울: 부흥과개혁사, 2006).

_____, 『신적이며 영적인 빛』, 백금산 옮김(서울: 부흥과개혁사, 2004).

_____, 『신학 공부의 필요성과 중요성』, 백금산 옮김(서울: 부흥과개혁사, 2004).

_____, 『성령의 역사 분별 방법』, 노병기 옮김(서울: 부흥과개혁사, 2004).

_____, 『하나님의 영광을 위한 하나님의 열심』, 백금산 옮김(서울: 부흥과개혁사, 2003).

쉐퍼, 프랜시스, 『거기 계시며 말씀하시는 하나님』, 허긴 옮김(서울: 생명의말씀사, 1995).

_____, 『궁극적 모순은 없다』, 김원주 옮김(서울 : 생명의말씀사, 1995).

_____, 『그리스도인의 표지』, 김재권 옮김(서울: 생명의말씀사, 1996).

_____, 『여호수아서와 성경 역사의 흐름』, 허긴 옮김(서울: 생명의말씀사, 1995).

_____, 『이성에서의 도피』, 김영재 옮김(서울: 생명의말씀사, 1995).

_____, 『창세기의 시공간성』, 권혁봉 옮김(서울: 생명의말씀사, 1995).

주요 참고 도서

성인경, 『프랜시스 쉐퍼 읽기』, (서울: 예영커뮤니케이션, 1996).

레이몬드, 로버트, 『최신 조직신학』, 나용화 옮김(서울: 기독교문서선교회, 2004).

윌리암슨, G. I. , 『웨스트민스터 신앙고백서 강해(개정판)』, 나용화,류근상 옮김(서울: 개혁주의 신행협회, 2007).

스토트, 존, 『성령 세례와 충만』, 김현회 옮김(서울: IVP, 2002).

쉐퍼, 프랜시스, 『거기 계시는 하나님』, 김기찬 옮김(서울: 생명의말씀사, 1995).

에드워즈, 조나단, 『신앙감정론』, 정성욱 옮김(서울: 부흥과개혁사, 2005).

제인 웨이, 제임스; 매더, 코튼, 『아이들의 회심 이야기』, 송용자 옮김(서울: 지평서원, 2004).

칼빈, 존, 『기독교 강요, 상 – 최종판』, 원광연 옮김(경기도: 크리스챤다이제스트사, 2003).

_____, 『기독교 강요, 중 – 최종판』, 원광연 옮김(경기도: 크리스챤다이제스트사, 2003).

_____, 『기독교 강요, 하 – 최종판』, 원광연 옮김(경기도: 크리스챤다이제스트사, 2003).

보조 참고 도서

김남준, 『구원과 하나님의 계획』, (서울: 부흥과개혁사, 2004).

_____, 『하나님의 도덕적 통치』, (서울: 생명의말씀사, 2007).

이상규, 『개혁주의란 무엇인가?』, (부산: 고신대학교 출판부, 2007).

미드, 매튜, 『유사 그리스도인』, 장호익 옮김(서울: 지평서원, 2008).

벌코프, 루이스, 『벌코프의 조직신학』, 권수경, 이상원 옮김(경기도: 크리스챤다이제스트사, 2001).

뷰캐넌, 제임스, 『칭의 교리의 진수: 칭의 교리의 역사적, 성경적 개관』, 신호섭 옮김(서울: 지평서 원, 2002).

입슨, 필립, 『칭의론 논쟁』, 석기신 옮김(서울: 기독교문서선교회, 2001).

파커스트, L. G., 『프란시스 쉐퍼』, 성기문 옮김(서울: 두란노, 1995).

독서 모임
"대답은 있다" 이야기

펴 낸 날	2011년 11월 1일 초판 1쇄
	2013년 3월 15일 초판 2쇄
지 은 이	한재술
펴 낸 이	한재술
펴 낸 곳	그 책의 사람들
편 집	서금옥
디 자 인	안소영
홍 보	송성주

주 소	경기도 수원시 권선구 서둔동 361-1 성일아파트 107-213
전 화	0505-273-1710
팩 스	0505-299-1710
카 페	cafe.naver.com/thepeopleofthebook
메 일	tpotbook@naver.com
페이스북	www.facebook.com/tpotbook
등 록	2011년 7월 18일 (제251-2011-44호)
인 쇄	경희정보인쇄(주)
책 값	11,000원
I S B N	978-89-967375-0-6 03230